高等职业教育建设工程管理类专业"十四五"数字化新形态教材

工程项目招投标与合同管理

林　野　刘欣平　关秀霞　主　编

何　檀　主　审

中国建筑工业出版社

图书在版编目（CIP）数据

工程项目招投标与合同管理 / 林野，刘欣平，关秀霞主编. -- 北京：中国建筑工业出版社，2025.5. （高等职业教育建设工程管理类专业"十四五"数字化新形态教材）. -- ISBN 978-7-112-31204-7

Ⅰ. TU723

中国国家版本馆 CIP 数据核字第 2025MA4184 号

本教材以党的二十大报告中"全面推进科学立法、严格执法、公正司法、全民守法，全面推进国家各方面工作法治化"为指导思想，紧扣《"十四五"时期教育强国推进工程实施方案》宗旨，落实《"互联网+"招标采购行动方案（2017—2019 年）》（发改法规〔2017〕357 号）精神，服务住房和城乡建设部通过"四库一平台"建设加强对建筑市场进行监管的目标，打造教材内容，使其具有鲜明的职业特色。本教材重视内容设计与现代教学方法的配合，选用案例真实全面、典型性强，强化课堂教学与实训的融合，具有较强的教学指导作用。

通过本教材学习，读者可以了解建筑市场管理以及工程发承包的有关法律规定；掌握建筑工程招标与投标的理论知识和电子招标投标操作方法；提高工程招投标实际操作技能；掌握全面、合理、可行的合同管理方法。本教材共分 7 个学习情境，分别为：建筑市场与法律制度、建设工程项目招标、建设工程项目投标、开标、评标、定标和建设工程施工合同管理。

本教材可作为高等职业教育建设工程管理、工程造价、建筑工程技术、建筑经济管理等专业的课程教材，也可作建筑企业、招标代理机构的员工培训参考用书。

为更好地支持相应课程的教学，我们向采用本书作为教材的教师提供教学课件，有需要者可与出版社联系，邮箱：jckj@cabp.com.cn，电话：010-58337285，建工书院 http://edu.cabplink.com（PC 端）。欢迎任课教师加入职业教育建设工程管理类专业 QQ 交流群：745126886。

责任编辑：吴越恺
责任校对：芦欣甜

高等职业教育建设工程管理类专业"十四五"数字化新形态教材
工程项目招投标与合同管理
林　野　刘欣平　关秀霞　主　编
何　檀　主　审

*

中国建筑工业出版社出版、发行（北京海淀三里河路 9 号）
各地新华书店、建筑书店经销
北京雅盈中佳图文设计公司制版
北京云浩印刷有限责任公司印刷

*

开本：787 毫米×1092 毫米　1/16　印张：$20\frac{1}{2}$　字数：436 千字
2025 年 5 月第一版　　2025 年 5 月第一次印刷
定价：**58.00** 元（赠教师课件）
ISBN 978-7-112-31204-7
（44753）

版权所有　翻印必究
如有内容及印装质量问题，请与本社读者服务中心联系
电话：（010）58337283　　QQ：2885381756
（地址：北京海淀三里河路 9 号中国建筑工业出版社 604 室　邮政编码：100037）

前　言

　　工程项目招投标与合同管理活动是建设工程领域重要的职业工作内容之一，《工程项目招投标与合同管理》是高职院校建设工程管理专业、工程造价专业、建筑工程技术专业及相关专业重要的专业核心课程，为了更好地适应职业教育教学不断深化改革和创新发展的要求，结合有关工程招投标领域最新的法律法规，编写团队编写了这本具有指导意义的理实一体化教材。

　　《工程项目招投标与合同管理》是在原全国住房和城乡建设职业教育教学指导委员会土建类专业"十三五"规划教材《工程项目招标与投标》的基础上改编，以党的二十大报告中"全面推进科学立法、严格执法、公正司法、全民守法，全面推进国家各方面工作法治化"为指导思想，紧扣《"十四五"时期教育强国推进工程实施方案》宗旨，落实《"互联网+"招标采购行动方案（2017—2019年）》（发改法规〔2017〕357号）精神，服务住房和城乡建设部"四库一平台"所提出的"整合统一、互联共享的全国建筑市场监管与诚信一体化工作平台"的建设目标，以规范建筑市场招投标活动为目的，以真实工程项目为依托，深化课堂教学与实训实践的融合，普及推广情境教学、案例教学、项目教学等教学模式。

　　本教材力求把教学思维有机融入编写设计之中，以工程招投标领域职业工作内容为基准，以建筑市场工程项目招投标活动流程为主线，科学合理地构建了七个依次递进的学习情境，各学习情境分别引入真实的工程招标案例、投标案例、评标案例以及合同管理案例等。结合建筑市场"四库一平台"的互联互通，"公共资源交易平台"对招投标及合同管理全网络化的"一站式"监管与服务，本教材将招投标与合同管理活动与课程内容进行对照解析，把每个学习情境相对独立完整的内容进一步划分为若干个工作任务，即将传统招投标和电子招投标以及合同管理的典型工作任务设计为教学任务，具体描绘了职业活动中的典型节点和事件，通过一系列设计，使教学方法组织、教学内容与课内外训练有机融合，完全适应项目教学、案例教学、情境教学等行动导向的教学方法。

本教材由黑龙江建筑职业技术学院林野教授、陆军装备部驻沈阳地区军事代表局驻牡丹江地区军事代表室刘欣平、黑龙江建筑职业技术学院关秀霞教授主编。学习情境1~学习情境3由林野编写；学习情境4~学习情境7由刘欣平编写；教材附录由林野、刘欣平编写；教材中的工程案例剖析及数字资源部分由关秀霞整理、编写；教材中部分图片由刘卓绘制。林野教授负责全书统稿及修改工作。黑龙江建筑职业技术学院何檀教授任本教材主审。

本教材在编写过程中，参阅与借鉴了部分专家和学者的成果与著作，已在参考文献中列明；也得到了中资国际工程咨询集团有限责任公司的大力支持和帮助，在此一并表示感谢！

由于编者的水平有限，书中错漏与不足之处在所难免，恳请读者批评指正。

编者声明：本教材范例文件所有工程项目名称、单位名称、印鉴、个人姓名、电话号码、证件及编码均为虚构，旨在让学生体验真实招投标活动。

目 录

学习情境 1　建筑市场与法律制度 ·· 001
  任务 1.1　建筑市场 ·· 002
  任务 1.2　工程发承包 ··· 011
  任务 1.3　建筑市场法律制度认知 ·· 020

学习情境 2　建设工程项目招标 ·· 031
  任务 2.1　建设工程项目招标认知 ·· 032
  任务 2.2　建设工程项目招标准备工作 ·· 045
  任务 2.3　建设工程项目招标流程 ·· 063
  任务 2.4　建设工程项目电子招标投标 ·· 069

学习情境 3　建设工程项目投标 ·· 079
  任务 3.1　建设工程项目施工投标认知 ·· 080
  任务 3.2　资格预审申请文件编制 ·· 093
  任务 3.3　投标文件编制 ··· 097
  任务 3.4　投标文件的审核装订与包封递交 ·· 111
  任务 3.5　电子投标 ·· 114

学习情境 4　开标 ·· 129
  任务 4.1　开标认知 ·· 130
  任务 4.2　电子开标 ·· 134

学习情境 5　评标 ·· 137
  任务 5.1　评标认知 ·· 138
  任务 5.2　建设工程施工项目评标 ·· 143
  任务 5.3　电子评标 ·· 154

学习情境 6　定标 …………………………………………………………… 160
　　任务 6.1　定标（中标）认知 …………………………………………… 161
　　任务 6.2　定标有关事宜 ………………………………………………… 166

学习情境 7　建设工程施工合同管理 ……………………………………… 170
　　任务 7.1　建设工程施工合同管理基本知识 …………………………… 171
　　任务 7.2　建设工程施工合同管理 ……………………………………… 177
　　任务 7.3　施工索赔管理 ………………………………………………… 200

附录 ……………………………………………………………………………… 220
　　附录 1　电子招标投标办法 ……………………………………………… 220
　　附录 2　电子招标文件案例 ……………………………………………… 229

参考文献 ………………………………………………………………………… 322

学习情境 1
建筑市场与法律制度

 知识要点

建筑市场概念、建筑市场主体与客体、建设交易中心、建筑市场管理、发承包人资格条件、发承包方式、施工总承包资质等级与标准、建筑市场应遵循的法律法规。

 教学目标

了解招标建筑市场的构成与管理,了解建设交易中心的性质、功能和运行原则,掌握各种工程承包方式的特点。掌握建筑市场三方主体从事相关活动应遵循的法律法规,树立法律观念。

 思维导图

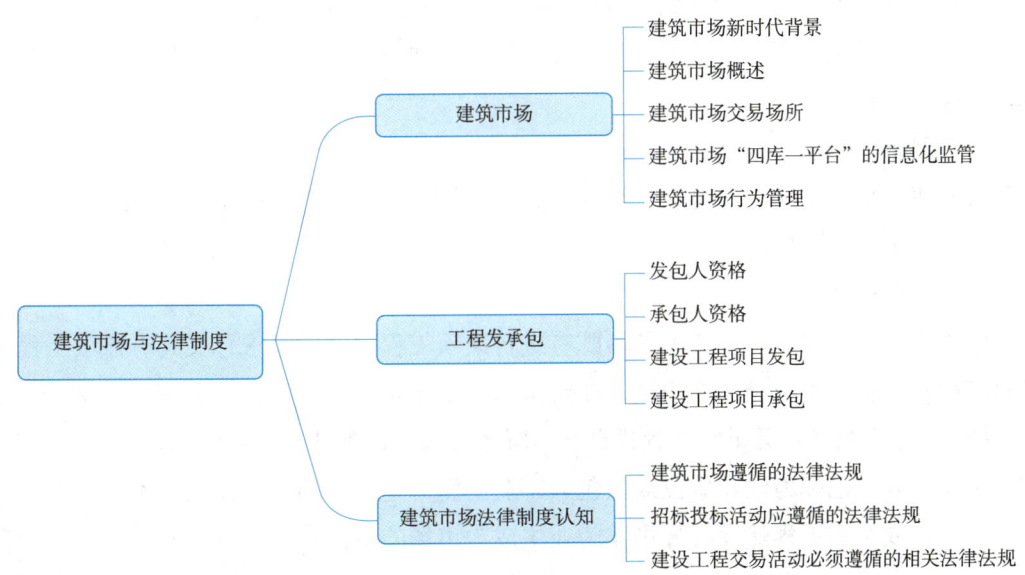

任务 1.1　建筑市场

1.1.1　建筑市场新时代背景

住房和城乡建设事业是党和国家事业的重要组成部分。党的十八大以来，习近平总书记就住房和城乡建设工作作出一系列重要论述和指示批示，为住房和城乡建设事业高质量发展提供了根本遵循。在以习近平同志为核心的党中央坚强领导下，住房和城乡建设事业取得了历史性新成就，为全面建成小康社会、实现第一个百年奋斗目标作出了积极贡献。

党的二十大明确了新时代新征程党的使命任务，进入新时代，住房和城乡建设发展形势发生了深刻变化，港珠澳大桥、北京大兴国际机场等一批世界级标志性重大工程相继建成，"中国建造"品牌享誉全球，推动了构建诚信守法、公平竞争、追求品质的市场环境；推进了建筑业科技进步，以及建筑产业工业化、数字化、绿色化转型升级。建筑市场运行法治化、建筑市场行为的规范化、管理的信息化以及建筑产品的绿色化是建筑业发展的必然。

1.1.2　建筑市场概述

1. 建筑市场概念

建筑市场是建设工程市场的简称，是以建筑工程承发包交易为主要活动的市场。

建筑市场可分为广义的建筑市场和狭义的建筑市场。广义的建筑市场是工程建设生产和交易的总和；狭义的建筑市场是有固定交易场所的有形建筑市场，是固定资产投资转化为建筑产品的交易场所，如建设交易中心——收集与发布工程交易信息，办理工程报建手续、承发包工程合同及委托质量安全监督和建设监理等手续，提供政策法规及技术经济咨询服务。

2. 建筑市场主体

参与建筑生产交易活动的各方称为建筑市场主体，我国建筑市场主体主要包括业主、承包商和中间服务机构：

（1）业主概念

业主（建设单位、发包人）是指既有进行某项工程建设的需求，又具有该项工程建设相应的建设资金和各种准建手续，在建筑市场中承担发包工程建设的咨询、勘察、设计、施工、监理任务，并最终得到建筑产品所有权的政府部门、企事业单位和个人。

在我国业主也称为建设单位或发包人，业主作为建筑市场的主体具有不确定性，只有发包工程或组织工程建设时方可作为业主成为市场的主体。我国对于业主的管理不实行资质管理，而实行项目法人责任制管理（业主责任制），项目法人对项目建设全过程负责管理，其管理内容主要包括进度控制、质量控制、投资控制、合同管理和组织协调等。

业主（发包人）是指具有工程发包主体资格和支付工程价款能力的当事人以及取得该当事人资格的合法继承人。作为合格的发包人应具有法人资格或者对外能独立地承担民事责任，发包工程时需持有建设用地规划许可证、建设工程规划许可证、土地使用证等证件。

（2）承包商

承包商是指具有一定生产与管理能力、机械装备、流动资金，依法取得营业执照和建设资质证书的，能按业主的要求提供不同形态的建筑产品，并最终得到相应工程价款的建筑业企业。承包商主要分为勘察、设计单位，建筑安装企业，混凝土构配件及非标准预制件等生产厂家，商品混凝土供应站，建筑机械租赁单位，以及专门提供建筑劳务的企业等。

2015年3月1日起施行的住房和城乡建设部发出的《建筑业企业资质管理规定》（住房和城乡建设部令第22号）规定所称的"建筑业企业"是指从事土木工程、建筑工程、线路管道设备安装工程的新建、扩建、改建等施工活动企业。

（3）中介服务组织

中介服务组织是指具有相应的专业服务能力，依法取得资质和营业执照的咨询服务机构，能对工程建设提供估算测量、管理咨询、建设监理等智力型服务并获取相应费用的企业。如工程咨询服务包括工程造价（测量）、工程管理、招标代理、工程监理等多种服务。我国建筑市场的中介服务组织可以受承包方、发包方或政府管理机构的委托，从事相关的咨询服务，并获得服务费用。

（4）建筑市场三方主体相互关系

我国从1988年开始推行的工程项目建设监理制就是采用国际上通用的一种工程建设项目实施阶段的管理体制。即由项目业主、承包商、监理单位直接参加的"三方"管理体制。三方在工程项目建设实施阶段各方关系如图1-1所示。

1）业主与承包商。业主择优选择承包商，双方签订工程施工承包合同后，项目业主

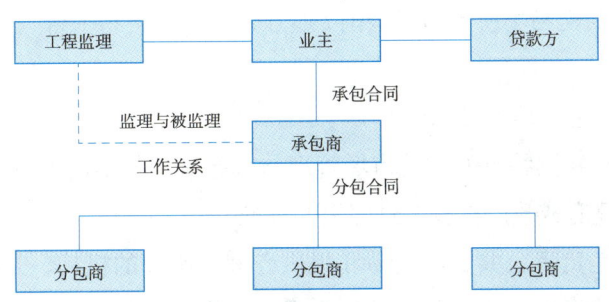

图1-1　工程项目建设实施阶段各方关系

与承包商之间即建立发包与承包的合同关系。

2）业主与监理企业。业主择优选择监理企业，双方签订建设工程委托监理合同后，项目业主与监理工程师之间即建立了委托服务关系。

3）监理单位与承包商。监理受业主的委托对工程项目实施管理，承包商在履行合同的过程中接受监理单位的监督与管理，二者之间是监理与被监理的关系，没有合同关系。

4）承包商与分包商。如果合同约定或发包人允许，承包人可以将非主体工程分包给具有相应资质的企业，双方签订合同后，即建立了总承包人与分包人的合同关系。

3. 建筑市场客体

建筑市场交易的对象称为客体，一般是指建筑产品。建筑产品包括有形建筑产品和无形建筑产品。

在不同的生产交易阶段，建筑产品形态不同，无形的建筑产品可以是咨询公司提供的咨询服务、咨询意见或其他服务；可以是勘测设计单位提供的勘察报告、设计方案、施工图纸；可以是承包商建造的各类建筑物构筑物，也可以是生产厂家提供的混凝土构件等。

4. 建筑市场交易特点

建设工程产品具有生产周期长、价值量大，通常交易活动贯穿建设工程产品生产的整个过程。从工程建设的咨询、勘察、设计、施工任务的发包，到工程竣工、保修期结束，发包方、承包方或分包方生产活动交易会交织在一起，使得建筑市场在许多方面不同于其他产品市场。主要表现为以下几点：

（1）交易方式为买方向卖方直接采购，一般以招投标为主要交易方式。

（2）交易价格以工程造价为基础，卖方竞争是企业信誉、技术力量、施工质量和管理水平等方面的竞争。

（3）交易行为受严格的法律、规章、制度的约束和监督。

1.1.3 建筑市场交易场所

建筑市场交易分为实体交易场所和"互联网＋"交易场所。实体交易场所即建设交易中心，"互联网＋"交易场所是指"全国/地方公共资源交易平台"。

1. 建设交易中心

（1）建设交易中心性质

建设交易中心是我国特有的建筑市场管理与服务机构，不属于政府授权的监督机构，但其设立必须得到政府或政府授权主管部门的批准。

建设交易中心是负责公共资源交易和提供咨询、服务的机构，是公共资源统一进场交易的服务机构。建设交易中心不以盈利为目的，旨在为公开、公平竞争的招投标制度服务，为工程交易活动提供一站式服务。

（2）建设交易中心作用

1）为建筑市场进行交易各方提供服务

提供办理报建、发布招标信息、合同授予、申领施工许可证及委托质量安全监督等有关手续的服务；提供政策法规及技术经济咨询服务。

2）配合市场各部门调解交易过程中发生的纠纷。

（3）具备的条件

地级以上城市（包括地、州、盟）设立建设工程交易中心应经住房和城乡建设部、国家发展改革委、国家监察委员会协调小组批准。建设工程交易中心必须具备下列条件：

1）有固定的建设工程交易场所和满足建设工程交易中心基本功能要求的服务设施。

2）有政府管理部门设立的评标专家名册。

3）有健全的建设工程交易中心工作规则、办事程序和内部管理制度。

4）工作人员必须奉公守法并熟悉国家有关法律法规，具有工程招投标等方面的基本知识；其负责人必须具备5年以上从事建设市场管理的工作经历，熟悉国家有关法律法规，具有较丰富的工程招投标等业务知识。

（4）建设交易中心运行的原则

1）信息公开原则

建设工程交易中心必须充分掌握政策法规、造价指数、专家评委库等各项信息，掌握工程发包商、承包商和咨询单位资质情况，掌握招标规则、评标标准，并保证市场各方主体都能及时获得所需要的信息资料。

2）依法管理原则

建设工程交易中心应严格按照法律、法规开展工作，尊重建设单位依照法律规定选择投标单位和选定中标单位的权利。尊重符合资质条件的建筑企业提出的投标要求和接受邀请参加投标的权利。任何单位和个人不得非法干预交易活动的正常进行。检察机关应当进驻建设工程交易中心实施监督。

3）公平竞争原则

建立公平竞争的市场秩序是建设工程交易中心的一项重要原则。进驻的有关行政监督管理部门应严格监督招投标单位的行为，防止地方保护、行业和部门垄断等各种不正当竞争，不得侵犯交易活动各方的合法权益。

4）属地进入原则

按照我国有形建筑市场的管理规定，建设工程交易实行属地进入。每个城市原则上只能设立一个建设工程交易中心，特大城市可以根据需要，设立区域性分中心，在业务上受中心领导。对于跨省、自治区、直辖市的铁路、公路、水利等工程，可在政府有关部门的监督下通过公告由项目法人组织招投标。

(5)办事公正原则

建设工程交易中心是政府建设行政主管部门批准建立的服务性机构。须配合进场的各行政管理部门做好相应的工程交易活动管理和服务工作。要建立监督制约机制,公开办事规则和程序,制定完善的规章制度和工作人员守则,发现建设工程交易活动中的违法、违规行为,应当向政府有关管理部门报告,并协助进行处理。

(6)建设工程交易中心的基本功能

我国的建设工程交易中心具有信息服务功能、场所服务功能和集中办公功能,如图1-2所示。

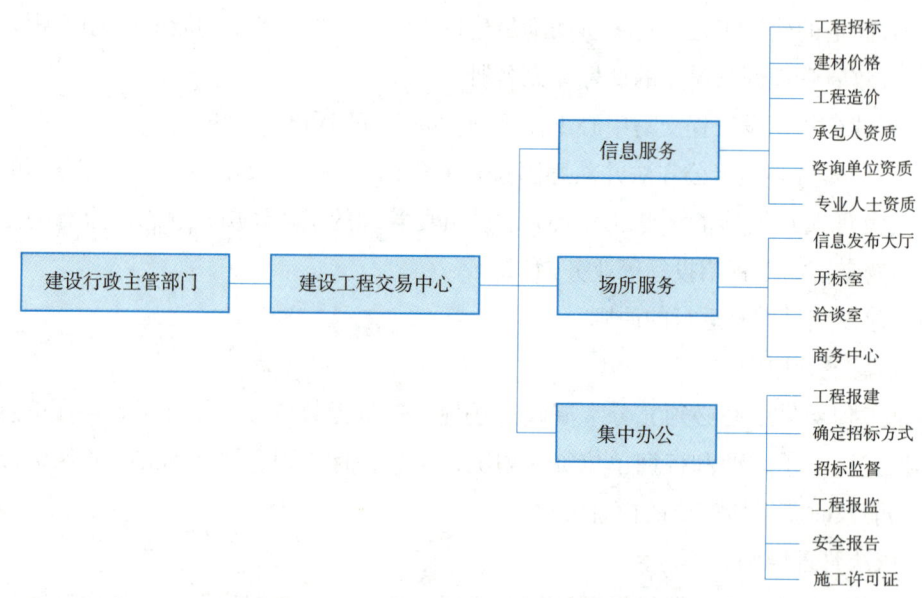

图1-2 建设工程交易中心基本功能示意图

2. 公共资源交易平台

(1)平台运行指导思想

以习近平新时代中国特色社会主义思想为指导,全面贯彻党的二十大和十九届二中、三中全会精神,统筹推进"五位一体"总体布局,协调推进"四个全面"战略布局,按照党中央、国务院决策部署,坚持稳中求进工作总基调,坚持新发展理念,坚持推动高质量发展,坚持以供给侧结构性改革为主线,充分发挥市场在资源配置中的决定性作用,更好地发挥政府作用,持续深化公共资源交易平台整合共享,着力提高公共资源配置效率和公平性,着力提升公共资源交易服务质量,着力创新公共资源交易监管体制机制,激发市场活力和社会创造力。

(2)运行基本原则

1)坚持应进必进,推动各类公共资源交易进平台。对于应该或可以通过市场化方式配置的公共资源，建立交易目录清单，加快推进清单内公共资源平台交易全覆盖，做到"平台之外无交易"。

2）坚持统一规范，推动平台整合和互联共享。在政府主导下，进一步整合规范公共资源交易平台，不断完善分类统一的交易制度规则、技术标准和数据规范，促进平台互联互通和信息充分共享。

3）坚持公开透明，推动公共资源阳光交易。实行公共资源交易全过程信息公开，保证各类交易行为动态留痕、可追溯。大力推进部门协同监管、信用监管和智慧监管，充分发挥市场主体、行业组织、社会公众、新闻媒体外部监督作用，确保监督到位。

4）坚持服务高效，推动平台利企便民。深化"放管服"改革，突出公共资源交易平台的公共服务职能定位，进一步精减办事流程，推行网上办理，降低制度性交易成本，推动公共资源交易从依托有形场所向以电子化平台为主的转变。

（3）平台管理目标

以市场化方式配置的公共资源基本纳入统一的公共资源交易平台体系，实行目录管理；各级公共资源交易平台纵向全面贯通、横向互联互通，实现制度规则统一、技术标准统一、信息资源共享；电子化交易全面实施，公共资源交易实现全过程在线实时监管。

（4）公共资源交易平台职能

1）全国公共资源交易平台职能

①在国务院领导下，研究和协调公共资源交易平台整合工作中的重大问题，加强对《整合建立统一的公共资源交易平台工作方案》及其配套措施贯彻落实情况的评估和监督。

②指导各省级人民政府开展公共资源交易平台整合工作。

③审议公共资源交易平台整合年度重点工作任务和年度工作总结。

④完成国务院交办的其他事项。

2）地方公共资源交易平台的职能（以黑龙江省公共资源交易平台为例，见图1-3）

①承担全省公共资源交易、药品集中采购等系统的建设、管理和维护工作。

②根据有关法律法规，制定各类公共资源交易的流程、政府采购操作规程、药品和医用耗材网上集中采购操作规程。

③为省本级公共资源交易提供场所、见证、信息、档案、专家抽取、信用和大数据统计分析等公共服务。

④承担省本级政府集中采购工作，为采购人设定采购需求、拟定采购合同、开展履约验收等提供专业化服务。

⑤承担全省药品和医用耗材网上集中采购执行及采购系统交易数据统计分析报送等相关工作；承担医药企业信用评级工作。

注意："交易大厅"功能是显示当前的"网上开标""交易信息"。

"交易信息"包括工程建设信息、政府采购信息、土地矿业权信息、国有产权信息、医疗卫生集中采购信息、要素交易服务平台信息。

"工程建设信息"包括招标计划、招标/资审公告、项目澄清、评标结果、流标/废标公示、中标候选人公示、中标结果公示、合同公示。黑龙江省公共资源交易网如图1-4所示。

图 1-3 全国公共资源交易平台

图 1-4 黑龙江省公共资源交易网

1.1.4 建筑市场"四库一平台"的信息化监管

2014年7月,住房和城乡建设部关于印发《全国建筑市场监管与诚信信息系统基础数据库数据标准(试行)》和《全国建筑市场监管与诚信信息系统基础数据库管理办法(试行)》的通知(建市〔2014〕108号)的下发,正式启动了"四库一平台"的建设。

"四库一平台"指的是住房和城乡建设部全国建筑市场监管公共服务平台,"四库"包括企业数据库基本信息库、注册人员数据库基本信息库、工程项目数据库基本信息库、诚信信息数据库基本信息库,四库互联互通,以身份证可以查人员,以单位名可以查人员,以人员可查单位。"一平台"则是一体化工作平台。该平台的主要作用在于加强中国建筑市场的监管,确保数据的全面性、真实性和动态性。全面实现全国建筑市场"数据一个库、监管一张网、管理一条线"的信息化监管目标。

1.1.5 建筑市场行为管理

建筑市场行为管理的作用在于为建筑市场参加者制定在交易过程中应共同或各自遵守的行为规范,并监督检查其执行,防止违规行为,以保证市场有秩序地正常运转。

1. 工程发包单位的行为规范

符合规定条件的工程发包单位,就是建筑市场上合格的买主,可以通过招标或其他合法方式自主发包工程。不论勘察设计或施工任务,都不得发包给不符合规定的资质等级和营业范围的单位承担,更不得利用发包权索贿受贿或收取"回扣",有此行为者将被没收非法所得,并处以罚款。

2. 工程承包单位的行为规范

工程承包企业,在建筑市场上只能按资质等级规定的承包范围承包工程,不得无证、无照或越级承揽任务,非法转包、出卖、出租、转让、涂改、伪造资质证书、营业执照、银行账号等,以及利用行贿、"回扣"等手段承揽工程任务。有此等行为之一者,将依情节轻重,予以警告、通报批评、没收非法所得、停业整顿、降低资质等级、吊销营业执照等处罚,并处以罚款。在工程中指定使用没有出厂合格证或质量不合格的建筑材料、构配件及设备,或因设计、施工不遵守有关标准、规范,造成工程质量事故或人身伤亡事故的,应按有关的法规处理。

3. 中介机构和人员的行为规范

中介机构和人员是在建筑市场上为工程承发包双方提供专业知识服务的,主要是指建设监理和招标投标咨询服务。

按国际惯例,咨询机构和人员必须正直、公平、尽心竭力地为客户和雇主服务;不得领取客户和雇主以外的他人支付的酬金;不得泄露和盗用由于业务关系得知的客户的秘密(如招标工程的标底),不得利用施加不正当压力,行贿受贿或自吹自擂,抬高自己、贬低他人等不正当手段在同行中进行承揽业务的竞争。

4. 建筑市场管理人员的行为规范

市场管理人员要恪尽职守，依法秉公办事，维护市场秩序。不得以权谋私、敲诈勒索、徇私舞弊。有此等行为者由其所在单位或上级主管部门给予行政处分。

5. 建筑市场参加者违规行为的处罚

建筑市场参加者的违规行为，由建设行政主管部门和工商行政管理机关按照各自的职责进行查处。构成犯罪行为的，由司法机关依法追究刑事责任。

6. 建筑市场建设工程招标投标活动监管

建设工程招标投标涉及国家利益、社会公共利益和公众安全，因而必须对其实行强有力的政府监管。建设工程招标投标活动及其当事人应当接受依法实施的监督管理。

（1）建设工程招标投标归口监管

为了维护建筑市场的统一性、竞争的有序性和开放性，国家明确指定了一个统一归口的建设行政主管部门，即住房和城乡建设部，它是全国最高招标投标管理机构。在住房和城乡建设部的统一监管下实行省、市、县三级建设行政主管部门对所辖行政区内的建设工程招标投标分级管理。

各级建设行政主管部门作为本行政区域内建设工程招标投标工作的统一归口监督管理部门，其主要职责有以下几点：

1）指导全社会的建筑活动、规范整个建筑市场，制定有关建设工程招投标的发展战略、规划、行业规范和相关方针、政策、行为规则、标准和监管措施；组织宣传、贯彻有关建设工程招标投标的法律、法规、规章，进行执法检查监督。

2）指导、检查和协调本行政区域内建设工程的招标投标活动，总结交流经验，提供高效率的规范化服务。

3）负责对当事人的招标投标资质、中介服务机构的招标投标中介服务资质和有关专业技术人的执业资格的监督，开展招标投标管理人员的岗位培训。

4）会同有关专业主管部门及其直属单位办理有关专业工程招标投标事宜。

5）调解建设工程招标投标纠纷，查处建设工程招标投标违法、违规行为，否决违反招标投标规定的定标结果。

（2）建设工程招投标监管职权

建设工程招标投标监管机关，是指经政府或政府主管部门批准设立的隶属于同级建设行政主管部门的省、市、县建设工程招标投标办公室。建设工程招标投标监管机关的职权主要包括以下几个方面：

1）办理建设工程项目报建登记。

2）审查发放招标组织资质证书、招标代理人及标底编制单位的资质证书。

3）接收招标人申报的招标申请书，对招标工程应当具备的招标条件、招标人的招标资质或招标代理人的招标代理资质、采用的招标方式进行审查认定。

4）接收招标人申报的招标文件，对招标文件进行审查认定，对招标人要求变更发出后的招标文件进行审批。

5）对投标人的投标资质进行复查。

6）对标底进行审定，可以直接审定，也可以将标底委托银行及其他有能力的单位审核后再审定。

7）对评标定标办法进行审查认定，对招标投标活动进行全过程监督，对开标、评标、定标活动进行现场监督。

8）核发或者与招标人联合发出中标通知书。

9）审查合同草案，监督承发包合同的签订和履行。

10）调解招标人和投标人在招标投标活动中或履行合同过程中发生的纠纷。

11）查处建设工程招标投标方面的违法行为，依法受委托实施相应的行政处罚。

任务 1.2　工程发承包

1.2.1　发包人资格

1. 发包人定义

《建设工程施工合同（示范文本）》GF—2017—0201 词语定义与解释第 1.1.2.2 条发包人：是指与承包人签订合同协议书的当事人及取得该当事人资格的合法继承人。

2. 发包人资格条件

作为合格的发包人应具有法人资格或者对外能独立地承担民事责任。发包工程时需持有建设用地规划许可证、建设工程规划许可证、土地使用证等证件。根据项目建设不同阶段发包人有时也称发包单位、建设单位、业主或项目法人、招标人。

（1）立项阶段发包人的资格

项目发包人必须根据规定办理项目立项及报建等一系列手续，获得相关行政许可，其中最主要是立项审批（设计任务书）、土地使用权证、建设用地规划许可证、建设工程规划许可证以及通过环境、消防、人防等事项的审核。

（2）项目实施发包人的资格条件

发包人在工程合同签订之后，建设工程项目正式施工前，还必须取得施工许可证。发包人资格证书如图 1-5 所示。

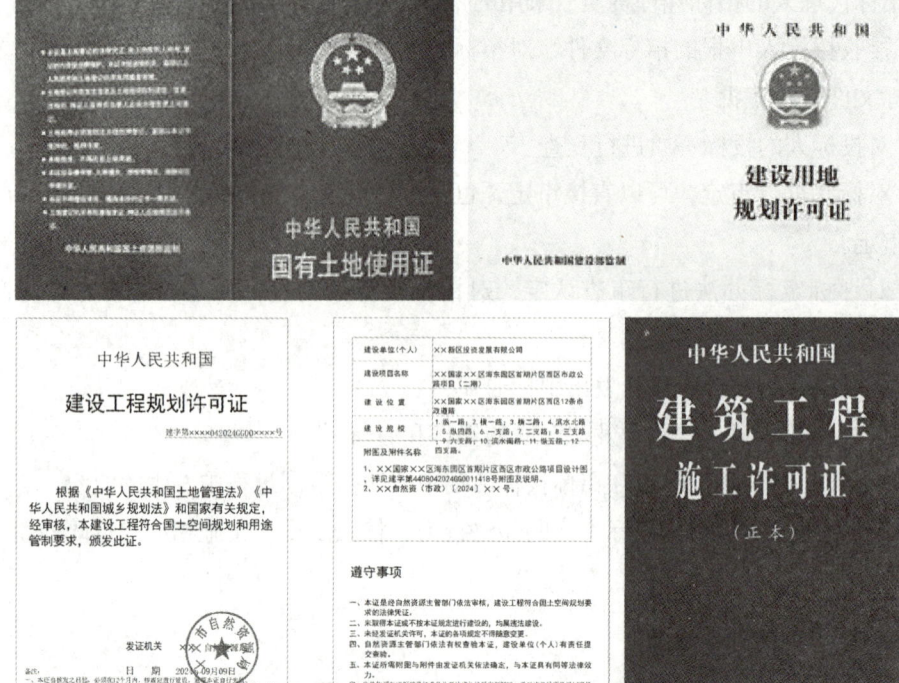

图 1-5 发包人资格证书

注：图中为国有土地使用证、建设用地规划许可证、建设工程规划许可证、建筑工程施工许可证。

1.2.2 承包人资格

1. 承包人定义

《建设工程施工合同（示范文本）》GF—2017—0201（住房和城乡建设部、国家市场监督管理总局制定）词语定义与解释第 1.1.2.3 条承包人：是指与发包人签订合同协议书的，具有相应工程施工承包资质的当事人及取得该当事人资格的合法继承人（图 1-6）。

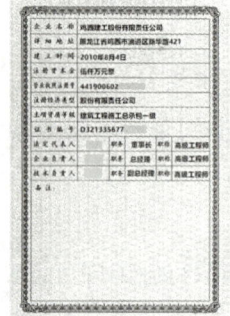
资质证书（副本）

营业执照（副本）

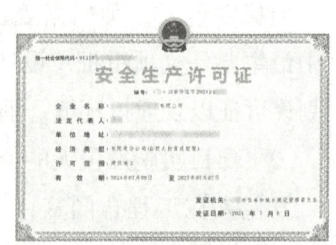

图 1-6 承包人经营有关资格证书

2. 承包商应具备的基本条件

从事建设工程承包经营的企业，国际上通称承包商，我国称为建筑业企业。

《建筑法》第十二条规定："从事建筑活动的建筑施工企业、勘察单位、设计单位和工程监理单位应当具备下列条件：

（一）有符合国家规定的注册资本；

（二）有与其从事的建筑活动相适应的具有法定执业资格的专业技术人员；

（三）有从事相关建筑活动所应有的技术装备；

（四）法律、行政法规规定的其他条件。"

（1）有符合国家规定的注册资本

注册资本反映的是企业法人的财产权，也是判断企业经济力量的依据之一。从事经营活动的企业组织，都必须具备基本的责任能力，能够承担与其经营活动相适应的财产义务，这既是法律权利与义务相一致、利益与风险相一致原则的反映，也是保护债权人利益的需要，因此，承包商的注册资本必须适应从事建筑活动的需要，不得低于最低限额（表1-1）。

（2）有与从事的建筑活动相适应的具有法定执业资格的专业技术人员

建筑活动具有技术密集的特点，从事建筑活动的建筑施工企业必须有足够的专业技术人员，包括工程技术人员，经济、会计、统计等管理人员，某些从事建筑活动的专业技术人员还必须有法定执业资格。

（3）有从事相关建筑活动所应有的技术装备

建筑活动具有专业性、技术性强的特点，必须有相应的施工机械设备与质量检验测试等技术装备或手段。

（4）法律、行政法规规定的其他条件

《民法典》第五十八条规定："法人应当依法成立。法人应当有自己的名称、组织机构、住所、财产或者经费。法人成立的具体条件和程序，依照法律、行政法规的规定。"

3. 承包商分类

《建筑业企业资质管理规定》规定："建筑业企业资质分为施工总承包、专业承包和劳务分包三个序列。其中施工总承包序列设有12个类别，一般分为4个等级（特级、一级、二级、三级）；专业承包序列设有36个类别，一般分为3个等级（一级、二级、三级），施工劳务序列不分类别和等级。"

（1）施工总承包企业业务范围

《建筑业企业资质管理规定》规定："施工总承包工程应由取得相应施工总承包资质的企业承担。取得施工总承包资质的企业可以对所承接的施工总承包工程内各专业工程全部自行施工，也可以将专业工程依法进行分包。对设有资质要求的专业工程进行分包时，应分包给具有相应专业承包资质的企业施工；总承包企业将劳务作业分包时，应分包给具有施工劳务资质的企业。"

（2）专业承包企业业务范围

《建筑业企业资质管理规定》规定："设有专业承包资质的专业工程单独发包时应由取得相应专业承包资质的企业承担。取得专业承包资质的企业可以承接具有施工总承包资质的企业依法分包的专业工程或建设单位依法发包的专业工程。取得专业承包资质的企业应对所承接的专业工程全部自行组织施工，劳务作业可以分包，但应分包给具有施工劳务资质的企业。"

（3）劳务分包企业业务范围

《建筑业企业资质管理规定》规定："可以承接施工总承包企业或者专业承包企业分包的劳务作业。"

4. 承包商资质

建筑业企业资质就是承包商的资格和素质，是作为工程承包经营者必须具备的基本条件。

施工总承包企业特级、一级、二级、三级的"房屋建筑工程施工总承包企业资质等级标准"见表1-1。

专业承包企业资质按专业类别共分为60个资质类别，每一个资质类别又分为一级、二级、三级。

房屋建筑工程施工总承包企业资质等级标准　　　　　　　表1-1

企业等级	建设业绩	人员素质	注册资本金	企业净资产	近三年最高年工程结算收入	承包工程范围
特级企业	近5年承担过下列5项工程总承包或施工总承包项目中的3项，工程质量合格： （1）高度100m以上的建筑物； （2）28层以上的房屋建筑工程； （3）单体建筑面积5万m²以上的房屋建筑工程； （4）钢筋混凝土结构单跨30m以上的建筑工程或钢结构单跨36m以上的房屋建筑工程； （5）单项建安合同额2亿元以上的房屋建筑工程	（1）企业经理具有10年以上从事工程管理工作经历； （2）技术负责人具有15年以上从事工程技术管理的工作经历，且具有工程序列高级职称及一级注册建造师或注册工程师执业资格；主持完成过两项及以上施工总承包一级资质要求的代表工程的技术工作或甲级设计资质要求的代表工程或合同额在2亿元以上的工程总承包项目； （3）财务负责人具有高级会计师职称及注册会计师资格； （4）企业具有注册一级建造师（一级项目经理）50人以上； （5）企业具有本类别相关的行业工程设计甲级资质标准要求的专业技术人员	3亿元以上	3.6亿元以上	（1）年平均15亿元以上； （2）上缴建筑业营业税均在5000万元以上； （3）企业银行授信额度均在5亿元以上	可承担本类别各等级工程施工总承包、设计及开展工程总承包和项目管理业务

续表

企业等级	建设业绩	人员素质	注册资本金	企业净资产	近三年最高年工程结算收入	承包工程范围
一级企业	企业近5年承担过下列6项中的4项以上工程的施工总承包或主体工程承包，工程质量合格： （1）25层以上的房屋建筑工程； （2）高度100m以上的构筑物或建筑物； （3）单体建筑面积3万m^2以上的房屋建筑工程； （4）单跨跨度30m以上的房屋建筑工程； （5）建筑面积10万m^2以上的住宅小区或建筑群体； （6）单项建安合同额1亿元以上的房屋建筑工程	（1）企业经理具有10年以上从事工程管理工作经历或具有高级职称； （2）总工程师具有10年以上从事建筑施工技术管理工作经历并具有本专业高级职称； （3）总会计师具有高级会计职称； （4）总经济师具有高级职称； （5）有职称的工程技术和经济管理人员不少于300人，其中工程技术人员不少于200人； （6）工程技术人员中，具有高级职称的人员不少于10人，具有中级职称的人员不少于60人； （7）企业具有的一级资质项目经理不少于12人	5000万元以上	6000万元以上	2亿元以上	可承担单项建安合同额不超过企业注册资本金5倍的下列房屋建筑工程的施工： （1）40层及以下、各类跨度的房屋建筑工程； （2）高度240m及以下的构筑物； （3）建筑面积20万m^2及以下的住宅小区或建筑群体
二级企业	企业近5年承担过下列6项中的4项以上工程的施工总承包或主体工程承包，工程质量合格： （1）12层以上的房屋建筑工程； （2）高度50m以上的构筑物或建筑物； （3）单体建筑面积1万m^2以上的房屋建筑工程； （4）单跨跨度21m以上的房屋建筑工程； （5）建筑面积5万m^2以上的住宅小区或建筑群体； （6）单项建安合同额3000万元以上的房屋建筑工程	（1）企业经理具有8年以上从事工程管理工作经历或具有中级以上职称； （2）技术负责人有8年以上从事建筑施工技术管理工作经历并具有本专业高级职称； （3）财务负责人具有中级以上会计职称； （4）企业有职称的工程技术和经济管理人员不少于150人，其中工程技术人员不少于100人； （5）工程技术人员中，具有高级职称的人员不少于2人，具有中级职称的人员不少于20人； （6）企业具有的二级资质项目经理不少于12人	2000万元以上	2500万元以上	8000万元以上	可承担单项建安合同额不超过企业注册资本金5倍的下列房屋建筑工程的施工： （1）28层及以下、单跨跨度36m及以下的房屋建筑工程； （2）高度120m及以下的构筑物； （3）建筑面积12万m^2及以下的住宅小区或建筑群体
三级企业	企业近5年承担过下列5项中的3项以上工程的施工总承包或主体工程承包，工程质量合格： （1）6层以上的房屋建筑工程； （2）高度25m以上的构筑物或建筑物； （3）单体建筑面积5000m^2以上的房屋建筑工程； （4）单跨跨度15m以上的房屋建筑工程； （5）单项建安合同额500万元以上的房屋建筑工程	（1）企业经理具有5年以上从事工程管理工作经历； （2）技术负责人有5年以上从事建筑施工技术管理工作经历并具有本专业中级以上职称； （3）财务负责人具有初级以上会计职称； （4）有职称的工程技术和经济管理人员不少于50人，其中工程技术人员不少于30人； （5）工程技术人员中，具有中级以上职称的人员不少于10人； （6）企业具有三级资质项目经理不少于10人	600万元以上	700万元以上	2400万元以上	可承担单项建安合同额不超过企业注册资本金5倍的下列房屋建筑工程的施工： （1）14层及以下、单跨跨度24m及以下的房屋建筑工程； （2）高度70m及以下的构筑物； （3）建筑面积6万m^2及以下的住宅小区或建筑群体

注：1. 房屋建筑工程是指工业、民用与公共建筑（建筑物、构筑物）工程。工程内容包括地基与基础工程，土石方工程，结构工程，屋面工程，内、外部的装修装饰工程，上下水、供暖、电器、洁具、通风、照明、消防、防雷等安装工程。

2. 所有登记的施工总承包企业应具有与承包工程范围相适应的施工机械和质量检测设备。

劳务承包企业有 13 个资质类别，如木工作业、砌筑作业、钢筋专业等。有的资质类别分成若干级，有的则不分级，如木工、砌筑、钢筋作业劳务分包企业分为一级、二级；油漆、架线等作业劳务分包企业则不分级。

2023 年，住房和城乡建设部印发《关于进一步加强建设工程企业资质审批管理工作的通知》（建市规〔2023〕3 号），自 2023 年 9 月 15 日起施行。该通知中对建筑业总承包资质等级作了修订。

自 2024 年 1 月 1 日起由住房和城乡建设部审批的施工、设计、勘察、监理等全部资质申报，业绩必须录入四库一平台，且企业业绩必须为 A 类，专业技术人员个人业绩要求的 A 级或 B 级工程项目，"四库一平台"无业绩将不再受理资质审批申请。

新资质标准　　四库一平台　　ABCD 级业绩

1.2.3　建设工程项目发包

1. 建设工程项目发承包概念

建设工程发包是建设工程的建设单位（或总承包单位）将建设工程任务通过招标发包或直接发包的方式，交付给具有法定从业资格的单位完成，并按照合同约定支付报酬的行为。

2. 建设工程项目发包内容

根据建设项目的程序和工程项目建设基本内容，建设工程承发包的内容可以分为以下几类。

（1）项目建议书的发包

项目建议书是指由项目投资方向其主管部门上报的文件，主要从宏观上论述立项的必要性和可能性，把项目投资的设想变为概略的投资建议。项目建议书的呈报供项目审批机关作出初步决策。它可以减少项目选择的盲目性，为下一步可行性研究打下基础，项目建议书可以由建设单位自行编制或委托工程咨询机构代理。

（2）可行性研究的发包

可行性研究是指从系统总体出发，对技术、经济、财务、商业以及环境保护、法律等多个方面进行分析和论证，以确定建设项目的可行性，为正确进行投资决策提供科学依据。项目的可行性研究是对多因素、多目标系统进行不断的分析研究、评价和决策的过程。可行性研究报告可以自行编制或委托工程咨询机构代理。

（3）勘察、设计的发

勘察和设计是两个阶段的两项不同工作任务。建设工程勘察是指根据建设工程的要求、查明、分析、评价建设场地的地理、地质环境特征和工程条件，编制建设工程勘察文件的活动。建设工程设计是指根据建设工程的要求，对建设工程所需的技术、经济、资源、环境等条件进行综合分析和论证，编制建设工程设计文件的活动。勘察和设计都可以通过方案竞选或招投标的方式来完成。

（4）材料、设备采购供应的发包

根据设计方案的需要，材料和设备的采购供应可以通过公开招标、询价报价、直接采购等方式获得其承包权。

（5）建筑安装工程的发包

建筑安装工程施工是工程建设过程中的一个重要环节，是把设计图纸付诸实践的决定性阶段。其任务是把设计图纸变成建筑产品，如工厂、矿井、电站、桥梁、住宅、学校等，使预期的生产能力或使用功能得以实现。建筑安装施工内容包括施工现场的准备工作、永久性工程的建设施工、设备安装及工业管道安装工程等。此阶段主要采用招标投标的方式进行工程的承发包，不宜招标发包的可以直接发包。

（6）生产职工培训的发包

通常是指在建设期间或工程竣工验收后对生产技术工人和配套的管理人员进行的生产操作控制和技术管理的培训。这项工作一般委托具有资质和经验的机构、设计单位或施工单位培训。

（7）建设工程监理的发包

工程监理指具有相应资质的工程监理企业，接受建设单位的委托承担其项目管理工作，并代表建设单位对承建单位的建设行为进行监控的专业化服务活动。建设工程监理任务一般通过招标进行发包。

1.2.4　建设工程项目承包

1. 建设工程项目承包概念

建设工程项目承包是指具有从事建筑活动的法定从业资格的单位，通过投标或其他方式，承揽建筑工程任务，并按约定取得报酬的行为。

2. 建设工程项目工程承包方式

（1）按承包范围划分承包方式

按工程承包范围与承包内容，承包可分为建设全过程承包、阶段承包、专项承包。

1）建设全过程承包。建设全过程承包也叫"统包"或"一揽子承包"，即通常所说的"交钥匙"。采用这种承包方式，建设单位一般只要提出使用要求和竣工期限，承包单位即可对项目建议书、可行性研究、勘察设计、设备询价与选购、材料订货、工程施工、生产职工培训直至竣工投产，实行全面的总承包。这种承包方式主要适用于各种大中型建设项目。这是近几十年来建筑业的一种新的发展趋势。

2)阶段承包。阶段承包的内容是建设过程中某一阶段或某些阶段的工作。例如可行性研究、勘察设计、建筑安装施工等。阶段承包中，建筑安装工程施工的承包根据主要材料和设备供应方式不同可分为：

①包工包料，即承包工程施工所用的全部人工和材料。这是国际上较为普遍采用的施工承包方式。

②包工部分包料，即承包者只负责提供施工的全部人工和一部分材料，其余部分材料则由建设单位或总包单位负责供应。

③包工不包料，又称包清工，即承包人仅提供劳务而不承担供应任何材料的义务。在国内外的建筑工程中都存在这种承包方式。

3）专项承包。专项承包的内容是某一建设阶段中的某一专门项目，由于专业性较强，大多由有关的专业承包单位承包，故又称专业承包。例如可行性研究中的辅助研究项目、工艺设计、金属结构制作和安装、通风设备安装和电梯安装、幕墙施工等。

（2）按承包者所处地位划分承包方式

一个建设项目通常由多个承包单位承包。不同承包单位之间，承包单位与建设单位之间的关系不同，地位也不同。承包可分为总承包、分承包、独立承包、联合承包和直接承包。

1）总承包。总承包是指建设项目建设全过程或其中某个阶段的全部工作，由一个承包单位负责组织实施。承担这种任务的单位叫作总承包单位，或简称总包。

总承包的主要形式通常有三种，即建设全过程总承包、建设阶段总承包、国际上的EPC工程总承包（Engineering Procurement Construction）模式，又称设计、采购、施工一体化模式（图1-7~图1-9）。

2）分承包。简称分包，是相对总承包而言的，即承包者不与建设单位发生直接关系，而是从总承包单位分包非主体工程，即某一分项工程（例如土方、模板、钢筋等）

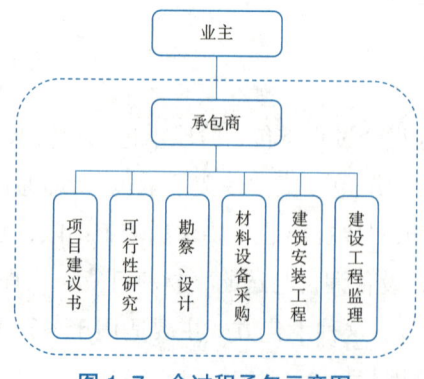

图1-7 全过程承包示意图

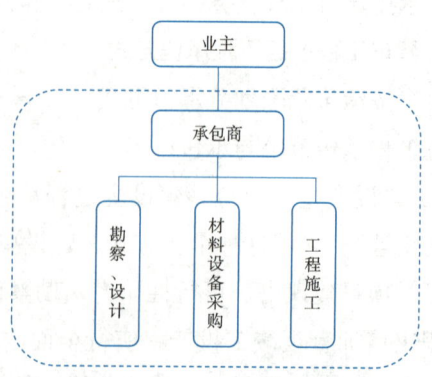

图1-8 EPC工程承包示意图

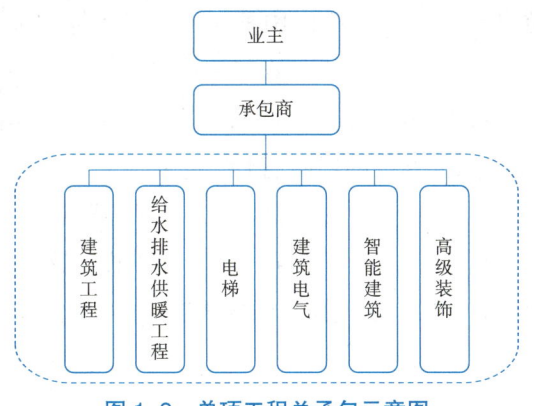

图 1-9　单项工程总承包示意图

或某种专业工程（例如钢结构制作和安装、卫生设备安装、电梯安装等）。

总承包人对建设工程进行分包的，应当征得发包人的同意，总包合同中另有约定的除外。

总承包单位必须自行完成建设项目的主要部分，其非主要部分或专业性较强的工程可分包给营业条件符合该工程技术要求的建筑安装单位。其中建设项目、单项工程的主要部分，是指技术复杂、工程质量要求高的单位工程；单位工程的主要部分，是指工程的主体结构。

总承包单位可以将承包工程的一部分或几部分发包给具有相应资质的分包单位，而不能将全部工程都分包出去。

分包单位必须自行完成分包工程，不得再行分包。但是属于金属容器的气密性试验、压力试验、工艺设备安装的调试工作、吊装工程的焊缝探伤检查、打桩和高级装修等特殊专业技术作业除外。

建筑工程总承包单位按照总承包合同的约定对建设单位负责；分包单位按照分包合同的约定对总承包单位负责。总承包单位和分包单位就分包工程对建设单位承担连带责任，禁止总承包单位将工程分包给不具备相应资质条件的单位。禁止分包单位将其承包的工程再分包。

3）独立承包。独立承包是指承包单位依靠自身的力量完成承包的任务，而不实行分包的承包方式。通常仅适用于规模较小、技术要求比较简单的工程以及修缮工程。

4）联合承包。联合承包是相对于独立承包而言的承包方式，即由两个以上承包单位联合起来承包一项工程任务，由参加联合承包的各单位推定代表统一与建设单位签订合同，共同承包工程项目，并根据预先达成的协议，承担各自的义务和分享共同的收益，共同对建设单位负责。

5）直接承包。直接承包就是在同一工程项目上，不同承包单位分别与建设单位签订承包合同，各自直接对建设单位负责。各承包商之间不存在总包与分包关系，现场上的协调工作可由建设单位自己完成。如图1-10所示，对于承包商而言是独立承包，对于发包人而言属于平行发包模式。

6）项目管理承包（Project Management Consultant，PMC），指项目管理承包商代表业主对工程项目进行全过程、全方位的项目管理，包括进行工程的整体规划、项目定义、工程招标、选择总承包商，并对设计、采购、施工、试运行进行全面管理，一般不直接参与项目的设计、采购、施工和试运行等阶段的具体工作。这种承包方式一般适用于缺乏管理经验的国家和地区的大型项目，在我国建筑市场也有此种模式（图1-11）。

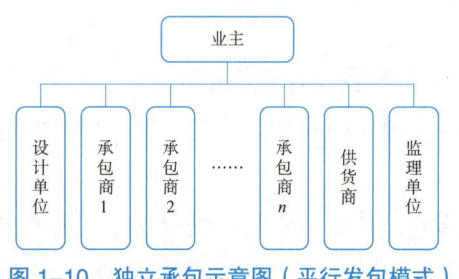

图1-10 独立承包示意图（平行发包模式）

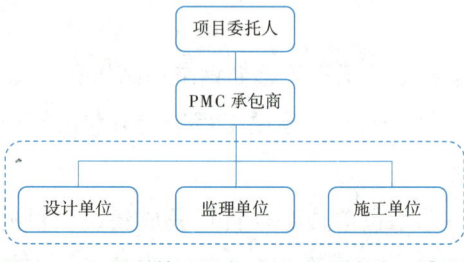

图1-11 项目管理承包（PMC承包）示意图

读者可扫描二维码了解关于国际市场的EPC总承包、项目管理承包（PMC）模式、设计-建造（DB）模式、平行发包（DBB）模式、建造-运营-移交（BOT）模式、公共部门与私人企业合作模式（PPP）。

国际市场承包方

任务1.3　建筑市场法律制度认知

党的二十大报告明确指出，我们要坚持走中国特色社会主义法治道路，建设中国特色社会主义法治体系、建设社会主义法治国家，坚持法治国家、法治政府、法治社会一体建设，全面推进科学立法、严格执法、公正司法、全民守法，全面推进国家各方面工作法治化。在建筑市场运行与管理活动中，必须全面贯彻法治要求，建设有法可依、有法必依、执法必严、违法必究的法治建筑市场环境。

1.3.1　建筑市场遵循的法律法规

为了保护国家利益、社会公共利益、维护社会秩序、规范建筑市场交易活动、保护当事人的合法权益，建筑市场必须遵守国家相关的法律、法规、规章等。

1. 法律

由全国人大及其常委会制定,通常以国家主席令的形式向社会公布,具有国家强制力和普遍约束力,一般以法、决议、决定、条例、办法、规定等为名称,见表1-2~表1-5。

2. 法规

法规包括行政法规和地方性法规。

建筑领域从事相关活动遵循的法律法规　　　　表1-2

	序号	法律法规名称	颁布实施时间	备注
法律法规	1	《中华人民共和国民法典》	2020年5月28日,十三届全国人大三次会议表决通过了《中华人民共和国民法典》,自2021年1月1日起施行。婚姻法、继承法、民法通则、收养法、担保法、合同法、物权法、侵权责任法、民法总则同时废止	《中华人民共和国民法典》被称为"社会生活的百科全书",是中华人民共和国成立后第一部以法典命名的法律,在法律体系中居于基础性地位,也是市场经济的基本法。《中华人民共和国民法典》共7编、1260条,各编依次为总则、物权、合同、人格权、婚姻家庭、继承、侵权责任,以及附则。通篇贯穿以人民为中心的发展思想,着眼满足人民对美好生活的需要,对公民的人身权、财产权、人格权等作出明确详实的规定,并规定侵权责任,明确权利受到削弱、减损、侵害时的请求权和救济权等,体现了对人民权利的充分保障,被誉为"新时代人民权利的宣言书"
	2	《中华人民共和国建筑法》	2019年4月23日第十三届全国人民代表大会常务委员会第十次会议审议通过了《关于修改〈中华人民共和国建筑法〉等八部法律的决定》,其中关于《中华人民共和国建筑法》(以下简称《建筑法》)的修改条款自决定公布之日起施行	《中华人民共和国建筑法》的修订目的是加强对建筑活动的监督管理,维护建筑市场的秩序,保证建筑工程的质量和安全,促进建筑业健康发展。同时,该法也旨在实现我国建筑活动领域真正意义上的有法可依,有效维护了我国建筑市场秩序和保证了建筑工程质量与安全。该法的两次修正反映了立法衔接和我国不断深化改革的要求
	3	《中华人民共和国安全生产法》	2002年6月29日第九届全国人民代表大会常务委员会第二十八次会议通过,自2002年11月1日起实施	2021年6月10日,中华人民共和国第十三届全国人民代表大会常务委员会第二十九次会议通过《全国人民代表大会常务委员会关于修改〈中华人民共和国安全生产法〉的决定》,自2021年9月1日起施行
	4	《中华人民共和国招标投标法》	1999年8月30日第九届全国人民代表大会常务委员会第十一次会议通过。根据2017年12月27日第十二届全国人民代表大会常务委员会第三十一次会议《关于修改〈中华人民共和国招标投标法〉〈中华人民共和国计量法〉的决定》修正	目的是规范招标投标活动,保护国家利益、社会公共利益和招标投标活动当事人的合法权益,提高经济效益,保证项目质量
	5	《中华人民共和国城乡规划法》	《中华人民共和国城乡规划法》(以下简称《城乡规划法》)已经2007年10月28日第十届全国人民代表大会常务委员会第三十次会议通过,历经2015年、2019年两次修正	《城乡规划法》的立法宗旨是加强城乡规划管理,协调城乡空间布局,改善人居环境,促进城乡经济社会全面协调可持续发展

建筑领域从事相关活动遵循的法律法规（条例）　　　　　表1-3

	序号	法律法规名称	颁布实施时间	备注
条例	1	《中华人民共和国招标投标法实施条例》	2011年12月20日国务院令第613号发布；根据2017年3月1日国务院令第676号《国务院关于修改和废止部分行政法规的决定》第一次修订；依据2018年3月19日《国务院关于修改和废止部分行政法规的决定》（国务院令第698号）第二次修订；依据2019年3月2日《国务院关于修改部分行政法规的决定》（国务院令第709号）第三次修订	—
	2	《建设工程质量管理条例》	2000年1月10日国务院第25次常务会议通过，2000年1月30日中华人民共和国国务院令第279号公布，历经2017年、2019年两次修订，共9章82条	根据《中华人民共和国建筑法》，制定《建设工程质量管理条例》
	3	《建设工程安全生产管理条例》	国务院于2003年11月24日发布，自2004年2月1日起施行，共计8章71条	根据《中华人民共和国建筑法》《中华人民共和国安全生产法》制定《建设工程安全生产管理条例》，目的是加强建设工程安全生产监督管理，保障人民群众生命和财产安全
	4	《安全生产事故报告和调查处理条例》	2007年3月28日国务院第172次常务会议通过，自2007年6月1日起施行	—
	5	《建设工程勘察设计管理条例》	2000年9月20日国务院第31次常务会议通过，2000年9月25日国务院令第293号公布，自公布之日起施行。 2015年6月12日，时任国务院总理李克强签署第662号国务院令，公布《国务院关于修改〈建设工程勘察设计管理条例〉的决定》，自公布之日起施行	目的是加强对建设工程勘察、设计活动的管理，保证建设工程勘察、设计质量，保护人民生命和财产安全
	6	《安全生产许可证条例》	2004年1月13日中华人民共和国国务院令第397号公布，共计24条。 根据2013年7月18日《国务院关于废止和修改部分行政法规的决定》第一次修订。 根据2014年7月29日《国务院关于修改部分行政法规的决定》第二次修订	—

建筑领域从事相关活动遵循的法律法规（管理办法/办法）　　　　　表1-4

	序号	法律法规名称	颁布实施时间	备注
管理办法/办法	1	《房屋建筑和市政基础设施工程施工分包管理办法》	2003年11月8日建设部第21次常务会议讨论通过,2004年2月3日建设部令第124号发布，自2004年4月1日起施行。 2019年3月13日《住房和城乡建设部关于修改部分部门规章的决定》（中华人民共和国住房和城乡建设部令第47号公布，自公布之日起施行）	目的是规范房屋建筑和市政基础设施工程施工分包活动，维护建筑市场秩序，保证工程质量和施工安全

续表

序号		法律法规名称	颁布实施时间	备注
管理办法/办法	2	《建筑工程施工许可管理办法》	中华人民共和国住房和城乡建设部令第18号确定，自2014年10月25日起施行。根据2021年3月30日《住房和城乡建设部关于修改〈建筑工程施工许可管理办法〉等三部规章的决定》修改	—
	3	《建设工程勘察质量管理办法》	2002年12月4日建设部令第115号发布。2007年11月22日根据《建设部关于修改〈建设工程勘察质量管理办法〉的决定》修正。2021年4月1日根据《住房和城乡建设部关于修改〈建设工程勘察质量管理办法〉的决定》修改	目的是控制工程测量质量，工程地质勘察质量，控制水文地质勘察质量，控制房屋建筑工程勘察质量，管理水利水电工程勘察质量，管理公路和铁路工程勘察质量，管理城市规划工程勘察质量，管理其他建设工程勘察质量，管理因勘察质量引起的工程事故及其处理，建设工程勘察承包发包与合同管理，建设工程勘察相关法律法规与政策文件
	4	《建筑企业资质管理办法》	2006年12月30日经建设部第114次常务会议讨论通过，自2007年9月1日起施行	目的是加强对建筑活动的监督管理，维护公共利益和建筑市场秩序，保证建设工程质量安全
	5	《建设工程施工发包与承包计价管理办法》	住房和城乡建设部第9次部常务会议审议通过，2013年12月11日中华人民共和国住房和城乡建设部令第16号发布，自2014年2月1日起施行。共27条	—
	6	《造价工程师注册管理办法》	2006年12月11日经住房和城乡建设部第112次常务会议讨论通过，自2007年3月1日起施行	目的是加强对造价工程师的注册管理，规范造价工程师执业行为，提高建设工程造价管理水平，维护国家和社会公共利益
	7	《房屋建筑和市政基础设施工程竣工验收备案管理办法》	2000年4月7日中华人民共和国建设部令第78号发布。根据2009年10月19日《住房和城乡建设部关于修改〈房屋建筑工程和市政基础设施工程竣工验收备案管理暂行办法〉的决定》修正	—
	8	《房屋建设工程质量保修办法》	2000年6月26日经第24次部常务会议讨论通过，自发布之日起施行	目的是保护建设单位、施工单位、房屋建筑所有人和使用人的合法权益
	9	《房屋建筑和市政基础设施项目工程总承包管理办法》	《住房和城乡建设部 国家发展改革委关于印发房屋建筑和市政基础设施项目工程总承包管理办法的通知》（建市规〔2019〕12号），自2020年3月1日起施行	2019年12月23日，为贯彻落实《中共中央 国务院关于进一步加强城市规划建设管理工作的若干意见》和《国务院办公厅关于促进建筑业持续健康发展的意见》（国办发〔2017〕19号），住房和城乡建设部、国家发展改革委制定了《房屋建筑和市政基础设施项目工程总承包管理办法》
	10	《建筑工程施工发包与承包违法行为认定查处管理办法》	《住房和城乡建设部关于印发建筑工程施工发包与承包违法行为认定查处管理办法的通知》（建市规〔2019〕1号），自2019年1月1日起施行	为规范建筑工程施工发包与承包活动，保证工程质量和施工安全，有效遏制违法发包、转包、违法分包及挂靠等违法行为，维护建筑市场秩序和建设工程主要参与方的合法权益

建筑领域从事相关活动遵循的法律法规（管理规定） 表1-5

	序号	法律法规名称	颁布实施时间	备注
管理规定	1	《建设工程勘察设计资质管理规定》	2006年12月30日建设部第114次常务会议讨论通过，2007年6月26日建设部令第160号发布，自2007年9月1日起施行。共6章40条	目的是加强对建设工程勘察、设计活动的监督管理，保证建设工程勘察、设计质量
	2	《工程监理企业资质管理规定》	2006年12月11日建设部第112次常务会议讨论通过，2007年6月26日建设部令第158号公布，自2007年8月1日起施行，共6章34条	目的是加强工程监理企业资质管理，规范建设工程监理活动
	3	《建筑施工企业安全许可证管理规定》	2004年6月29日经第37次部常务会议讨论通过，中华人民共和国建设部令第128号发布，自公布之日起施行	—
	4	《民用建筑节能管理规定》	2005年10月28日经第76次常务会议讨论通过，中华人民共和国建设部令第143号发布，自2006年1月1日起施行	目的是加强民用建筑节能管理，提高能源利用效率，改善室内热环境质量
	5	《注册监理工程师管理规定》	2005年12月31日经建设部第83次常务会议讨论通过，中华人民共和国建设部令第147号发布，自2006年4月1日起施行。2016年9月13日中华人民共和国住房和城乡建设部令第32号公布《关于修改〈勘察设计注册工程师管理规定〉等11个部门规章的决定》，自2016年10月20日起施行	—
	6	《注册建造师管理规定》	2006年12月11日经建设部第112次常务会议讨论通过，中华人民共和国建设部令第153号发布，自2007年3月1日起施行，共6章41条	—

行政法规，由国务院制定，通常由总理签署国务院令公布，一般以条例、规定、办法、实施细则等为名称，如《中华人民共和国招标投标法实施条例》等。

地方性法规，由省、自治区、直辖市及较大的市（省、自治区政府所在地的市，经济特区所在地的市，经国务院批准的较大的市）的人大及其常委会制定，通常以地方人大公告的方式公布，一般使用条例、实施办法等名称，如《黑龙江省房屋建筑和市政基础设施工程施工招标投标管理办法》，自2023年8月1日起施行。

3. 规章

规章包括国务院部门规章和地方政府规章。国务院部门规章，是指国务院所属的部、委、局和具有行政管理职责的直属机构制定，通常以部委令的形式公布，一般以办法、规定等为名称，如《电子招标投标办法》（2013年5月1日起实施）等。

地方政府规章，由省、自治区、直辖市、省及自治区政府所在地的市、经国务院批准的较大的市的政府制定，通常以地方人民政府令的形式发布，一般以规定、办法等为名称，如《黑龙江省房屋建筑和市政基础设施项目工程总承包招标投标管理办法（试行）》（黑建规范〔2021〕13号），自2022年1月1日起实施。

4. 行政规范性文件

各级政府及其所属部门和派出机关在其职权范围内，依据法律、法规和规章制定的具有普遍约束力的具体规定。如住房和城乡建设部印发《关于进一步加强建设工程企业资质审批管理工作的通知》(建市规〔2023〕3号),自2023年9月15日起施行。

这些法律法规正在逐步形成并完善我国建筑市场法律体系。

1.3.2 招标投标活动应遵循的法律法规

招标投标法律法规是国家用来规范招标投标活动、调整在招标投标过程中产生的各种关系的法律规范的总称。《中华人民共和国招标投标法》(以下简称《招标投标法》)法律规范由有关法律、法规、规章及规范性文件构成,见表1-6~表1-10。

建筑工程招标投标活动遵循的法律法规　　　　　　　　　　　　　　　　表1-6

序号	法律法规名称	颁布实施时间	备注
1	《中华人民共和国民法典》	见表1-2	见表1-2
2	《中华人民共和国招标投标法》	见表1-2	见表1-2
3	《中华人民共和国政府采购法》	2002年6月29日第九届全国人民代表大会常务委员会第二十八次会议通过。根据2014年8月31日第十二届全国人民代表大会常务委员会第十次会议《关于修改中华人民共和国保险法等五部法律的决定》修正	目的是规范政府采购行为,提高政府采购资金的使用效益,维护国家利益和社会公共利益,保护政府采购当事人的合法权益,促进廉政建设
4	《中华人民共和国城乡规划法》	2007年10月28日第七届全国人大常委会第二十次会议通过,2008年1月1日起施行。后经历2015年、2019年两次修正	该法旨在加强城乡规划管理,协调城乡空间布局,改善人居环境,促进城乡经济社会全面协调可持续发展。它对于建设具有中国特色的社会主义现代化城市,不断改善城市的投资环境和劳动、生活环境,具有重大的指导意义

建筑工程招标投标活动遵循的法律法规(条例)　　　　　　　　　　　　表1-7

	序号	法律法规名称	颁布实施时间	备注
条例	1	《中华人民共和国招标投标法实施条例》	2011年12月20日国务院令第613号发布;根据2017年3月1日国务院令第676号《国务院关于修改和废止部分行政法规的决定》第一次修订;依据2018年3月19日《国务院关于修改和废止部分行政法规的决定》(国务院令第698号)第二次修订;依据2019年3月2日《国务院关于修改部分行政法规的决定》(国务院令第709号)第三次修订	根据《中华人民共和国招标投标法》制定《中华人民共和国招标投标法实施条例》
	2	《中华人民共和国政府采购法实施条例》	2014年12月31日国务院第75次常务会议通过,2015年1月30日中华人民共和国国务院令第658号公布,2015年3月1日起施行	根据《中华人民共和国政府采购法》制定《中华人民共和国政府采购法实施条例》

建筑工程招标投标活动遵循的法律法规（管理办法/办法） 表1-8

序号		法律法规名称	颁布实施时间	备注
管理办法/办法	1	《房屋建筑和市政基础设施工程施工招标投标管理办法》	2001年5月31日经建设部第四十三次部常务会议讨论通过，2001年6月1日起施行	—
	2	《建筑工程设计招标投标管理办法》	2000年10月8日经建设部第31次部常务会议通过，自2000年10月18日起施行。2017年1月24日，中华人民共和国住房和城乡建设部令第33号，经第32次部常务会议审议通过修订，自2017年5月1日起施行	根据《中华人民共和国招标投标法》制定，目的是规范建筑工程设计市场，优化建筑工程设计，促进设计质量的提高
	3	《工程建设项目勘察设计招标投标办法》	2003年6月12日，国家发展改革委等八部委令第2号发布，自2003年8月1日起施行。2013年3月11日，根据国家发展改革委等九部委第23号令修改	—
	4	《工程建设项目施工招标投标办法》	《工程建设项目施工招标投标办法》（七部委30号令）于2003年发布，2013年4月修订后的《工程建设项目施工招标投标办法》共6章92条，适用境内工程施工招标投标	—
	5	《工程建设项目货物招标投标办法》	七部委令第27号于2005年发布，2005年3月1日起施行。2013年3月11日，根据国家发展改革委等九部委第23号令修改	—
	6	《招标公告和公示信息发布管理办法》	国家发改委令第10号公布，自2018年1月1日起施行	为规范招标公告和公示信息发布活动，保证各类市场主体和社会公众平等、便捷、准确地获取招标信息，根据《中华人民共和国招标投标法》《中华人民共和国招标投标法实施条例》等有关法律法规规定，制定本办法
	7	《电子招标投标办法》	2013年2月4日，中华人民共和国国家发展和改革委员会令第20号公布，2013年5月1日起施行	该《办法》分总则，包括电子招标投标交易平台，电子招标，电子投标，电子开标、评标和中标，信息共享与公共服务，监督管理，法律责任，以及附则9章66条
	8	《政府采购货物和服务招标投标管理办法》	2017年7月11日，财政部对《政府采购货物和服务招标投标管理办法》（财政部令第18号）进行修订并予以公布，自2017年10月1日起施行	—
	9	《工程建设项目自行招标试行办法》	2000年7月1日，国家计委令第5号公布，自2000年7月1日起施行。2013年3月11日，根据国家发展改革委等九部委第23号令修改	—

建筑工程招标投标活动遵循的法律法规（暂行规定） 表1-9

序号		法律法规名称	颁布实施时间	备注
规定/暂行规定	1	《必须招标的工程项目规定》	2018年3月27日，中华人民共和国国家发展和改革委员会令第16号公布，自2018年6月1日起施行	—
	2	《评标委员会和评标办法暂行规定》	2001年7月5日，原国家计委等七部委令第12号公布，自2001年7月5日起施行。2013年3月11日，根据国家发展改革委等九部委第23号令修改	—

注：《工程建设项目招标范围和规模标准规定》《国家重大建设项目招标投标监督暂行办法》已废止。

建筑工程招标投标活动遵循的法律法规（地方性法规） 表 1–10

	序号	法律法规名称	颁布实施时间	备注
地方性法规	1	《黑龙江省建筑工程设计招标投标管理实施细则（暂行）》（黑建规〔2023〕8号）	自 2023 年 12 月 17 日起施行	—
	2	《黑龙江省建筑施工企业主要负责人、项目负责人和专职安全生产管理人员安全生产管理暂行办法》（黑建规〔2023〕6号）	自 2023 年 10 月 4 日起施行	—
	3	《黑龙江省房屋建筑和市政基础设施工程施工现场管理人员配备管理办法》（黑建规〔2023〕2号）	自 2023 年 8 月 1 日起施行	《黑龙江省房屋建筑和市政基础设施工程项目管理机构人员配备管理暂行办法》（黑建规范〔2020〕8号）同时废止
	4	《黑龙江省房屋建筑和市政基础设施工程评标委员会成员评标行为信用评价办法（试行）》（黑建规〔2023〕1号）	自 2023 年 7 月 1 日起施行	—
	5	《黑龙江省房屋建筑和市政基础设施项目工程总承包招标投标管理办法（试行）》（黑建规范〔2021〕13号）	自 2022 年 1 月 1 日起施行	—
	6	《黑龙江省房屋建筑和市政基础设施工程直接发包管理暂行办法》（黑建规范〔2021〕12号）	自 2022 年 1 月 1 日起施行	—
	7	《黑龙江省房屋建筑和市政基础设施项目全过程工程咨询服务招标投标管理办法（试行）》（黑建规范〔2021〕14号）	自 2022 年 1 月 1 日起施行	—
	8	《黑龙江省房屋建筑和市政基础设施工程招投标"评定分离"工作指引》（黑建建〔2021〕5号）	自 2021 年 7 月 2 日起施行	—
	9	《黑龙江省房屋建筑和市政基础设施工程施工招标投标管理办法》	自 2020 年 12 月 1 日起施行	原《黑龙江省房屋建筑和市政基础设施工程施工招标投标管理办法》（黑建招〔2015〕4号）和《黑龙江省房屋建筑和市政基础设施工程工程量清单招标投标实施办法（试行）》（黑建招〔2006〕1号）同时废止
	10	《黑龙江省房屋建筑和市政基础设施工程招标投标投诉处理办法》	自 2020 年 12 月 1 日起施行	《黑龙江省建设工程招投标投诉处理暂行办法》（黑建招〔2007〕23号）同时废止
	11	《黑龙江省房屋建筑和市政基础设施工程串通投标行为认定和处理办法》（黑建规范〔2019〕6号）	自 2019 年 7 月 15 日起施行	—
	12	《上海市建设项目工程总承包招标评标办法》（沪住建规范〔2022〕4号）	自 2022 年 3 月 1 日起施行	—
	13	《上海市建设工程评标专家和评标专家库管理办法》（沪住建规范〔2021〕10号）	自 2021 年 9 月 1 日起施行	—
	14	《上海市建设项目工程总承包管理办法》（沪住建规范〔2021〕3号）	自 2021 年 5 月 1 日起施行	—
	15	《江苏省招标投标条例（修订）》	自 2023 年 3 月 1 日起施行	2003 年 12 月 19 日江苏省第十届人民代表大会常务委员会第七次会议通过；2023 年 1 月 12 日江苏省第十三届人民代表大会常务委员会第三十四次会议修订

1.3.3 建设工程交易活动必须遵循的相关法律法规

1.《建筑法》对发包的规定

《建筑法》第十五条规定:"建筑工程的发包单位与承包单位应当依法订立书面合同,明确双方的权利和义务。发包单位和承包单位应当全面履行合同约定的义务。不按照合同约定履行义务的,依法承担违约责任。"

《建筑法》第十七条规定:"发包单位及其工作人员在建筑工程发包中不得收受贿赂、回扣或者索取其他好处。"

《建筑法》第十九条规定:"建筑工程依法实行招标发包,对不适于招标发包的可以直接发包。"

《建筑法》第二十四条规定:"提倡对建筑工程实行总承包,禁止将建筑工程肢解发包。

建筑工程的发包单位可以将建筑工程的勘察、设计、施工、设备采购一并发包给一个工程总承包单位,也可以将建筑工程勘察、设计、施工、设备采购的一项或者多项发包给一个工程总承包单位;但是,不得将应当由一个承包单位完成的建筑工程肢解成若干部分发包给几个承包单位。"

2. 承包的相关规定

(1) 关于总承包的规定

《建筑法》第十七条第二款规定:"承包单位及其工作人员不得利用向发包单位及其工作人员行贿、提供回扣或者给予其他好处等不正当手段承揽工程。"

《建筑法》第二十六条规定:"承包建筑工程的单位应当持有依法取得的资质证书,并在其资质等级许可的业务范围内承揽工程。

禁止建筑施工企业超越本企业资质等级许可的业务范围或者以任何形式用其他建筑施工企业的名义承揽工程。禁止建筑施工企业以任何形式允许其他单位或者个人使用本企业的资质证书、营业执照,以本企业的名义承揽工程。"

(2) 关于联合承包的规定

《建筑法》第二十七条规定:"大型建筑工程或者结构复杂的建筑工程,可以由两个以上的承包单位联合共同承包。共同承包的各方对承包合同的履行承担连带责任。两个以上不同资质等级的单位实行联合共同承包的,应当按照资质等级低的单位的业务许可范围承揽工程。"

(3) 关于分包与禁止转包的规定

《建筑法》第二十八条规定:"禁止承包单位将其承包的全部建筑工程转包给他人,禁止承包单位将其承包的全部建筑工程肢解以后以分包的名义分别转包给他人。"

《建筑法》第二十九条规定:"建筑工程总承包单位可以将承包工程中的部分工程发包

给具有相应资质条件的分包单位；但是，除总承包合同中约定的分包外，必须经建设单位认可。施工总承包的，建筑工程主体结构的施工必须由总承包单位自行完成。

建筑工程总承包单位按照总承包合同的约定对建设单位负责；分包单位按照分包合同的约定对总承包单位负责。总承包单位和分包单位就分包工程对建设单位承担连带责任。

禁止总承包单位将工程分包给不具备相应资质条件的单位。禁止分包单位将其承包的工程再分包。"

3. 关于建筑工程监理的规定

《建筑法》第三十条规定："国家推行建筑工程监理制度。国务院可以规定实行强制监理的建筑工程的范围。"

《建筑法》第三十一条规定："实行监理的建筑工程，由建设单位委托具有相应资质条件的工程监理单位监理。建设单位与其委托的工程监理单位应当订立书面委托监理合同。"

《建筑法》第三十二条规定："建筑工程监理应当依照法律、行政法规及有关的技术标准、设计文件和建筑工程承包合同，对承包单位在施工质量、建设工期和建设资金使用等方面，代表建设单位实施监督。

工程监理人员认为工程施工不符合工程设计要求、施工技术标准和合同约定的，有权要求建筑施工企业改正。

工程监理人员发现工程设计不符合建筑工程质量标准或者合同约定的质量要求的，应当报告建设单位要求设计单位改正。"

《建筑法》第三十三条规定："实施建筑工程监理前，建设单位应当将委托的工程监理单位、监理的内容及监理权限，书面通知被监理的建筑施工企业。"

《建筑法》第三十四条规定："工程监理单位应当在其资质等级许可的监理范围内，承担工程监理业务。

工程监理单位应当根据建设单位的委托，客观、公正地执行监理任务。

工程监理单位与被监理工程的承包单位以及建筑材料、建筑构配件和设备供应单位不得有隶属关系或者其他利害关系。

工程监理单位不得转让工程监理业务。"

《建筑法》第三十五条规定："工程监理单位不按照委托监理合同的约定履行监理义务，对应当监督检查的项目不检查或者不按照规定检查，给建设单位造成损失的，应当承担相应的赔偿责任。

工程监理单位与承包单位串通，为承包单位谋取非法利益，给建设单位造成损失的，应当与承包单位承担连带赔偿责任。"

4. 关于招标投标的规定

《建筑法》第十六条规定："建筑工程发包与承包的招标投标活动，应当遵循公开、公正、平等竞争的原则，择优选择承包单位。

建筑工程的招标投标，本法没有规定的，适用有关招标投标法律的规定。"

《建筑法》第二十条规定："建筑工程实行公开招标的，发包单位应当依照法定程序和方式，发布招标公告，提供载有招标工程的主要技术要求、主要的合同条款、评标的标准和方法以及开标、评标、定标的程序等内容的招标文件。

开标应当在招标文件规定的时间、地点公开进行。开标后应当按照招标文件规定的评标标准和程序对标书进行评价、比较，在具备相应资质条件的投标者中，择优选定中标者。"

《建筑法》第二十一条规定："建筑工程招标的开标、评标、定标由建设单位依法组织实施，并接受有关行政主管部门的监督。"

《建筑法》第二十二条规定："建筑工程实行招标发包的，发包单位应当将建筑工程发包给依法中标的承包单位。建筑工程实行直接发包的，发包单位应当将建筑工程发包给具有相应资质条件的承包单位。"

《建筑法》第二十三条规定："政府及其所属部门不得滥用行政权力，限定发包单位将招标发包的建筑工程发包给指定的承包单位。"

5. 关于工程造价及工程款的规定

《建筑法》第十八条规定："建筑工程造价应当按照国家有关规定，由发包单位与承包单位在合同中约定。公开招标发包的，其造价的约定，须遵守招标投标法律的规定。

发包单位应当按照合同的约定，及时拨付工程款项。"

思考与练习

1. 承包商应具备哪些基本条件？
2. 承包商分为哪几类？
3. 施工总承包企业的资质按专业类别共分为多少个资质类别？
4. 《建筑法》对发包有哪些规定？
5. 《建筑法》对承包有哪些规定？
6. 承包方式有哪几种？适用于什么样的项目发包？
7. 建筑市场如何规范发包人、承包人、中介服务组织以及从业人员的行为？

学习情境 2
建设工程项目招标

 知识要点

招标概念、招标形式、招标方式、招标原则、招标人应具备的条件、招标范围、招标流程、资格审查方式、资格预审文件内容、招标文件内容、招标控制价；现场勘察、答疑文件；电子招标。

 教学目标

了解招标工作程序中各环节工作的主要内容，能够依据有关法律法规确定建设工程项目是否具备招标条件，掌握电子招标工作程序；能够依据招标人对建设工程项目招标范围、工期、图纸及技术要求等方面的规定编制资格预审文件、招标控制价和招标文件；能够组织执行招标相关活动。

 **思维导图**

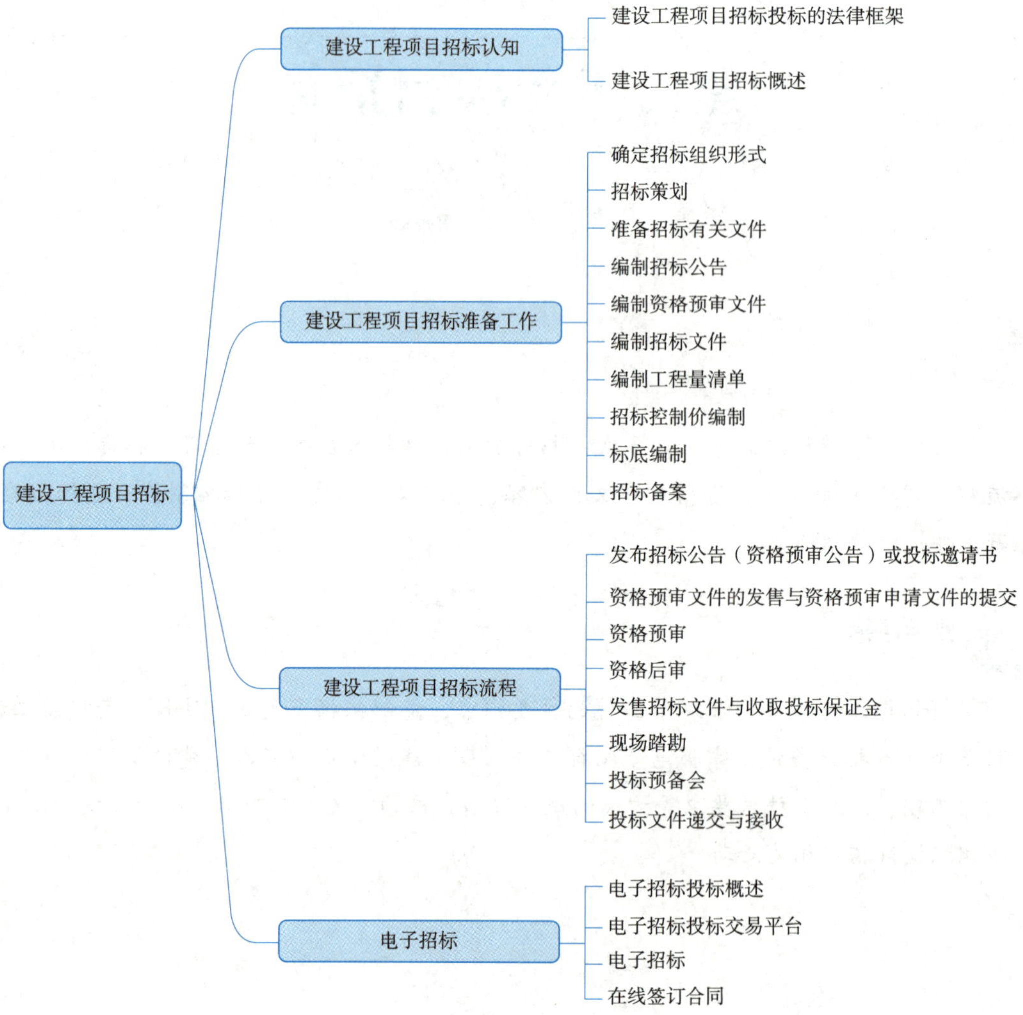

```
建设工程项目招标
├── 建设工程项目招标认知
│   ├── 建设工程项目招标投标的法律框架
│   └── 建设工程项目招标概述
├── 建设工程项目招标准备工作
│   ├── 确定招标组织形式
│   ├── 招标策划
│   ├── 准备招标有关文件
│   ├── 编制招标公告
│   ├── 编制资格预审文件
│   ├── 编制招标文件
│   ├── 编制工程量清单
│   ├── 招标控制价编制
│   ├── 标底编制
│   └── 招标备案
├── 建设工程项目招标流程
│   ├── 发布招标公告（资格预审公告）或投标邀请书
│   ├── 资格预审文件的发售与资格预审申请文件的提交
│   ├── 资格预审
│   ├── 资格后审
│   ├── 发售招标文件与收取投标保证金
│   ├── 现场踏勘
│   ├── 投标预备会
│   └── 投标文件递交与接收
└── 电子招标
    ├── 电子招标投标概述
    ├── 电子招标投标交易平台
    ├── 电子招标
    └── 在线签订合同
```

任务 2.1　建设工程项目招标认知

2.1.1　建设工程项目招标基本知识

1. 招标投标的法律框架

为了规范招标投标活动，全国人民代表大会及其常务委员会、各级政府及有关部委先后颁布多项相关法律法规。2021年1月1日《中华人民共和国民法典》（以下简称《民法典》）正式施行，《中华人民共和国合同法》并入《民法典》，变为"合同编"。此外，《中华人民共和国招标投标法》《中华人民共和国招标投标法实施条例》《中华人民共和国政府采购法》等也是调整工程招标投标的主要法律法规。详见本教材 1.3.2 招标投标活动应遵循的法律法规（表 1-6~ 表 1-10）。

2007 年，国家发展和改革委员会会同相关部门联合制定了《〈标准施工招标资格预审文件〉和〈标准施工招标文件〉试行规定》及相关附件，自 2008 年 5 月 1 日起实施，2013 年进行了修订。2011 年 12 月，国家发展和改革委员会会同相关部门联合印发了《简明标准施工招标文件》（2012 年版）和《标准设计施工总承包招标文件》（2012 年版）。

2017 年，国家发展和改革委员会会同相关部门联合印发了《标准设备采购招标文件》（2017 年版）、《标准材料采购招标文件》（2017 年版）、《标准勘察招标文件》（2017 年版）、《标准设计招标文件》（2017 年版）、《标准监理招标文件》（2017 年版），自 2018 年 1 月 1 日起实施。

《中华人民共和国招标投标法实施条例》规定："编制依法必须进行招标的项目的资格预审文件和招标文件，应当使用国务院发展改革部门会同有关行政监督部门制定的标准文本。"因此，上述标准文本具有强制适用性。标准文本适用于依法必须招标的工程建设项目。

2. 建设工程项目招标概述

（1）建设工程项目招标概念

招标投标是在市场经济条件下进行工程建设、货物买卖、财产出租、中介服务等经济活动的一种竞争形式和交易方式，是引入竞争机制订立合同的一种法律形式。

建设工程项目招标投标是国际上通用的，是比较成熟而且科学合理的工程承发包方式。

建设工程实行招标投标是我国工程建设管理体制改革的一项重要内容，是市场经济发展的必然产物，也是与国际接轨的需要。

建设工程招标是指建设单位对拟建的工程项目通过法定的程序和方式吸引建设项目的承包单位参与竞争，并从中选择条件优越者来完成工程建设任务的法律行为。

建设工程投标是建设工程招标的对称概念，是指具有合法资格和能力的投标人按照招标文件的要求，在规定时间内向招标人提交投标文件并争取中标的法律行为。

（2）建设工程招标投标性质

招标公告实际是招标人邀请投标人对其提出邀约（即报价），属于要约邀请。

投标是邀约，它符合邀约所有条件，具有缔结合同的主观目的；一旦中标，投标人将受投标文件的约束；投标文件的内容具有足以使合同成立的主要条件等。

中标通知书是承诺。招标人向中标人发出的中标通知书，是招标人接受中标人的投标条件，即同意接受该投标人发出的要约的意思表示，属于承诺。

（3）建设工程项目招标投标的意义

实行建设工程项目招标投标是我国建筑市场法治化、规范化、完善化的重要举措，对于健全市场竞争机制、择优选择承包商、合理有效控制投资、实现资源的优化配置具有重大意义。

1）通过招标投标提高经济效益和社会效益。招标投标是市场竞争的一种重要方式，优点就是能够充分体现"公开、公平、公正"的市场竞争原则，通过招标让众多投标人进行公平竞争，有利于降低建设工程项目成本，合理确定建设工程项目价格，优化社会资源配置，以最低或较低的价格获得最优的货物、工程或服务，从而达到提高经济效益和社会效益的目的。

2）通过招标投标促进企业发展。承揽工程建设任务是建筑企业生存的基础，只有企业的技术和管理水平的不断提高，社会信誉良好，才有可能在投标竞争中获取工程承包的建设任务，而工程招投标有利于规范企业行为，推进企业管理步伐，促进提高企业素质和社会信誉，增强企业的竞争力。

3）通过招标投标健全市场经济体系。招标投标活动有利于维护和规范市场竞争秩序，保护当事人的合法权益，提高市场交易的公平、满意和可信度；促进社会和企业的法治、信用建设；促进政府转变职能、提高行政效率和建立健全现代市场经济体系。

4）有利于加强国际经济技术合作。在建筑市场中引入竞争机制，这也是在国际市场上竞争与合作的前提。

（4）工程招投标的特点

1）通过竞争机制，实行交易公开化；

2）通过规范化的运行程序保证交易公平化；

3）鼓励竞争，防止垄断，以优胜劣汰促进工程项目效益最大化。

3. 建设工程招标投标基本原则

（1）公开原则

公开原则要求招标投标活动必须高度透明，招标程序、投标人的资格条件、评标标准、评标方法、中标结果等信息都要公开，使每个投标人能够及时获得有关信息，从而平等地参与投标竞争，依法维护自身的合法权益；招标活动公开透明是当事人和社会各界对其监督的前提。公开是公平、公正的基础和前提。

（2）公平原则

公平原则要求招标人或评标委员会严格按照规定的程序一视同仁地给予所有投标人平等的机会，使其享有同等的权利并履行相应的义务，不歧视或者排斥任何一个投标人。招标人不得在招标文件中要求或者标明特定的生产供应者以及含有倾向或者排斥潜在投标人的内容，不得以不合理的条件限制或者排斥潜在投标人，不得以任何方式限制和排斥本地区或本系统以外的法人或其他组织参加投标竞争。

（3）公正原则

公正原则要求招标评标标准应当具有唯一性，对所有投标人实行同一标准，不偏袒任何一方。

（4）诚实信用原则

参与招标投标的当事人应以诚实信用的态度行使权利、履行义务以保证双方合法权益，诚实是指合同真实，不可用歪曲、隐瞒事实的手法欺骗对方；信用是指遵守承诺、履行合同、不弄虚作假，损害他人、集体和国家利益。

4. 建设工程项目招标范围

（1）我国境内进行建设工程项目招标相关法律规定

《招标投标法》第三条规定："在中华人民共和国境内进行下列工程建设项目包括项目的勘察、设计、施工、监理以及与工程建设有关的重要设备、材料等的采购，必须进行招标：

（一）大型基础设施、公用事业等关系社会公共利益、公众安全的项目；

（二）全部或者部分使用国有资金投资或者国家融资的项目；

（三）使用国际组织或者外国政府贷款、援助资金的项目。"

《招标投标法实施条例》（国务院令第613号）第七条规定："按照国家有关规定需要履行项目审批、核准手续的依法必须进行招标的项目，其招标范围、招标方式、招标组织形式应当报项目审批、核准部门审批、核准。项目审批、核准部门应当及时将审批、核准确定的招标范围、招标方式、招标组织形式通报有关行政监督部门。"

（2）必须招标的工程项目的法律规定

为了确定必须招标的工程项目，规范招标投标活动，提高工作效率、降低企业成本、预防腐败，国家发展改革委根据《招标投标法》"第三条"的规定印发《必须招标的工程项目规定》（国家发展改革委令第16号，以下简称"16号令"，自2018年6月1日起实施）。

《必须招标的工程项目规定》第二条规定："全部或者部分使用国有资金投资或者国家融资的项目包括：

（一）使用预算资金200万元人民币以上，并且该资金占投资额10%以上的项目；

（二）使用国有企业事业单位资金，并且该资金占控股或者主导地位的项目。"

《必须招标的工程项目规定》第三条规定："使用国际组织或者外国政府贷款、援助资金的项目包括：

（一）使用世界银行、亚洲开发银行等国际组织贷款、援助资金的项目；

（二）使用外国政府及其机构贷款、援助资金的项目。"

《必须招标的工程项目规定》第四条规定："不属于本规定第二条、第三条规定情形的大型基础设施、公用事业等关系社会公共利益、公众安全的项目，必须招标的具体范围由国务院发展改革部门会同国务院有关部门按照确有必要、严格限定的原则制订，报国务院批准。"

《必须招标的工程项目规定》第五条规定："本规定第二条至第四条规定范围内的项目，其勘察、设计、施工、监理以及与工程建设有关的重要设备、材料等的采购达到下列标准之一的，必须招标：

（一）施工单项合同估算价在400万元人民币以上；

（二）重要设备、材料等货物的采购，单项合同估算价在200万元人民币以上；

（三）勘察、设计、监理等服务的采购，单项合同估算价在100万元人民币以上。

同一项目中可以合并进行的勘察、设计、施工、监理以及与工程建设有关的重要设备、材料等的采购，合同估算价合计达到前款规定标准的，必须招标。"

（3）必须招标的基础设施和公用事业项目范围的法律规定

为明确必须招标的大型基础设施和公用事业项目范围，根据《招标投标法》和《必须招标的工程项目规定》，国家发展改革委印发《必须招标的基础设施和公用事业项目范围规定》（发改法规规〔2018〕843号，以下简称"843号文"），自2018年6月6日起施行。

《必须招标的基础设施和公用事业项目范围规定》第二条规定："不属于《必须招标的工程项目规定》第二条、第三条规定情形的大型基础设施、公用事业等关系社会公共利益、公众安全的项目，必须招标的具体范围包括：

（一）煤炭、石油、天然气、电力、新能源等能源基础设施项目；

（二）铁路、公路、管道、水运，以及公共航空和A1级通用机场等交通运输基础设施项目；

（三）电信枢纽、通信信息网络等通信基础设施项目；

（四）防洪、灌溉、排涝、引（供）水等水利基础设施项目；

（五）城市轨道交通等城建项目。"

（4）关于邀请招标、不进行招标的范围相关法律规定

《招标投标法》第十一条规定："国务院发展计划部门确定的国家重点项目和省、自治区、直辖市人民政府确定的地方重点项目不适宜公开招标的，经国务院发展计划部门或者省、自治区、直辖市人民政府批准，可以进行邀请招标。"

《招标投标法实施条例》第八条规定："国有资金占控股或者主导地位的依法必须进行招标的项目，应当公开招标；但有下列情形之一的，可以邀请招标：

（一）技术复杂、有特殊要求或者受自然环境限制，只有少量潜在投标人可供选择；

（二）采用公开招标方式的费用占项目合同金额的比例过大。有前款第二项所列情形，属于本条例第七条规定的项目，由项目审批、核准部门在审批、核准项目时作出认定；其他项目由招标人申请有关行政监督部门作出认定。"

《招标投标法》第六十六条规定："涉及国家安全、国家秘密、抢险救灾或者属于利用

扶贫资金实行以工代赈、需要使用农民工等特殊情况，不适宜进行招标的项目，按照国家有关规定可以不进行招标。"

《招标投标法实施条例》第九条规定："除招标投标法第六十六条规定的可以不进行招标的特殊情况外，有下列情形之一的，可以不进行招标：

（一）需要采用不可替代的专利或者专有技术；

（二）采购人依法能够自行建设、生产或者提供；

（三）已通过招标方式选定的特许经营项目投资人依法能够自行建设、生产或者提供；

（四）需要向原中标人采购工程、货物或者服务，否则将影响施工或者功能配套要求；

（五）国家规定的其他特殊情形。"

《工程建设项目施工招标投标办法》第十二条规定："需要审批的工程建设项目，有下列情形之一的，由本办法第十一条规定的审批部门批准，可以不进行施工招标。

（一）涉及国家安全、国家秘密或者抢险救灾而不适宜招标的；

（二）属于利用扶贫资金实行以工代赈需要使用农民工的；

（三）施工主要技术采用特定的专利或者专有技术的；

（四）施工企业自建自用的工程，且该施工企业资质等级符合工程要求的；

（五）在建工程追加的附属小型工程或者主体加层工程，原中标人仍具备承包能力的；

（六）法律、行政法规规定的其他情形。"

 知识链接

《工程建设项目施工招标投标办法》第十一条规定："依法必须进行公开招标的项目，有下列情形之一的，可以邀请招标：

（一）项目技术复杂或有特殊要求，或者受自然地域环境限制，只有少量潜在投标人可供选择；

（二）涉及国家安全、国家秘密或者抢险救灾，适宜招标但不宜公开招标；

（三）采用公开招标方式的费用占项目合同金额的比例过大。

有前款第二项所列情形，属于本办法第十条规定的项目，由项目审批、核准部门在审批、核准项目时作出认定；其他项目由招标人申请有关行政监督部门作出认定。

全部使用国有资金投资或者国有资金投资占控股或者主导地位的并需要审批的工程建设项目的邀请招标，应当经项目审批部门批准，但项目审批部门只审批立项的，由有关行政监督部门批准。

5. 工程项目招标应具备的条件

《工程建设项目施工招标投标办法》第八条规定："规定依法必须招标的工程建设项目，应当具备下列条件才能进行施工招标：

（一）招标人已经依法成立；

（二）初步设计及概算应当履行审批手续的，已经批准；

（三）有相应资金或资金来源已经落实；

（四）有招标所需的设计图纸及技术资料。"

6. 工程项目招标分类

工程项目招标类别如图 2-1 所示。

7. 工程项目招标方式

《招标投标法》规定招标分为公开招标和邀请招标。有关公开招标和邀请招标的法律规定见本节相关内容。

图 2-1　工程项目招标分类示意图

（1）公开招标

公开招标是指招标人以招标公告的方式邀请不特定的法人或其他组织投标。

招标单位通过在"全国公共资源交易平台"（地方公共资源交易网）或在工程所在地的建设交易中心，或国家指定的媒体上发布招标公告。招标公告应当载明招标人的名称和地址，招标项目的性质、数量、实施地点和时间，以及获取招标文件的办法等事项。公开招标一般对投标人的数量不作限制，所以也被称为"无限竞争性招标"。

（2）邀请招标

邀请招标是指招标人以投标邀请书的方式邀请不特定的法人或其他组织投标。由于被邀请投标人的数量是招标人确定的，所以又被称为"有限竞争性招标"。

邀请投标人应考虑以下因素（包括但不限于此）：

1）该单位具有与项目相应的经营资质；

2）该单位拥有足够的具有相应执业资格的管理人员、技术装备与管理水平；

3）该单位近年具有与招标项目相类似的工程项目施工经验；

4）该单位近年和当前的财务状况良好；

5）该单位有良好的信誉；

6）该单位当前在建和新承接的工程项目。

（3）公开招标与邀请招标的区别

公开招标与邀请招标的区别见表2-1。

公开招标与邀请招标区别　　　　　　表2-1

对比项	公开招标	邀请招标
信息发布方式	公开招标采用招标公告的形式发布信息	邀请招标采用的是招标邀请书的形式发布信息
竞争范围	使所有符合条件的法人或其他组织都有机会参加投标，因此竞争的范围较广、竞争激烈，招标人拥有绝对的选择余地	投标人的数量有限，招标人拥有的选择余地相对较小，既有可能提高中标的合同价，也有可能将某些在技术上或报价上更有竞争的供应商或承包商遗漏
公开程度	所有的活动都必须严格按照预先制定并为大家所知的程序、标准公开进行	邀请招标人可根据项目的性质规模参考公开招标进行
时间和费用	公开招标要准备较多的招标有关文件；前来竞争的投标人数量较多，招标工作耗时相对较长，招标费用相对较高	有限的几家投标单位，使整个招标投标的时间在法律规定的最短时间内即可完成，招标费用相应较少

8. 工程项目招标组织形式

建设工程招标的组织形式包括招标人自行招标和委托招标代理机构招标两种方式。

（1）招标人自行招标

自行招标是指招标人依靠自己的能力，依法自行办理和完成招标项目的招标任务。

《招标投标法》第十二条规定:"招标人具有编制招标文件和组织评标能力的,可以自行办理招标事宜。"

《招标投标法实施条例》第十条规定:"招标人具有编制招标文件和组织评标能力,是指招标人具有与招标项目规模和复杂程度相适应的技术、经济等方面的专业人员。"

《工程建设项目自行招标试行办法》第四条规定:"招标人自行办理招标事宜,应当具有编制招标文件和组织评标的能力,具体包括:

(一)具有项目法人资格(或者法人资格);

(二)具有与招标项目规模和复杂程度相适应的工程技术、概预算、财务和工程管理等方面专业技术力量;

(三)有从事同类工程建设项目招标的经验;

(四)拥有3名以上取得招标职业资格的专职招标业务人员;

(五)熟悉和掌握《招标投标法》及有关法规规章。"

《工程建设项目自行招标试行办法》第六条规定:"国家发展改革委审查招标人报送的书面材料,核准招标人符合本办法规定的自行招标条件的,招标人可以自行办理招标事宜。任何单位和个人不得限制其自行办理招标事宜,也不得拒绝办理工程建设有关手续。"

《工程建设项目自行招标试行办法》第十三条规定:"任何单位和个人非法强制招标人委托招标代理机构或者其他组织办理招标事宜的,非法拒绝办理工程建设有关手续的,或者以其他任何方式非法干预招标人自行招标活动的,由国家发展改革委依据招标投标法的有关规定处罚或者向有关行政监督部门提出处理建议。"

依法必须进行招标以及招标人自行办理招标事宜的项目,应当向有关行政监督部门备案。任何单位和个人不得强制其委托招标代理机构办理招标事宜。

(2)委托招标代理机构招标

招标人不具备自行招标条件时可以委托招标代理机构进行招标。

1)有关委托代理招标的法律规定

《招标投标法》第十二条规定:"招标人有权自行选择招标代理机构,委托其办理招标事宜。任何单位和个人不得以任何方式为招标人指定招标代理机构。

招标人具有编制招标文件和组织评标能力的,可以自行办理招标事宜。任何单位和个人不得强制其委托招标代理机构办理招标事宜。"

《招标投标法》第十四条规定:"招标代理机构与行政机关和其他国家机关不得存在隶属关系或者其他利益关系。"

《招标投标法》第十五条规定:"招标代理机构应当在招标人委托的范围内办理招标事宜,并遵守本法关于招标人的规定。"

2）招标代理机构应具备的条件

《招标投标法》第十三条规定："招标代理机构是依法设立、从事招标代理业务并提供相关服务的社会中介组织。

招标代理机构应当具备下列条件：

（一）有从事招标代理业务的营业场所和相应资金；

（二）有能够编制招标文件和组织评标的相应专业力量。"

符合《招标投标法》第三十七条第三款规定条件的招标代理机构，可以选入评标委员会成员人选的技术、经济等方面的专家库。

 知识链接

《招标投标法》第三十七条规定："评标由招标人依法组建的评标委员会负责。

依法必须进行招标的项目，其评标委员会由招标人的代表和有关技术、经济等方面的专家组成，成员人数为五人以上单数，其中技术、经济等方面的专家不得少于成员总数的三分之二。

前款专家应当从事相关领域工作满八年并具有高级职称或者具有同等专业水平，由招标人从国务院有关部门或者省、自治区、直辖市人民政府有关部门提供的专家名册或者招标代理机构的专家库内的相关专业的专家名单中确定；一般招标项目可以采取随机抽取方式，特殊招标项目可以由招标人直接确定。

与投标人有利害关系的人不得进入相关项目的评标委员会；已经进入的应当更换。

评标委员会成员的名单在中标结果确定前应当保密。"

招标代理机构可以在其资格等级范围内依法从事招标代理活动。招标代理机构资格条件见表2-2。

工程招标代理机构资格条件　　　　　　　　　　表2-2

资质等级	注册资本（万元）	近3年内累计业绩	专职人员	技术经济负责人	年限
甲级	200	代理中标金额16亿元	中级以上职称不少于20人，其中具有工程建设类注册执业资格人员不少于10人（其中注册造价工程师不少于5人）从事工程招标代理业务3年以上的人员不少于10人	具有10年以上从事工程管理的经验，具有高级技术经济职称和工程建设类注册执业资格	取得乙级工程招标代理资格满3年
乙级	100	代理中标金额8亿元	中级以上职称不少于12人，其中具有工程建设类注册执业资格人员不少于6人（其中注册造价工程师不少于3人），从事工程招标代理业务3年以上的人员不少于6人	具有8年以上从事工程管理的经验，具有高级技术经济职称和工程建设类注册执业资格	取得暂定级工程招标代理资格满1年

续表

资质等级	注册资本（万元）	近3年内累计业绩	专职人员	技术经济负责人	年限
暂定级	100	—	中级以上职称不少于12人，其中具有工程建设类注册执业资格人员不少于6人（其中注册造价工程师不少于3人），从事工程招标代理业务3年以上的人员不少于6人	具有8年以上从事工程管理的经验，具有高级技术经济职称和工程建设类注册执业资格	—

3）工程建设招标代理机构主要职责

招标代理机构可以在其资格等级范围内承担下列招标事宜：

①拟订招标方案。招标方案内容一般包括：招标项目背景概况，招标的组织形式，招标范围，标段划分，投标资格要求，质量、进度、造价需求目标，拟采用的招标方式，工程发包合同类型等。

②编制和发售资格预审文件、招标文件。资格预审文件和招标文件经招标人确认备案后方可对外发售。售出后，招标代理机构还应负责其澄清和修改工作等。

③组织审查投标人资格。招标代理机构负责组织资格审查委员会或评标委员会，根据资格预审文件或招标文件的规定审查潜在投标人的投标资格。

④编制招标控制价。招标代理机构具备造价咨询资质时，可接受招标人委托，依据现行规范、计价定额、取费文件、造价信息以及常规的施工方案等编制招标控制价，并对投标人的质疑进行澄清和说明。

⑤组织踏勘和投标预备会。如果招标文件中已经明确统一组织现场踏勘、召开投标预备会，招标代理机构应根据招标文件规定的时间、地点组织现场踏勘，介绍现场情况，并在招标文件规定的时间收集投标人提出的问题，组织相关人员对这些问题进行解释、澄清，编制答疑或澄清文件，整理会议纪要，并将答疑文件或会议纪要发给所有投标人。

⑥组织开标、评标。按招标文件的规定，接收投标人递交的投标文件，做好文件签收工作，并妥善保管；组织招标人、投标人及相关人员现场开标并做好开标记录；组织评标专家进行投标文件评审；根据评标委员会的评标报告，协助招标人做好定标工作，并起草中标通知书和未中标结果通知书，发给中标人和未中标人。

⑦组织签约。招标代理机构应根据招标人的委托，依据招标文件和投标文件组织招标人和中标人签订合同。

⑧招标人委托的其他事项。招标代理机构可以根据招标人的实际需要，完成委托的其他相关工作。

如果采用电子招标，招标代理机构按相关的要求完成招标人委托的事项。

2.1.2 建设工程项目招投标工作流程

1. 建设工程招投标工作流程

建设工程招投标是规范的法律活动，招标活动通常分为三个阶段，即招标准备阶段、招标与投标阶段和决标成交阶段，其活动基本流程如图 2-2 所示。

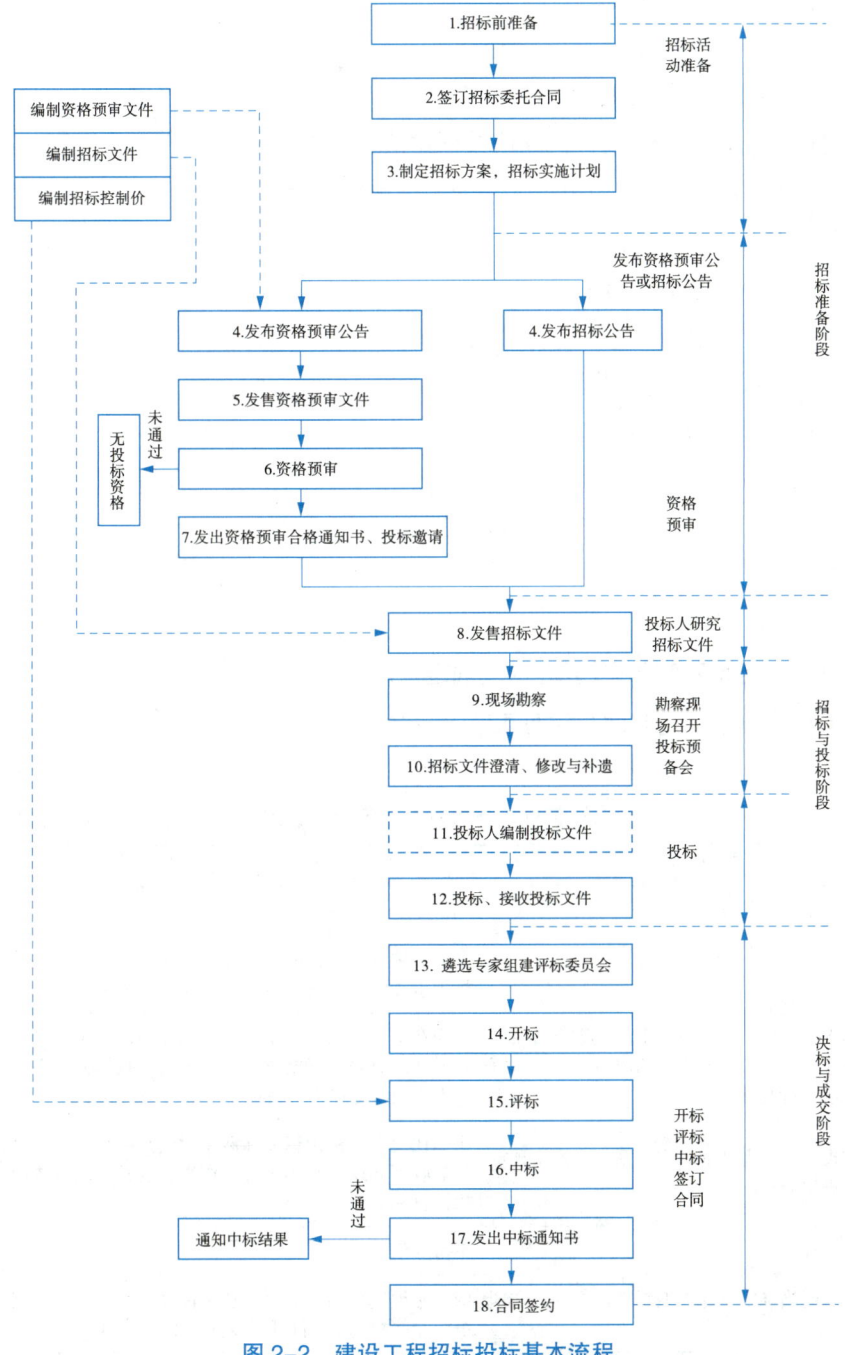

图 2-2　建设工程招标投标基本流程

(1)招标准备阶段的主要工作

1)确定招标组织形式；

2)确定招标范围；

3)选择招标方式；

4)编制招标有关文件，即：资格审查公告/招标公告或投标邀请书、资格预审文件、招标文件、招标控制价/标底；

5)招标备案。

(2)招标与投标阶段的主要工作

1)招标公告（资格审查公告）/或投标邀请书；

2)资格预审文件的发售与申请人递交资格预审申请文件；

3)资格预审；

4)发售（发放）招标文件；

5)现场勘察与投标预备会；

6)投标文件的递交与接收。

(3)决标与成交阶段的主要工作

1)开标；

2)评标；

3)中标；

4)签订合同。

2. 建设工程招标工作流程中法定时间规定

招标工作流程中法定时间规定见表2-3。

关于招标工作流程中法定时间的规定　　表2-3

序号	程序内容	法定时间
1	资格预审文件的发售期	不得少于5日
2	提交资格预审申请文件的时间	依法必须进行招标的项目提交资格预审申请文件的时间，自资格预审文件停止发售之日起不得少于5日
3	招标人对已发出的资格预审文件进行必要的澄清或修改，澄清或修改的内容可能影响资格预审申请文件编制的	应当在提交资格预审申请文件截止时间至少3日前，以书面形式通知所有获取资格预审文件的潜在投标人；不足3日的，招标人应当顺延提交资格预审申请文件的截止时间
4	潜在投标人或者其他利害关系人对资格预审文件提出质疑的	应当在提交资格预审文件截止时间至少2日前提出；招标人应当自收到异议之日起3日内作出答复；作出答复前，应当暂停招标投标活动
5	发售招标文件	不得少于5日
6	招标人应当确定投标人编制投标文件的合理时间	依法必须进行招标的项目从招标文件发售之日起至投标人提交投标文件的截止时间止，最短不得少于20日

续表

序号	程序内容	法定时间
7	对已发出的招标文件进行必要的澄清或修改，澄清或修改的内容可能影响投标文件编制的	招标人应当在投标截止时间至少 15 日前，以书面形式通知所有获得招标文件的潜在投标人；不足 15 日的，应当顺延提交投标文件的截止时间
8	潜在投标人或者其他利害关系人对招标文件有异议的	应当在投标截止时间 10 日前提出，招标人应当自收到异议之日起 3 日内作出答复；作出答复前，应当暂停招标投标活动
9	投标人撤回已提交的投标文件，应当在投标截止时间前书面通知招标人，招标人已收取投标保证金的	应当自收到投标人书面批复通知之日起 5 日内退还投标保证金
10	投标人对开标有异议的	应当在开标现场提出，招标人应当当场作出答复，并制作记录
11	公示中标候选人	依法进行招标的项目，招标人应当自收到评标报告之日起 3 日内公示中标候选人，公示期不得少于 3 日
12	投标人或者其他利害关系人对依法必须进行招标的项目的评标结果有异议的	应当在中标竞选人公示期间提出，招标人应当自收到异议之日起 3 日内作出答复；作出答复前，应暂停招标投标活动
13	按照招标文件和中标人的投标文件订立合同	招标人应当自中标通知书发出之日起 30 日内签订
14	招标结果备案	依法必须进行招标的项目，招标人应当自确定中标人之日起 15 日内，向有关行政监督部门提交招标投标情况的书面报告
15	向中标人和未中标的投标人退还投标保证金及银行同期存款利息	招标人最迟应当在书面合同签订后 5 日内退还

任务 2.2　建设工程项目招标准备工作

建设工程项目招标准备阶段的主要工作有确定招标组织形式、招标策划、准备招标有关文件、招标备案等。

2.2.1　确定招标组织形式

1. 招标人自行招标

（1）自行招标有关法律规定

《招标投标法》第十二条规定："招标人具有编制招标文件和组织评标能力的，可以自行办理招标事宜。任何单位和个人不得强制其委托招标代理机构办理招标事宜。

依法必须招标的项目，招标人自行办理招标事宜的，应当向有关行政监督部门备案。"

《施工招标投标管理办法》第十二条规定："招标人自行办理施工招标事宜的，应当在发布招标公告或者发出投标邀请书的 5 日前，向工程所在地县级以上地方人民政府建设行政主管部门备案。"

（2）自行招标备案须提交资料

招标人自行办理施工招标事宜的，应当在发布招标公告或者发出投标邀请书的5日前，向工程所在地的县级以上地方人民政府建设行政主管部门或者受其委托的工程招标投标监督管理机构备案，并报送相应资料。工程所在地的县级以上地方人民政府建设行政主管部门或者工程招标投标监督管理机构自收到备案材料之日起5日内没有异议的，招标人可以自行办理施工招标事宜；不具备规定条件的，不得自行办理招标。

办理招标备案应提交以下资料：

1）建设项目的年度投资计划和工程项目报建备案登记表；

2）建设工程施工招标备案登记表；

3）项目法人单位的法人资格证明书和授权委托书；

4）招标公告或投标邀请书；

5）内设的招标机构或者专职招标业务人员的基本情况（招标机构有关工程技术、概预算、财务以及工程管理等方面专业技术人员名单、职称证书或执业资格证书及其工作经历的证明材料）；

6）以往编制的同类工程建设项目招标文件和评标报告，以及招标业绩的证明材料；

7）其他材料。

2. 招标人委托代理招标

（1）委托代理招标相关的法律规定

《招标投标法》第十二条规定："招标人有权自行选择招标代理机构，委托其办理招标事宜。任何单位和个人不得以任何方式为招标人指定招标代理机构。"

《招标投标法实施条例》第十四条规定："招标代理机构在招标人委托的范围内开展招标代理业务，任何单位和个人不得非法干涉。

招标代理机构代理招标业务，应当遵守招标投标法和本条例关于招标人的规定。招标代理机构不得在所代理的招标项目中投标或者代理投标，也不得为所代理的招标项目的投标人提供咨询。

招标代理机构不得涂改、出租、出借、转让资格证书。"

《招标投标法实施条例》第十三条规定："招标人应当与被委托的招标代理机构签订书面委托合同，合同约定的收费标准应当符合国家有关规定。"

（2）委托招标代理主要工作

1）策划和制订招标方案或协助办理相关核准手续，包括编制发售资格预审公告和资格预审文件、协助招标人组织资格评审、编制发售招标文件。

2）组织潜在投标人踏勘现场和答疑、发澄清文件、组织开标。

3）配合招标人组建评标委员会，协助评标委员会完成评标与编制评标报告，协助评标委员会推荐中标候选人并办理中标候选人公示。

4）协助招标人定标，发出中标通知书并办理中标结果公告，协助招标人签订中标合同。

5）协助招标人向招标投标监督部门办理有关招标投标情况报告。

6）处理投标人和其他利害关系人提出的异议，配合监督部门调查违法行为。

7）招标人委托的其他咨询服务工作。

2.2.2 招标策划

1. 招标策划主要内容

招标策划的内容包括落实开展建设工程项目招标活动的条件、调研潜在供方市场、分析招标项目的标包划分及招标要求、编制进度计划、研究以往招标经验、编制评标办法。

（1）落实开展工程项目招标活动的条件

按照《工程建设项目申报材料增加招标内容和核准招标事项暂行规定》的要求，招标活动应严格按照审批或核准的工程建设项目可行性研究报告或资金申请报告、项目申请报告说明招标范围、招标组织形式（自行招标或委托招标）、招标方式（公开招标或邀请招标）等开展。

通过对招标条件的确认和检查，能够有效避免招标活动擅自终止及相关法律风险的发生，为招标活动的顺利开展提供前提条件。

（2）调研潜在供方市场

市场调研是了解有能力且有意愿参与招标采购项目的潜在投标人竞争的状况，包括潜在投标人的数量、规模实力、人员资质、技术装备、供货业绩等。

通过对潜在投标人规模实力、人员资质、技术装备、供货业绩等信息进行收集并对比分析，预判潜在投标人的技术方案优劣、供货能力高低、投标报价策略科学与否等，可以为确定采购项目的标段划分或组包、采购要求、评标办法（合格投标人须具备的条件、详细评审方法的选择及评分细则的确定等）等提供可靠充分的依据。

（3）分析招标项目的标包划分及招标要求

招标项目标包划分是指将若干同类或类似项目合并成一个项目或将一个项目拆分成不同项目实施招标。标包划分对潜在投标人参与投标竞争的意愿、投标报价、招标成本等有重要影响。

建设工程项目招标要求一定要清晰明确、适宜合理，包括招标范围及专业边界、质量标准、技术要求等内容。

（4）编制进度计划

招标进度计划以招标策划作为起始时间、以合同签订作为终止时间。进度计划时间的确定要保证法律规定的最短时间，并考虑招标活动可能出现的风险而预留出一定的裕度。招标投标法律法规对招标活动的时间有明确的规定。

（5）研究以往招标经验

招标经验一般包括以往招标活动所采用的招标方式、参与竞争的投标人、各投标人的报价及投标方案的特点、开评标活动是否有拒收以及否决投标等情况发生、合同签订后执行情况及其他招标人在类似项目招标执行情况（如有）等，研究与借鉴以往招标经验是避免相同或类似问题重复发生的有效手段。

（6）编制评标办法

评标办法是招标人在遵守招标投标法律法规的前提下，根据招标项目的特点编制的，用于评标委员会评价投标人提交的投标文件的规则、方法和程序。评标办法要明确评标工作内容、初步评审标准、详细评审所采用的方法（经评审的最低投标价法、综合评估法或法律、行政法规规定的其他评标方法）。

2. 招标策划方式

按照招标策划的内容，可采用实地调研、网络搜索、档案资料研究、分析对比等方法。

3. 招标策划成果的确定与相关要求

招标策划成果是指经过认可的以书面形式固化的招标策划报告。策划报告编制完成后需经主管审批确认，如内容的深度或范围不满足要求，还需要进行补充。招标策划是招标人开展工作的指导文件，但因其涉及潜在投标人调研、标包划分不宜对外公开等内容，因此，要求组织招标实施的人员和与此相关的管理人员及接触到招标策划报告的人员一定要遵守保密要求。

2.2.3 准备招标有关文件

工程项目招标有关文件通常包括：资格预审公告（代招标公告）、资格预审文件、招标文件、招标控制价（或标底）。

招标公告示例

资格预审文件示例

标准招标文件

招标文件示例（节选）

2.2.4 编制招标公告

招标人采用公开招标方式的，应当发布招标公告。依法必须进行招标的项目的招标公告，可通过国家指定信息网络平台"全国公共资源交易平台（×××省或地区）"、报刊或者其他媒介公开发布。

招标公告内容：

（1）招标条件；

（2）项目概况与招标范围（项目名称、地点、建设规模及建设内容，招标范围、计划开竣工时间、质量标准、标段划分、招标控制价、投标截止时间）；

（3）投标人资格要求（投标人经营资格、投标人拟派项目经理条件、投标人拟派项目组织机构的要求、信誉要求、是否接受联合体、资格审查方式）；

（4）投标报名；

（5）招标文件获取；

（6）投标文件递交；

（7）发布媒介；

（8）联系方式。

招标公告一般格式见表2-4。

2.2.5　编制资格预审文件

工程项目招标资格预审文件通常采用《行业标准施工招标资格预审文件（2010年）》，其内容包括资格预审公告、申请人须知、资格审查办法、资格预审申请文件格式和工程建设项目概况五个组成部分。

1. 资格预审公告

资格预审公告包括招标条件、项目概况与招标范围、申请人资格要求、资格预审方法、资格预审文件的获取、资格预审申请文件的递交、发布公告的媒介和联系方式几个部分。

2. 申请人须知

申请人须知包括申请人须知前附表、申请人须知正文部分以及3个附表。

申请人须知正文部分包括总则、资格预审文件、资格预审申请文件的编制、资格预审申请文件的递交、资格预审申请文件的审查、通知和确认，申请人的资格改变及纪律与监督等内容。

附表包括：附表一，问题澄清通知；附表二，问题的澄清；附表三，申请文件递交时间和密封及标识检查记录表。

（1）申请人须知前附表

申请人须知中的关键内容和数据可以摘要列表，以申请人须知前附表的形式放在正文前，起到强调和提醒的作用。它为申请人迅速掌握申请人须知内容提供方便，但必须与申请人须知正文内容一致。申请人须知前附表的条款号、名称等内容与正文中的条款号、名称等内容要保持一致，见表2-5。

招标公告格式 　　　　　　　　　　　　　　　　　　表 2-4

_____（项目名称）_____ 标段施工招标公告

1. 招标条件

本招标项目_____（项目名称）已由_____（项目审批、核准或备案机关名称）以_____（批文名称及编号）批准建设，招标人（项目业主）为_____，建设资金来自_____（资金来源），项目出资比例为_____。项目已具备招标条件，现对该项目的施工进行公开招标。

2. 项目概况与招标范围

_____[说明本招标项目的建设地点、规模、合同估算价、计划工期、招标范围、标段划分（如果有）等]。

3. 投标人资格要求

3.1 本次招标要求投标人须具备_____资质，_____（类似项目描述）业绩，并在人员、设备、资金等方面具有相应的施工能力，其中，投标人拟派项目经理须具备_____专业_____级注册建造师执业资格，具备有效的安全生产考核合格证书，且未担任其他在施建设工程项目的项目经理。

3.2 本次招标_____（接受或不接受）联合体投标。联合体投标的，应满足下列要求：_____。

3.3 各投标人均可就本招标项目上述标段中的_____（具体数量）个标段投标，但最多允许中标_____（具体数量）个标段（适用于分标段的招标项目）。

4. 投标报名

凡有意参加投标者，请于____年____月____日至____年____月____日（法定公休日、法定节假日除外），每日上午____时至____时，下午____时至____时（北京时间，下同），在_____（有形建筑市场／交易中心名称及地址）报名。

5. 招标文件的获取

5.1 凡通过上述报名者，请于____年____月____日至____年____月____日（法定公休日、法定节假日除外），每日上午____时至____时，下午____时至____时，在_____（详细地址）持单位介绍信购买招标文件。

5.2 招标文件每套售价_____元，售后不退。图纸押金_____元，在退还图纸时退还（不计利息）。

5.3 邮购招标文件的，需另加手续费（含邮费）_____元。招标人在收到单位介绍信和邮购款（含手续费）后____日内寄送。

6. 投标文件的递交

6.1 投标文件递交的截止时间（投标截止时间，下同）为____年____月____日____时____分，地点为_____（有形建筑市场／交易中心名称及地址）。

6.2 逾期送达的或者未送达指定地点的投标文件，招标人不予受理。

7. 发布公告的媒介

本次招标公告同时在_____（发布公告的媒介名称）上发布。

8. 联系方式

招 标 人：_____	招标代理机构：_____
地 址：_____	地 址：_____
邮 编：_____	邮 编：_____
联 系 人：_____	联 系 人：_____
电 话：_____	电 话：_____
传 真：_____	传 真：_____
电子邮件：_____	电子邮件：_____
网 址：_____	网 址：_____
开户银行：_____	开户银行：_____
账 号：_____	账 号：_____

____年____月____日

申请人须知前附表   表 2-5

条款号	条款名称	编列内容
1.1.2	招标人	名称： 地址： 联系人： 电话：
1.1.3	招标代理机构	名称： 地址： 联系人： 电话：
1.1.4	项目名称	
1.1.5	建设地点	
1.2.1	资金来源	
1.2.2	出资比例	
1.2.3	资金落实情况	
1.3.1	招标范围	
1.3.2	计划工期	计划工期：_____日历天 计划开工日期：____年___月___日 计划竣工日期：____年___月___日
1.3.3	质量要求	
1.4.1	申请人资质条件、能力和信誉	资质条件： 财务要求： 业绩要求： 信誉要求： 项目经理（建造师，下同）资格： 其他要求：
1.4.2	是否接受联合体资格预审申请	□不接受 □接受，应满足下列要求：
2.2.1	申请人要求澄清资格预审文件的截止时间	
2.2.2	招标人澄清资格预审文件的截止时间	
2.2.3	申请人确认收到资格预审文件澄清的时间	
2.3.1	招标人修改资格预审文件的截止时间	
2.3.2	申请人确认收到资格预审文件修改的时间	
3.1.1	申请人需补充的其他材料	
3.2.4	近年财务状况的年份要求	_____年
3.2.5	近年完成的类似项目的年份要求	_____年
3.2.7	近年发生的诉讼及仲裁情况的年份要求	_____年
3.3.1	签字或盖章要求	
3.3.2	资格预审申请文件副本份数	_____份

续表

条款号	条款名称	编列内容
3.3.3	资格预审申请文件的装订要求	
4.1.2	封套上写明	招标人的地址： 招标人全称： _____（项目名称）_____标段施工招标资格预审申请文件 在_____年___月___日___时_____分前不得开启
4.2.1	申请截止时间	_____年___月___日___时___分
4.2.2	递交资格预审申请文件的地点	
4.2.3	是否退还资格预审申请文件	
5.1.2	审查委员会人数	
5.2	资格审查方法	
6.1	资格预审结果的通知时间	
6.3	资格预审结果的确认时间	
		……
9		需要补充的其他内容
…		……

申请人须知前附表编写内容及要求：

1）招标人及招标代理机构的名称、地址、联系人与电话。

2）工程建设项目基本情况，包括项目名称、建设地点、资金来源、出资比例、资金落实情况、招标范围、标段划分、计划工期、质量要求。

3）申请人资格条件。告知申请人必须具备的工程施工资质、近年类似业绩、财务状况、拟投入人员、设备等技术力量及资格能力要素条件，近年发生诉讼、仲裁等履约信誉情况以及是否接受联合体投标等要求。

4）时间安排。明确申请人提出澄清资格预审文件要求的截止时间，招标人澄清、修改资格预审文件的时间，申请人确认收到资格预审文件澄清和修改文件的时间，使申请人知悉资格预审活动的时间安排。

5）申请文件的编写要求。明确申请文件的签字和盖章要求、申请文件的装订及文件份数，使申请人知悉资格预审申请文件的编写格式。

6）申请文件的递交规定。明确申请文件的密封和标识要求、申请文件递交的截止时间及地点、资格审查结束后资格预审申请文件是否退还，使投标人能够正确递交申请文件。

7）简要写明资格审查采用的方法、资格预审结果的通知时间及确认时间。

（2）总则

总则编写要把招标工程建设项目概况、资金来源和落实情况、招标范围和计划工期及质量要求叙述清楚，声明申请人资格要求，明确申请文件编写所用的语言文字以及参加资格预审过程的费用承担者。

（3）资格预审文件

资格预审文件包括资格预审文件的组成、澄清及修改。

（4）资格预审申请文件的编制

招标人应在本处明确告知申请人资格预审申请文件的组成内容、编制要求、装订及签字盖章要求。

（5）资格预审申请文件的递交

招标人一般在这部分明确资格预审申请文件应按统一的规定要求进行密封和标识，并在规定的时间和地点递交。对于没有在规定地点和截止时间前递交的申请文件，应拒绝接收。

（6）资格预审申请文件的审查

国有资金占控股或者主导地位依法必须进行招标的项目，由招标人依法组建的资格审查委员会进行资格审查；其他招标项目可由招标人自行进行资格审查。

（7）通知和确认

明确审查结果的通知时间及方式，以及合格申请人的回复方式及时间。

（8）申请人的资格改变

（9）纪律与监督

对资格预审期间的纪律、保密、投诉以及对违纪的处置方式进行规定。

3. 资格审查办法

资格审查办法包括资格审查办法前附表和资格审查办法正文部分等内容。资格审查办法正文部分包括以下内容：

（1）审查方法。资格预审方法有合格制和有限数量制两种。

（2）审查标准。审查标准包括初步审查标准和详细审查标准，以及采用有限数量制的评分标准。

（3）审查程序。审查程序包括资格预审申请文件的初步审查、详细审查、申请文件的澄清以及有限数量制的评分等内容和规则。

（4）审查结果。资格审查委员会完成资格预审申请文件的审查，确定通过资格预审的申请人名单，向招标人提交书面审查报告。

4. 资格预审申请文件格式

资格预审申请文件格式包括的具体内容如下：

（1）资格预审申请函；

（2）法定代表人身份证明或其授权委托书；

（3）联合体协议书；

（4）申请人基本情况表；

（5）近年财务状况表；

（6）近年完成的类似项目情况表；

（7）正在施工的和新承接的项目情况表；

（8）近年发生的诉讼及仲裁情况；

（9）其他材料。

5. 工程建设项目概况

工程建设项目概况的具体内容包括项目说明、建设条件、建设要求和其他需要说明的情况。

2.2.6 编制招标文件

1. 招标文件概述

（1）招标文件概念

招标文件是招标人向潜在的投标人发出的要约邀请文件，是告知投标人项目的范围、内容、数量、招标要求、投标资格要求、质量标准、报价规则、招投标程序规则、投标文件编制与递交、开标时间、评标标准和办法、合同条款与技术标准等招投标主体必须掌握的信息和依据，对招标和投标方均具有法律约束力。

招标文件应当由招标人或委托招标代理机构负责编制。招标人自行编制招标文件的，招标人应具备相应的能力并获得核准；委托招标代理机构编制招标文件的，招标代理机构的业务范围和资质等级应符合规定。

（2）招标文件的作用

招标文件是由招标人或其授权委托的招标代理机构根据项目特点编制的，是向所有投标人表示招标意向和要求的法律文书，是招标人和投标人必须遵守的行为准则，是招标投标过程中指导和规范招标投标活动的纲领性文件，在招标投标活动和合同履行过程中的主要作用：

1）招标文件是投标人编制投标文件的重要依据；

2）招标文件是评标委员会对投标文件评审的重要依据；

3）招标文件是签订和履行合同的重要依据；

4）招标文件是解决合同争议的重要依据；

5）招标文件是工程竣工结算的重要依据。

（3）招标文件内容

《标准施工招标文件》（2017年）包括八章内容：

第一章：招标公告（投标邀请书）；

第二章：投标人须知；

第三章：评标办法；

第四章：合同条款及格式；

第五章：工程量清单；

第六章：图纸；

第七章：技术标准和要求；

第八章：投标文件格式。

2. 招标文件编制

（1）招标公告（投标邀请书）

招标公告（投标邀请书）是招标文件不可分割的一部分，具体内容见本任务"2.2.4 编制招标公告"。

（2）投标人须知

投标人须知是投标人获取招标文件后首先应仔细研究的内容，投标人须知是对招标项目的具体要求以及招标文件的总括，是投标人编制和递交投标文件的主要依据，是招标投标活动应遵循的程序规则。

投标人须知包括三部分：第一部分是投标人须知前附表，即投标人须知一览表，其条款号、内容与第二部分投标人须知正文保持一致；第二部分是投标人须知正文，主要有总则、招标文件、投标文件、投标、开标、评标、合同授予、重新招标和不再招标、纪律和监督、需补充的其他内容共10项；第三部分是附表格式，包括：开标记录表、问题澄清通知、中标通知书、中标结果通知书、确认通知。

（3）评标办法

评标办法分别规定经评审的最低投标价法和综合评估法两种评标方法，供招标人根据招标项目具体特点和实际需要选择适用。招标人选择适用综合评估法的，各评审因素的评审标准、分值和权重等由招标人自主确定。国务院有关部门对各评审因素的评审标准、分值和权重等有规定的，从其规定。第三章"评标办法"前附表应按试行规定要求列明全部评审因素和评审标准，并在本章（前附表及正文）标明投标人不满足其要求即导致废标的全部条款。建设工程评标的方法有很多种，我国目前常用的评标方法有经评审的最低投标价法和综合评估法等。

（4）合同条款及格式

招标文件中的合同条件和合同条款，是招标人根据相关法律法规对合同签订、合同文件组成及解释顺序、适用法律、标准及规范、合同双方的权利和义务等条款的示范性、定式性解释。

《标准施工招标文件》（2017年）中的合同条款依据住房和城乡建设部、原国家工商行政管理总局（现国家市场监督管理总局）发布的《建设工程施工合同（示范文本）》GF—2017—0201（以下简称《合同示范文本》）编制。《合同示范文本》为非强制性使用文本，适用于房屋建筑工程、土木工程、线路管道和设备安装工程、装修工程等建设工程的施工发承包活动。

合同当事人可结合建设工程具体情况，依据《合同示范文本》确定招标文件的合同条款。

（5）工程量清单

工程量清单是建设工程分部分项工程项目、措施项目、其他项目的名称和相应数量及规费、税金项目等内容的明细清单。

工程量清单由招标人根据工程量清单的国家标准、行业标准，以及行业标准施工招标文件（如有）、招标项目具体特点和实际需要编制，并与投标人须知、通用合同条款、专用合同条款、技术标准和要求、图纸相衔接。《标准施工招标文件》（2017年）所附表格可根据有关规定作相应的调整和补充。

工程量清单应由具有编制招标文件能力的招标人或其委托的具有资质的工程咨询机构进行编制。如果招标文件规定的报价方式为非清单计价，则无须编制工程量清单。

（6）图纸

图纸是招标文件及合同文件的重要组成部分，是确定招标范围、编制工程量清单及投标报价的主要依据，是项目进行施工及验收的依据，是合同管理的依据。工程项目施工招标文件随附的图纸是属于施工图阶段的图纸。

（7）技术标准和要求

技术标准和要求是投标人编制施工方案的重要依据。技术标准和要求由招标人根据行业标准和施工招标文件（如有）、招标项目具体特点和实际需要编制。主要包括国家、行业或地方现行的设计、施工及验收规范、规程及标准等。技术标准和要求中的各项技术标准应符合国家强制性标准规定。不得要求或标明某一特定的专利、商标、名称、设计、原产地或生产供应者，不得含有倾向或者排斥潜在投标人的其他内容。如果必须引用某一生产供应者的技术标准才能准确或清楚地说明拟招标项目的技术标准时，则应当在"参照"后面加上"或相当于"字样。

（8）投标文件格式

投标文件格式是招标人在招标文件中明确的，投标人根据招标文件中规定的投标文件格式编制投标文件。《标准施工招标文件》（2017年）中，投标文件应包括下列内容：

1）投标函及投标函附录；

2）法定代表人身份证明/法定代表人授权委托书；

3）联合体协议书；

4）投标保证金；

5）已标价工程量清单；

6）施工组织设计；

7）项目管理机构；

8）拟分包计划表；

9）资格审查资料；

10）其他材料。

3. 招标文件编制要求

招标文件应当遵守"合法、公正、合理、严谨"的原则。

（1）招标文件要具有合法性。合法性是编制招标文件必须遵循的原则，招标文件是招标活动以及合同签约履行的依据，招标文件编制应遵守的法律法规见学习情境1中相关知识内容。

（2）招标文件要具有公正性。《招标投标法》第二十条规定："招标文件不得要求或者标明特定的生产供应者以及含有倾向或者排斥潜在投标人的其他内容。"招标文件的内容对投标人要公平，不能有任何倾向性或排斥某类特定的投标人。在设置资格条件时，应针对不同项目的行业特点，结合项目具体情况和市场等诸多因素科学合理设置。招标文件还应公正、合理地处理招标人与投标人的关系，保护双方的利益。不能将过多风险转移给投标人一方。

（3）招标文件要具有合理性。招标文件的合理性主要有两个方面，一方面招标文件要科学合理地划分招标范围，有些项目各标段之间联系紧密，相互交叉，在划分标段时要特别注意，既不能漏项也不能重复招标；另一方面要合理设置投标人资格，《招标投标法》第十八条规定："招标人可以根据招标项目本身的要求，在招标公告或者投标邀请书中，要求潜在投标人提供有关资质证明文件和业绩情况，并对潜在投标人进行资格审查；国家对投标人的资格条件有规定的，依照其规定。"

（4）招标文件要具有严谨性。招标文件包括投标人须知、评标办法、合同条款及格式、工程量清单、图纸、技术标准和要求、投标文件格式这些内容，招标文件的词语、定义要清晰准确，内容力求统一，避免各部分之间出现矛盾，编制必须做到系统、完整、准确、明了，即提出要求的目标明确，使投标人一目了然。

2.2.7 编制工程量清单

1. 编制工程量清单招标控制价有关法律规定

《建筑工程施工发包与承包计价管理办法》（住房和城乡建设部16号令，自2014年2月1日起施行）第六条规定："全部使用国有资金投资或者以国有资金投资为主的建筑工程（以下简称国有资金投资的建筑工程），应当采用工程量清单计价；非国有资金投资的建筑工程，鼓励采用工程量清单计价。

国有资金投资的建筑工程招标的，应当设有最高投标限价；非国有资金投资的建筑工程招标的，可以设有最高投标限价或者招标标底。

最高投标限价及其成果文件，应当由招标人报工程所在地县级以上地方人民政府住房城乡建设主管部门备案。"

第七条规定:"工程量清单应当依据国家制定的工程量清单计价规范、工程量计算规范等编制。工程量清单应当作为招标文件的组成部分。"

第八条规定:"最高投标限价应当依据工程量清单、工程计价有关规定和市场价格信息等编制。招标人设有最高投标限价的,应当在招标时公布最高投标限价的总价,以及各单位工程的分部分项工程费、措施项目费、其他项目费、规费和税金。"

第九条规定:"招标标底应当依据工程计价有关规定和市场价格信息等编制。"

2. 工程量清单编制

(1) 工程量清单

招标工程量清单应以单位(项)工程为单位编制,应由分部分项工程量清单、措施项目清单、其他项目清单、规费和税金项目清单组成。

招标工程量清单应由具有编制能力的招标人或受其委托,具有相应资质的工程造价咨询人或招标代理人编制。

招标工程量清单必须作为招标文件的组成部分,其准确性和完整性由招标人负责。

(2) 工程量清单作用

1) 工程量清单给投标人提供了平等的前提与基础。在招投标阶段,招标工程量清单为所有投标人提供了相同的分部分项工程名称、质量、工作内容以及工程数量,对所有投标人是客观、公正和公平的。

2) 工程量清单是建设工程计价的依据。在招标投标过程中,招标人根据工程量清单编制招标工程的招标控制价,投标人按照工程量清单所表述的内容,依据企业实力自主填报工程量清单所列项目的单价与合价。

3) 工程量清单是工程付款和结算的依据。发包人根据承包人是否完成工程量清单规定的内容,以投标时在工程量清单中所报的单价作为支付工程进度款和进行结算的依据。

4) 工程量清单是进行工程索赔的依据。在合同履行过程中,如果发生工程变更、索赔、增加新的工程项目等情况时,可以选用或者参照工程量清单的分部分项工程单价来确定变更项目或索赔项目的单价和相关费用。

(3) 工程量清单编制依据

1)《房屋建筑与装饰工程工程量计算标准》GB/T 50854—2024 和现行国家标准《建设工程工程量清单计价标准》GB/T 50500—2024、《通用安装工程工程量计算标准》GB/T 50856—2024;

2) 国家或省级、行业建设主管部门颁发的计价依据和办法。

3) 建设工程设计文件;

4) 与建设工程项目有关的标准、规范、技术资料;

5) 拟定的招标文件;

工程量清单案例

6）施工现场情况、工程特点及常规施工方案；

7）其他资料。

（4）工程量清单格式

工程量清单格式见表 2-6。

分部分项工程和单价措施项目清单与计价表　　　　表 2-6

序号	项目编码	项目名称	项目特征描述	计量单位	工程量	金额（元）		
						综合单价	合价	其中暂估价
1								
2								
…								
n								

2.2.8　招标控制价编制

1. 招标控制价

（1）招标控制价概念

招标控制价（亦称投标报价）是拟招标项目投标的最高限定价格。《建设工程工程量清单计价标准》GB/T 50500—2024 对招标控制价有明确规定。

（2）招标控制价的作用

1）招标控制价是最高投标限价。招标控制价可以避免投标人有意提高招标报价，可以有效控制工程项目建设投资。

2）招标控制价作为评标的重要参考，评标委员会依据招标控制价，对所有高于招标控制价的投标均作为无效投标处理。招标控制价是依据现行的计价文件、办法、工程量清单及工程造价信息等编制的。

3）招标控制价是确定投标报价合理性的依据。招标控制价反映了为完成招标内容所需产生的各项支出的合理价格，是评标委员会评审各投标人的投标报价是否低于成本、综合单价是否合理、分部分项工程价格是否合理的重要依据。

（3）招标控制价编制依据。招标控制价编制的主要依据有：

1）《建设工程工程量清单计价标准》GB/T 50500—2024、《通用安装工程工程量计算标准》GB/T 50856—2024；

2）招标工程所在地现行的国家、省级或行业建设主管部门颁布的计价规范和计价办法；

3）招标工程设计文件及相关资料；

4）招标工程相关的标准、规范、技术要求及技术资料；

5）建设工程招标文件中工程量清单及招标文件相关条款；

6）招标工程所在地造价管理部门发布的有关工程结算办法的相关文件、工程造价信息（工程造价信息没有的材料价格参照市场价）；

7）施工现场情况以及完成招标工程的常规施工方案；

8）投标人的综合实力；

9）其他相关资料。

2. 招标控制价的编制

招标控制价内容包括分部分项工程费、措施项目费、其他项目费、规费和税金。

招标控制价

（1）分部分项工程费的编制

分部分项工程费应根据招标文件中的分部分项工程量清单及有关要求，按《建设工程工程量清单计价标准》GB/T 50500—2024、《通用安装工程工程量计算标准》GB/T 50856—2024 有关规定确定。

分部分项工程费中的综合单价是指完成一个规定计量单位的分部分项工程所需的人工费、材料费（包含工程设备费）、施工机具使用费、企业管理费、利润以及一定范围内的风险费用，不包括措施费、规费和税金。分部分项工程费等于综合单价乘以清单给出的工程量。公式为：

$$分部分项工程费 = \Sigma \, 分项工程量 \times 综合单价$$

综合单价 = 人工费 + 材料费 + 机械费（设备费）+ 企业管理费 + 利润 + 一定范围内的风险费用

其中：人工费 = Σ 完成单位清单项目所需工人的工日（综合工日）数量 × 每工日的人工日工资单价

材料（工程设备）费 = Σ 完成单位清单项目所需各种材料、半成品的数量 × 各种材料、半成品单价

施工机具使用费 = Σ 完成单位清单项目所需各种机械的台班数量 × 各种机械的台班单价

企业管理费、利润及风险费用包括在清单的报价中，费率应参考当地的相关规定进行确定。

（2）措施项目费的编制

招标控制价中的措施项目清单计价，可以计算工程量的措施项目，措施项目中单价项目采用分部分项工程量清单的方式编制，采用综合单价计价；措施项目中的总价项目按项计价，其价格组成与综合单价相同，应包括除规费和税金以外的全部费用。其中，

安全文明施工费应按照国家或省级、行业建设主管部门的规定计价，不得作为竞争性费用。

（3）其他项目费的编制

按照《建设工程工程量清单计价标准》GB/T 50500—2024，其他项目费可以分为暂列金额、暂估价、计日工以及总承包服务费。

1）暂列金额。《建设工程工程量清单计价标准》GB/T 50500—2024 规定暂列金额是指招标人在工程量清单中暂定并包括在合同价款中的一笔款项。暂列金一般可以分部分项工程费的 10%~15% 为参考。主要用于：

①施工合同签订时尚未确定或者不可预见的所需材料、设备、服务的采购；

②施工中可能发生的工程变更、合同约定调整因素出现时的工程价款调整；

③发生的索赔、现场签证确认等的费用。对此，招标人有权全部使用、部分使用或完全不使用。

2）暂估价。《建设工程工程量清单计价标准》GB/T 50500—2024 规定暂估价，是指发包人在工程量清单或预算书中提供的用于支付必然发生但暂时不能确定价格的材料、工程设备的单价、专业工程以及服务工作的金额。

3）计日工。是指在施工过程中承包人完成发包人提出的工程承包合同以外的零星项目和工作，按合同约定的单价计价的一种方式，计日工适用所谓零星项目或工作，一般是指合同约定之外的或者因变更而产生的、工程量清单没有相应项目的额外工作，尤其是那些事先难以商定价格的额外工作。

计日工包括人工、材料和施工机械。人工单价、机械台班单价应按省级、行业建设主管部门或其授权的工程造价管理机构公布的单价计算；材料单价应按工程造价管理机构发布的工程造价信息中的材料单价计算，工程造价信息未发布单价的应按市场调查确定的单价计算。

4）总承包服务费。是指为配合协调发包人进行的专业工程发包，对发包人自行采购的材料、工程设备进行保管以及施工现场管理、竣工资料汇总整理等服务所需的费用。总承包服务费应按照省级或行业建设主管部门的规定计算，在计算时可参考以下标准：

招标人仅要求总包人对其发包的专业工程进行施工现场协调和统一管理，对竣工资料进行统一汇总整理等服务时，按发包的专业工程估算造价的 1.5% 左右计算；

招标人要求总包人对其发包的专业工程既进行总承包管理和协调，又要求提供相应配合服务时，根据招标文件中列出的配合服务内容，按发包的专业工程估算造价的 3%~5% 计算；

招标人自行供应材料和设备的，按招标人供应材料和设备价值的 1% 计算。

（4）规费的编制

规费和税金应按国家或省级、行业建设主管部门的规定计算，不得作为竞争性费用。

规费 = 工程排污费 + 社会保险费 + 住房公积金费

其中：工程排污费按工程所在地环保部门规定据实计算。

社会保险费 = 养老保险费 + 失业保险费 + 医疗保险费 + 工伤保险费 + 生育保险费 + 住房公积金

养老保险费 = 人工费 × 养老保险费费率

失业保险费 = 人工费 × 失业保险费费率

医疗保险费 = 人工费 × 医疗保险费费率

工伤保险费 = 人工费 × 工伤保险费费率

生育保险费 = 人工费 × 生育保险费费率

住房公积金 = 人工费 × 住房公积金费率

规费应按国家或省级、行业建设主管部门的规定计算。

（5）税金的编制

税金是由营业税、城市维护建设税、教育费附加以及地方教育附加四部分组成。税金计算公式：

税金 = （分部分项工程费 + 措施项目费 + 其他项目费 + 规费）× 相应费率

2.2.9 标底编制

《中华人民共和国招标投标法实施条例》（2011年12月20日中华人民共和国国务院令第613号）第二十七条规定："招标人可以自行决定是否编制标底。一个招标项目只能有一个标底。标底必须保密。"

标底编制方法略。

2.2.10 招标备案

招标备案，是行政监督部门对招标投标活动及其当事人依法实施监督的主要形式，通过它可以有效监督国家投资的工程建设项目的招标投标情况，及时发现和纠正其中存在的违法违规行为和事件。

招标备案分为两个阶段，第一阶段是招标工作开始前进行的备案，第二阶段是招标工作结束后的备案。

《招标投标法》第十二条第三款规定："依法必须进行招标的项目，招标人自行办理招标事宜的，应当向有关行政监督部门备案。"

招标备案表

《房屋建筑和市政基础设施工程施工招标投标管理办法》第十一条规定："招标人自行办理施工招标事宜的，应当在发布招标公告或者发出投标邀请书的5日前，向工程所在地县级以上地方人民政府建设行政主管部门备案，并报送下列材料：

（一）按照国家有关规定办理审批手续的各项批准文件；

（二）本办法第十一条所列条件的证明材料，包括专业技术人员的名单、职称证书或者执业资格证书及其工作经历的证明材料；

（三）法律、法规、规章规定的其他材料。"

招标人不具备自行办理施工招标事宜条件的，建设行政主管部门应当自收到备案材料之日起 5 日内责令招标人停止自行办理施工招标事宜。

中标人确定后的招标备案是招标程序中的最后一个环节，也是最重要的一个环节，是指依法必须进行招标的项目，招标人应当自确定中标人之日起 15 日内，向有关行政监督部门提交招标投标情况书面报告，以备查考。这是为了保证招标投标活动"公开、公平、公正"的原则所必需的法律和行政保障，它的目的是打击和纠正各种与招标投标原则相背离的行为和事件。

任务 2.3　建设工程项目招标流程

2.3.1　发布招标公告（资格预审公告）或投标邀请书

1. 发布招标公告有关规定

《中华人民共和国招标投标法实施条例》第十五条第三款规定："依法必须进行招标的项目的资格预审公告和招标公告，应当在国务院发展改革部门依法指定的媒介发布。在不同媒介发布的同一招标项目的资格预审公告或者招标公告的内容应当一致。指定媒介发布依法必须进行招标的项目的境内资格预审公告、招标公告，不得收取费用。"

2. 发布招标 / 资格预审公告

招标备案后可根据招标方式发布招标公告或投标邀请书。招标人采用公开招标方式的，应当发布招标公告。

招标公告是指招标人以公开方式邀请不特定的潜在投标人就招标项目进行投标的明确的意思表示。招标公告一经发出即构成招标活动的要约邀请，招标人不得随意更改。

招标人采用资格预审办法对潜在投标人进行资格审查的，应当发布资格预审公告。

3. 发投标邀请书

实行邀请招标的工程项目，招标人应当向 3 个以上具备承担招标项目能力、资信良好的特定法人或其他组织发出投标邀请书。投标邀请书的内容和招标公告的内容基本一致。

2.3.2 资格预审文件的发售与资格预审申请文件的提交

1. 资格预审文件的发售

《工程建设项目施工招标投标办法》(国家七部委第 30 号令)第十五条第一款规定:"招标人应当按招标公告或者投标邀请书规定的时间、地点出售招标文件或资格预审文件。自招标文件或者资格预审文件出售之日起至停止出售之日止,最短不得少于五日。"

第十五条第三款规定:"对招标文件或者资格预审文件的收费应当限于补偿印刷、邮寄的成本支出,不得以营利为目的。"

第十五条第四款规定:"招标文件或者资格预审文件售出后,不予退还。除不可抗力原因外,招标人在发布招标公告、发出投标邀请书后或者售出招标文件或资格预审文件后不得终止招标。"

2. 资格预审文件的澄清或修改

《中华人民共和国招标投标法实施条例》(以下简称《招标投标实施条例》)第二十一条规定:"招标人可以对已发出的资格预审文件或者招标文件进行必要的澄清或者修改。澄清或者修改的内容可能影响资格预审申请文件或者投标文件编制的,招标人应当在提交资格预审申请文件截止时间至少 3 日前,或者投标截止时间至少 15 日前,以书面形式通知所有获取资格预审文件或者招标文件的潜在投标人;不足 3 日或者 15 日的,招标人应当顺延提交资格预审申请文件或者投标文件的截止时间。"

《招标投标法实施条例》第二十二条规定:"潜在投标人或者其他利害关系人对资格预审文件有异议的,应当在提交资格预审申请文件截止时间 2 日前提出;对招标文件有异议的,应当在投标截止时间 10 日前提出。招标人应当自收到异议之日起 3 日内作出答复;作出答复前,应当暂停招标投标活动。"

3. 资格预审申请文件的提交时间

《招标投标法实施条例》第十七条规定:"招标人应当合理确定提交资格预审申请文件的时间。依法必须进行招标的项目提交资格预审申请文件的时间,自资格预审文件停止发售之日起不得少于 5 日。"

资格预审申请文件的递交须按规定进行密封,在要求的时间内报送招标人。

2.3.3 资格预审

1. 资格预审主体

资格预审评审委员会由招标人或由招标代理机构依法组建。评审委员会由招标人代表和有关技术、经济等方面的专家组成,成员为 5 人以上单数,其中技术、经济等方面的专家不得少于成员总数的 2/3。

资格预审不得超出资格预审文件规定的评审标准,不得提高资格标准、业绩标准等或附加条件对投标申请人加以限制或排斥，不得对投标申请人实行歧视待遇。

《招标投标法实施条例》第十八条规定："资格预审应当按照资格预审文件载明的标准和方法进行。

国有资金占控股或者主导地位的依法必须进行招标的项目，招标人应当组建资格审查委员会审查资格预审申请文件。资格审查委员会及其成员应当遵守招标投标法和本条例有关评标委员会及其成员的规定。"

2. 资格审查评审程序

资格预审评审分为初步评审和详细评审。

（1）初步评审。是对资格预审申请文件进行完整性、有效性及正确性的资格预审。

（2）详细评审。是对拟投标人经营资格、财务状况、技术装备、人员素质、经验业绩、管理水平、社会信誉等方面的评审；是对已完工程项目、在建工程项目和新承接项目的工程数量、规模、技术要求等方面的核实；是对拟投标人是否能够承担招标项目的客观评价。

3. 资格预审评审报告

资格预审完成后，评审委员会应向招标人提交资格预审报告，并报建设行政主管部门备案。评审报告的主要内容包括：

（1）工程项目概况；

（2）资格预审简介；

（3）资格预审评审标准；

（4）资格预审评审程序；

（5）资格预审评审结果；

（6）资格预审评审委员会名单及附件；

（7）资格预审评分汇总表；

（8）资格预审分项评分表；

（9）资格预审详细评审标准等。

4. 颁发合格通知书

《招标投标法实施条例》第十九条规定："资格预审结束后，招标人应当及时向资格预审申请人发出资格预审结果通知书。未通过资格预审的申请人不具有投标资格。

通过资格预审的申请人少于3个的，应当重新招标。"

第二十条规定："招标人采用资格后审办法对投标人进行资格审查的，应当在开标后由评标委员会按照招标文件规定的标准和方法对投标人的资格进行审查。"

资格预审后，招标人应当向所有投标申请人通告资格预审结果，并向资格预审合格的投标申请人发出资格预审合格通知书，告知获取招标

资格预审合格通知书格式及内容

文件的时间、地点和方法。

经过资格预审合格的申请投标人，均可以参加投标。应当要求合格的投标人在规定时间内以书面形式确认是否参与投标，以保证投标具有竞争性。

在标准招标文件中，投标邀请书（代资格预审通过通知书）即可作为资格预审合格通知书。

2.3.4 资格后审

资格后审是在开标后对投标人进行的资格审查，审查的主要内容：

（1）是否具有独立订立合同的权利；

（2）是否具有履行合同的能力，包括专业、技术、资质、能力、资金、设备、经验、信誉和相应的从业人员情况；

（3）是否处于被责令停业、投标资格被取消、财产被冻结、破产状态；

（4）是否在近三年内有骗取中标和严重违约以及重大质量安全问题；

（5）国家规定的其他资格条件。

2.3.5 发售招标文件与收取投标保证金

1. 招标文件的发售

招标人应当按照招标公告规定的时间、地点发售招标文件，招标文件的发售期不得少于5日。

2. 招标文件澄清或修改

《招标投标法》第二十三条规定："招标人对已发出的招标文件进行必要的澄清或者修改，应当在招标文件要求提交投标文件截止时间至少十五日前，以书面形式通知所有招标文件收受人，该澄清或者修改的内容为招标文件的组成部分。"

潜在投标人收到招标文件、图纸和有关资料后，若有疑问需要招标人解答、解释的，应当在招标文件中规定的相应时间内以书面形式向招标人提出，招标人应以书面形式或在投标预备会上予以解答。招标文件的澄清或者修改内容作为招标文件的组成部分，对招标人和投标人起约束作用，须报建设行政主管部门备案。

3. 收取投标保证金

（1）投标保证金

投标保证金是指投标人按照招标文件的要求向招标人出具的，以一定金额表示的投标责任担保。其实质是为了避免因投标人在投标有效期内随意撤回、撤销投标或中标后不能提交履约保证金和签署合同等行为而给招标人造成损失。

（2）投标保证金形式

除现金外，可以是银行出具的银行保函、保兑支票、银行汇票或现金支票。

（3）投标保证金金额标准

《工程建设项目施工招标投标办法》第三十七条规定："投标保证金不得超过项目估算价的百分之二，但最高不得超过八十万元人民币。投标保证金有效期应当与投标有效期一致。"

（4）投标保证金提交

《工程建设项目施工招标投标办法》第三十七条规定："投标人应当按照招标文件要求的方式和金额，将投标保证金随投标文件提交给招标人或其委托的招标代理机构。"

（5）投标保证金来源

《招标投标法实施条例》第二十六条规定："依法必须进行招标的项目的境内投标单位，以现金或者支票形式提交的投标保证金应当从其基本账户转出。"

（6）投标保证金有效期

投标保证金有效期应当与投标有效期一致。投标有效期是以递交投标文件的截止时间为起点，以招标文件中规定的时间为终点的一段时间（终点最迟在书面合同签订后5日）。

（7）投标保证金管理

《招标投标法实施条例》第二十六条规定："招标人不得挪用投标保证金。"

有些工程项目招标文件中明示投标保证金是投标文件的组成部分，所以投标保证金的提交时间一般早于投标文件的提交截止时间，有的招标项目在发售招标文件的同时收取投标保证金。

2.3.6 现场踏勘

1. 现场踏勘

现场踏勘的目的是组织现场踏勘的目的是使投标人了解工程项目的现场条件、自然条件、施工条件以及周围环境条件，以便确定投标策略。

现场踏勘时间：招标人在投标须知规定的时间内组织投标人自费进行现场考察。现场踏勘的时间一般安排在投标预备会的前1~2天。招标人不得组织单个或者部分潜在投标人踏勘项目现场。

招标人也可以不统一组织现场踏勘，由投标人自行踏勘现场。

2. 现场勘察活动内容

招标人在组织现场勘察的活动过程中，招标人应向投标人介绍以下有关现场情况：

（1）施工现场是否达到招标文件规定的条件；

（2）施工现场的地理位置和地形、地貌；

（3）施工现场的地质、土质、地下水位、水文等情况；

（4）施工现场气候条件，如气温、湿度、风力、年雨雪量等；

（5）现场环境，如交通、饮水、污水排放、生活用电、通信等；

（6）工程在施工现场中的位置或布置；

（7）临时用地、临时设施搭建等。

3. 投标人在踏勘现场有关疑问

投标人在踏勘现场如有疑问，应在投标预备会前以书面形式向招标人提出，便于招标人对投标人的疑问予以解答。招标人对投标人疑问的解答可以在预备会上答复，也可以采用书面形式解答。

2.3.7 投标预备会

1. 投标预备会的目的

召开预备会的目的在于对招标项目相关要求予以解读并进行技术交底，解答投标人提出的关于招标文件本身、图纸、工程量清单（如有）以及踏勘现场的疑问。

2. 投标预备会时间

召开预备会的时间和地点在招标文件中予以规定，由招标人主持召开投标预备会，也称标前会议或者答疑会。一般在踏勘现场后 1~2 天内举行。

3. 投标预备会会议纪要

投标预备会结束后，由招标人以书面形式将所有问题及其解答与招标项目交底等内容形成会议纪要，会议纪要作为招标文件的组成部分，纪要（包括问题解答）须向建设行政主管部门备案，必须向获得招标文件的所有的投标人发放。

电子招标答疑形式见本学习情境任务 2.4 内容。

2.3.8 投标文件递交与接收

1. 投标文件的递交有关法律规定

《工程建设项目施工招标投标办法》第三十八条规定："投标人应当在招标文件要求提交投标文件的截止时间前，将投标文件密封送达投标地点。招标人收到投标文件后，应当向投标人出具标明签收人和签收时间的凭证，在开标前任何单位和个人不得开启投标文件。"

《工程建设项目施工招标投标办法》第三十九条规定："投标人在招标文件要求提交投标文件的截止时间前，可以补充、修改、替代或者撤回已提交的投标文件，并书面通知招标人。补充、修改的内容为投标文件的组成部分。"

《工程建设项目施工招标投标办法》第四十条规定："在提交投标文件截止时间后到招标文件规定的投标有效期终止之前，投标人不得撤销其投标文件，否则招标人可以不退还其投标保证金。"

《招标投标法实施条例》第四十四条规定："招标人应当按照招标文件规定的时间、地点开标。投标人少于 3 个的，不得开标；招标人应当重新招标。"

2. 投标文件的递交时间及地点

投标人应在招标文件所规定的投标文件递交截止时间前将密封后的投标文件送达给招标人指定地点。电子招标投标文件提交方式见"任务 2.4 建设工程项目电子招标投标"。

3. 投标文件的接收

在投标文件递交截止时间前，招标人应做好投标文件的审查、签收、确认工作。未通过资格预审的申请人提交的投标文件，以及逾期送达或者不按照招标文件要求密封的投标文件，招标人应当拒收。招标人应当如实记载投标文件的送达时间和密封情况，并存档备查。

任务 2.4　建设工程项目电子招标投标

2.4.1　电子招标投标概述

1. 电子招标投标概念

《电子招标投标办法》规定，电子招标投标活动是指以数据电文形式，依托电子招标投标系统完成的全部或者部分招标投标交易、公共服务和行政监督活动。

数据电文形式与纸质形式的招标投标活动具有同等法律效力。

电子招标投标就是在传统招标投标的基础上使用现代信息技术，以数据电文为载体实现招标投标的全过程。

2. 电子招标投标优势

2013 年 2 月，国家发展改革委牵头的八部委联合发布《电子招标投标办法》是中国推行电子招标投标的纲领性文件，是我国招标投标行业发展的一个重要的里程碑。当前电子招标投标在全国范围内已普遍。其优势为：

（1）为招标人、投标人节约资金。在"互联网 +"信息化时代，招标投标文件电子逐渐取代纸质标书成为主流，并与纸质标书具有同等功能和法律效力，为招标人、投标人节约了大量的印刷成本；远程开标形式，为投标人节约了会议成本；电子化的评标形式，提高了评标效率，为招标人节约评标成本。

（2）提高招标信息的透明度。电子招标投标在"公共资源交易网"上进行，实现了招标信息的透明化，提高了招标投标的信息准确度与真实度；信息的透明化避免了在招标投标过程中的人为干扰和虚假行为，实现了招标的公平、公正、公开。

（3）实现了招标投标的集中化管理。创建电子招标投标系统，实现了供应商、招标、评标等一系列的数据信息的资源共享，便于集中化、规范化管理。

（4）限制了招标投标过程中的不法行为。电子招标投标要求投标人通过网上报名、下载招标文件及缴纳招标保证金等，有效地拦截了围标、串标的信息源，防止围标、串标的行为。

3. 电子招标投标的监管

国务院发展改革部门负责指导协调全国电子招标投标活动，各级地方人民政府发展改革部门负责指导协调本行政区域内电子招标投标活动。

各级人民政府发展改革、工业和信息化、住房和城乡建设、交通运输、铁道、水利、商务等部门，按照规定的职责分工，对电子招标投标活动实施监督，依法查处电子招标投标活动中的违法行为。

依法设立的招标投标交易场所的监管机构负责督促、指导招标投标交易场所推进电子招标投标工作，配合有关部门对电子招标投标活动实施监督。

省级以上人民政府有关部门对本行政区域内电子招标投标系统的建设、运营，以及相关检测、认证活动实施监督。

监察机关依法对与电子招标投标活动有关的监察对象实施监察。

4. 电子招标投标平台

电子招标投标系统由电子招标投标交易平台、电子招标投标公共服务平台、电子招标投标行政监督平台三个部分组成。三个平台的主要功能和架构关系如图2-3所示。

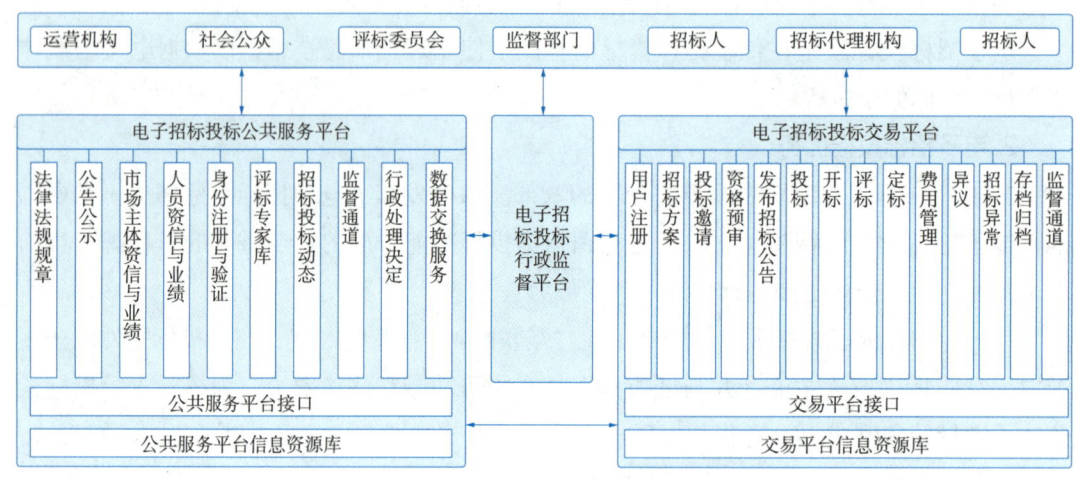

图2-3 电子招标投标交易平台主要功能与架构

（1）交易平台是以数据电文形式完成招标投标交易活动的信息平台，包括用户注册、招标方案、投标邀请、资格预审、发布招标公告、投标、开标、评标、定标、费用管理、异议、监督、招标异常、归档（存档）等功能。

（2）公共服务平台是满足交易平台之间信息交换、资源共享需要，并为市场主体、行政监督部门和社会公众提供信息服务的信息平台。

（3）行政监督平台是行政监督部门和监察机关在线监督电子招标投标活动的信息平台。

5. 电子招标投标交易平台运行原则

电子招标投标交易平台按照标准统一、互联互通、公开透明、安全高效的原则以及市场化、专业化、集约化方向建设和运营。

2.4.2 电子招标投标交易平台

1. 电子招标投标交易平台的建立

《电子招标投标办法》规定，依法设立的招标投标交易场所、招标人、招标代理机构以及其他依法设立的法人组织可以按行业、专业类别，建设和运营电子招标投标交易平台。国家鼓励电子招标投标交易平台平等竞争。

当前电子招标投标使用的平台是"全国公共资源交易平台"，如图2-4所示是黑龙江省公共资源交易平台。

图2-4 全国公共资源交易平台（黑龙江省）

2. 电子招标投标交易平台的职能

（1）在线完成招标投标全部交易过程；

（2）编辑、生成、对接、交换和发布有关招标投标数据信息；

（3）提供行政监督部门和监察机关依法实施监督和受理投诉所需的监督通道；

（4）《电子招标投标办法》和技术规范规定的其他功能。

例如图2-4中"黑龙江省公共资源交易平台"的机构职能：

承担全省公共资源交易、药品集中采购等系统的建设、管理和维护工作；根据有关法律法规，制定各类公共资源交易的流程、政府采购操作规程、药品和医用耗材网上集中采购操作规程；为省本级公共资源交易提供场所、见证、信息、档案、专家抽取、信用和大数据统计分析等公共服务；承担省本级政府集中采购工作，为采购人设定采购需求、拟定采购合同、开展履约验收等提供专业化服务；承担全省药品和医用耗材网上集中采购执行及采购系统交易数据统计分析报送等相关工作；承担医药企业信用评级工作。

3. 电子招标投标平台有关管理规定

（1）电子招标投标交易平台运营机构应当根据国家有关法律法规及技术规范，建立健全电子招标投标交易平台规范运行和安全管理制度，加强监控、检测，及时发现和排除隐患。

（2）电子招标投标交易平台运营机构应当采用可靠的身份识别、权限控制、加密、病毒防范等技术，防范非授权操作，保证交易平台的安全、稳定、可靠。

（3）电子招标投标交易平台运营机构不得以任何手段限制或者排斥潜在投标人，不得泄露依法应当保密的信息，不得弄虚作假、串通投标或者为弄虚作假、串通投标提供便利。

2.4.3　电子招标

1. 电子招标有关法律规定

《电子招标投标办法》（国家发展改革委 2013 年第 20 号令）第十六条规定："招标人或者其委托的招标代理机构应当在其使用的电子招标投标交易平台注册登记，选择使用除招标人或招标代理机构之外第三方运营的电子招标投标交易平台的，还应当与电子招标投标交易平台运营机构签订使用合同，明确服务内容、服务质量、服务费用等权利和义务，并对服务过程中相关信息的产权归属、保密责任、存档等依法作出约定。

电子招标投标交易平台运营机构不得以技术和数据接口配套为由，要求潜在投标人购买指定的工具软件。"

《电子招标投标办法》第十七条规定："招标人或者其委托的招标代理机构应当在资格预审公告、招标公告或者投标邀请书中载明潜在投标人访问电子招标投标交易平台的网络地址和方法。依法必须进行公开招标项目的上述相关公告应当在电子招标投标交易平台和国家指定的招标公告媒介同步发布。"

《电子招标投标办法》第十八条规定："招标人或者其委托的招标代理机构应当及时将数据电文形式的资格预审文件、招标文件加载至电子招标投标交易平台，供潜在投标人下载或者查阅。"

《电子招标投标办法》第十九条规定："数据电文形式的资格预审公告、招标公告、资格预审文件、招标文件等应当标准化、格式化，并符合有关法律法规以及国家有关部门颁发的标准文本的要求。"

《电子招标投标办法》第二十条规定："除本办法和技术规范规定的注册登记外，任何单位和个人不得在招标投标活动中设置注册登记、投标报名等前置条件限制潜在投标人下载资格预审文件或者招标文件。"

《电子招标投标办法》第二十一条规定:"在投标截止时间前,电子招标投标交易平台运营机构不得向招标人或者其委托的招标代理机构以外的任何单位和个人泄露下载资格预审文件、招标文件的潜在投标人名称、数量以及可能影响公平竞争的其他信息。"

《电子招标投标办法》第二十二条规定:"招标人对资格预审文件、招标文件进行澄清或者修改的,应当通过电子招标投标交易平台以醒目的方式公告澄清或者修改的内容,并以有效方式通知所有已下载资格预审文件或者招标文件的潜在投标人。"

2. 电子招标操作流程

(1) 招标计划

招标计划是招标人或招标代理机构根据招标方案编制的用于指导和控制招标实际工作的执行文件,主要包括招标项目内容、招标范围、招标方式、招标组织形式、主要工作内容、人员职责分工、工作质量和时间进度要求等内容。

招标代理登录××省公共资源交易平台后,进入"招标方案–招标计划"界面,填写招标项目相关信息,即辖区、计划外网发布时间、项目名称、项目法人或招标人、项目批准文件文号、项目建设内容以及其他说明事项,并提交备案(图2-5)。

(2) 项目注册

按照国家规定房屋和市政工程项目必须在"省地市工程建设项目审批管理系统"履行项目审批手续。招标人或招标代理人在招标前认真选择项目交易分类和报建编号,并填写招标人和招标代理信息、项目标段划分、项目招标方式等内容。

招标人信息包括:项目名称、项目行业分类、项目交易分类、项目地点、招标组织方式等。

招标代理信息包括:招标人、统一社会信用代码、单位性质、联系人及地址等。

招标方式包括:公开招标、邀请招标、直接发包。

(3) 工程项目备案登记

招标人(或招标代理人)登录工程交易管理服务平台,用招标人(或招标代理人)账号进入电子招标项目管理平台,完成招标项目登记并提交审批。

招标人(或招标代理人)在线自行(或委托代理)招标备案,招标人(或招标代理人)登录工程交易管理服务平台,用招标人(或招标代理人)账号进入电子招标项目管理平台,完成招标工程的自行(或委托)招标备案并提交审批。

(4) 发布招标有关文件

电子招标发布招标有关文件包括:招标公告(资格预审公告)、资格预审文件和招标文件。

依据《招标公告和公示信息发布管理办法》(国家发展改革委2017年10号令)第

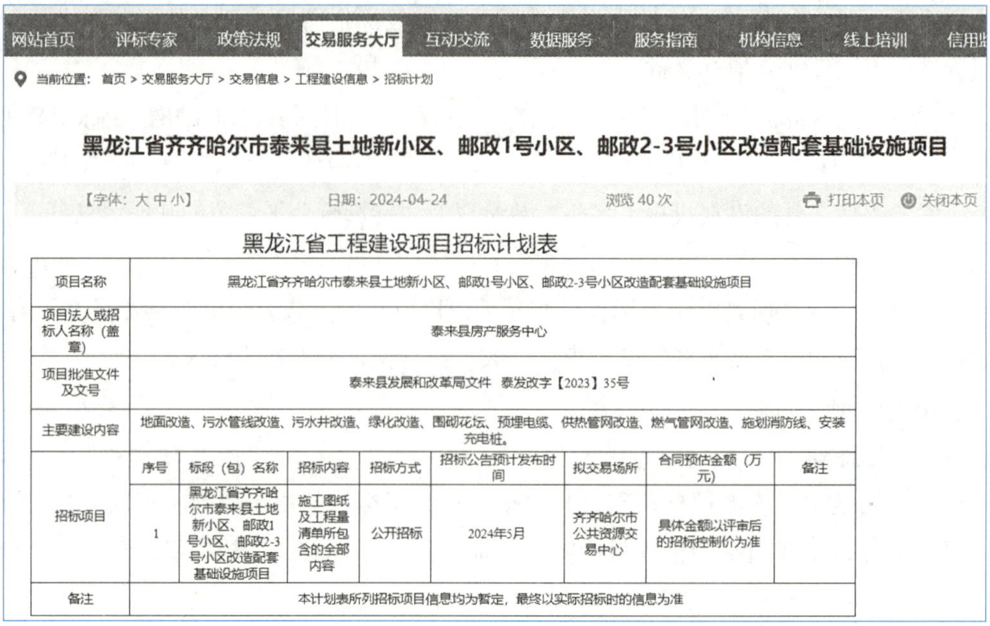

项目名称	黑龙江省齐齐哈尔市泰来县土地新小区、邮政1号小区、邮政2-3号小区改造配套基础设施项目							
项目法人或招标人名称（盖章）	泰来县房产服务中心							
项目批准文件及文号	泰来县发展和改革局文件　泰发改字【2023】35号							
主要建设内容	地面改造、污水管线改造、污水井改造、绿化改造、围砌花坛、预埋电缆、供热管网改造、燃气管网改造、施划消防线、安装充电桩。							
招标项目	序号	标段（包）名称	招标内容	招标方式	招标公告预计发布时间	拟交易场所	合同预估金额（万元）	备注
	1	黑龙江省齐齐哈尔市泰来县土地新小区、邮政1号小区、邮政2-3号小区改造配套基础设施项目	施工图纸及工程量清单所包含的全部内容	公开招标	2024年5月	齐齐哈尔市公共资源交易中心	具体金额以评审后的招标控制价为准	
备注	本计划表所列招标项目信息均为暂定，最终以实际招标时的信息为准							

图 2–5　招标计划表

八条规定，“依法必须招标项目的招标公告和公示信息应当在‘中国招标投标公共服务平台’或者项目所在地省级电子招标投标公共服务平台发布”，即在“全国公共资源交易平台（××省公共资源交易平台）”上发布。

《招标公告和公示信息发布管理办法》第十条规定：“拟发布的招标公告和公示信息文本应当由招标人或其招标代理机构盖章，并由主要负责人或其授权的项目负责人签名。采用数据电文形式的，应当按规定进行电子签名。

招标人或其招标代理机构发布招标公告和公示信息，应当遵守招标投标法律法规关于时限的规定。”

招标公告和项目澄清如图 2–6、图 2–7 所示。

《电子招标投标办法》第十八条规定：“招标人或者其委托的招标代理机构应当及时将数据电文形式的资格预审文件、招标文件加载至电子招标投标交易平台，供潜在投标人下载或者查阅。”

《电子招标投标办法》第十九条规定：“数据电文形式的资格预审公告、招标公告、资格预审文件、招标文件等应当标准化、格式化，并符合有关法律法规以及国家有关部门颁发的标准文本的要求。”

（5）开标评标前的准备

开标评标前的准备工作是用招标人（或招标代理人）账号进入电子招标项目管理平台，完成招标工程的开评标标室的预约并提交审批，以及完成评审专家申请、抽取工作。

在线开评、评标、中标通知以及合同签约详见相关章节。

图 2-6　公共资源交易平台上发布的招标公告

图 2-7　项目澄清（招标文件修改或补充）

（6）在线开标、评标

投标人依据招标文件要求，上传投标文件后，招标代理人组织线上开标、评标，实现评标人在线、远程评标。线上开标信息如图 2-8 所示。

评标结果公示、中标候选人公示、中标结果公示如图 2-9~图 2-11 所示。

图 2-8　线上开标信息

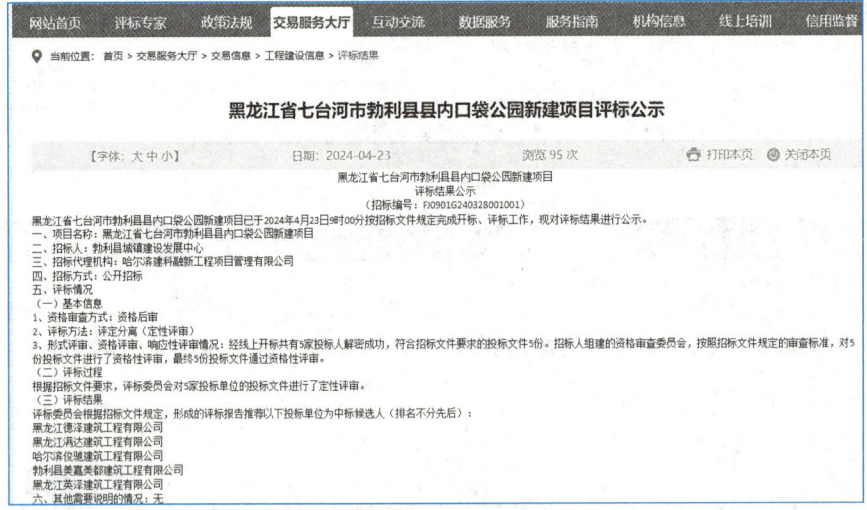

图 2-9　评标结果公示

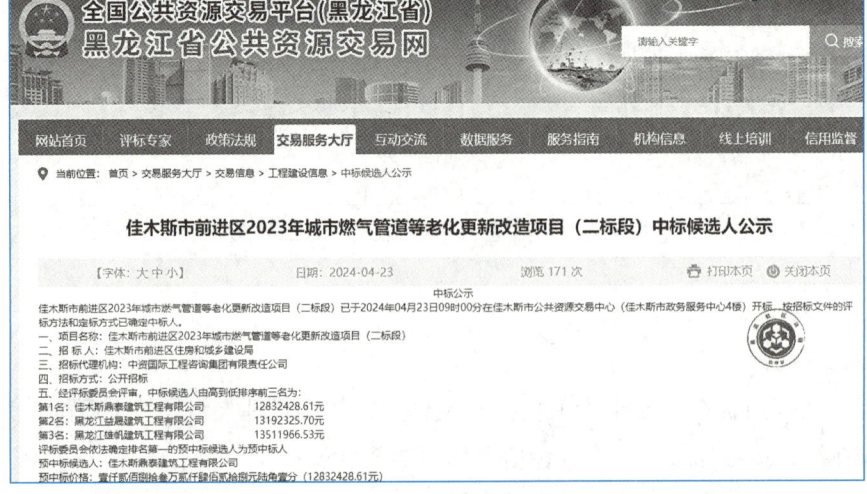

图 2-10　中标候选人公示

图 2-11　中标结果公示

2.4.4　在线签订合同

评标结果发布并公示后,招标人与中标人通过在线签订工程承包合同。合同公示如图 2-12 所示。

图 2-12　合同公示

 思考与练习

1. 对投标人资格审查的方式有几种？审查内容主要有几个方面？
2. 办理招标备案应提交哪些资料？
3. 招标公告的主要内容有哪些？

4. 编制招标文件的依据和原则是什么?

5. 招标文件编写要求是什么?

6. 工程招标投标与传统的工程发承包程序是否一致?

7. 工程项目施工招标投标的作用是什么?

8. 工程招标投标应遵循的基本原则是什么?

9. 建设工程招标应具备哪些法定条件?

10. 建设工程招标分为几类?

11. 哪些建设工程项目属于强制性招标范畴?

12. 我国对工程建设项目的招标规模标准有何规定?

13. 哪些工程建设项目可以不进行招标?

14. 公开招标和邀请招标本质是否一致?

15. 电子招标具有哪些优势?

16. 如何组织招标工作?

学习情境 3
建设工程项目投标

知识要点

投标概念、投标人条件、投标形式、投标流程、投标决策、投标文件、投标报价、投标项目施工方案、投标项目组织机构、投标截止时间、投标保证金、电子投标。

教学目标

了解投标工作程序各项工作的内容、方法和标准，理解投标人现场勘察的重要性，掌握有效投标文件应具备的条件以及无效投标文件的法律规定；能够运用专业知识对招标文件深入研究，能够按招标文件要求编写投标文件。

思维导图

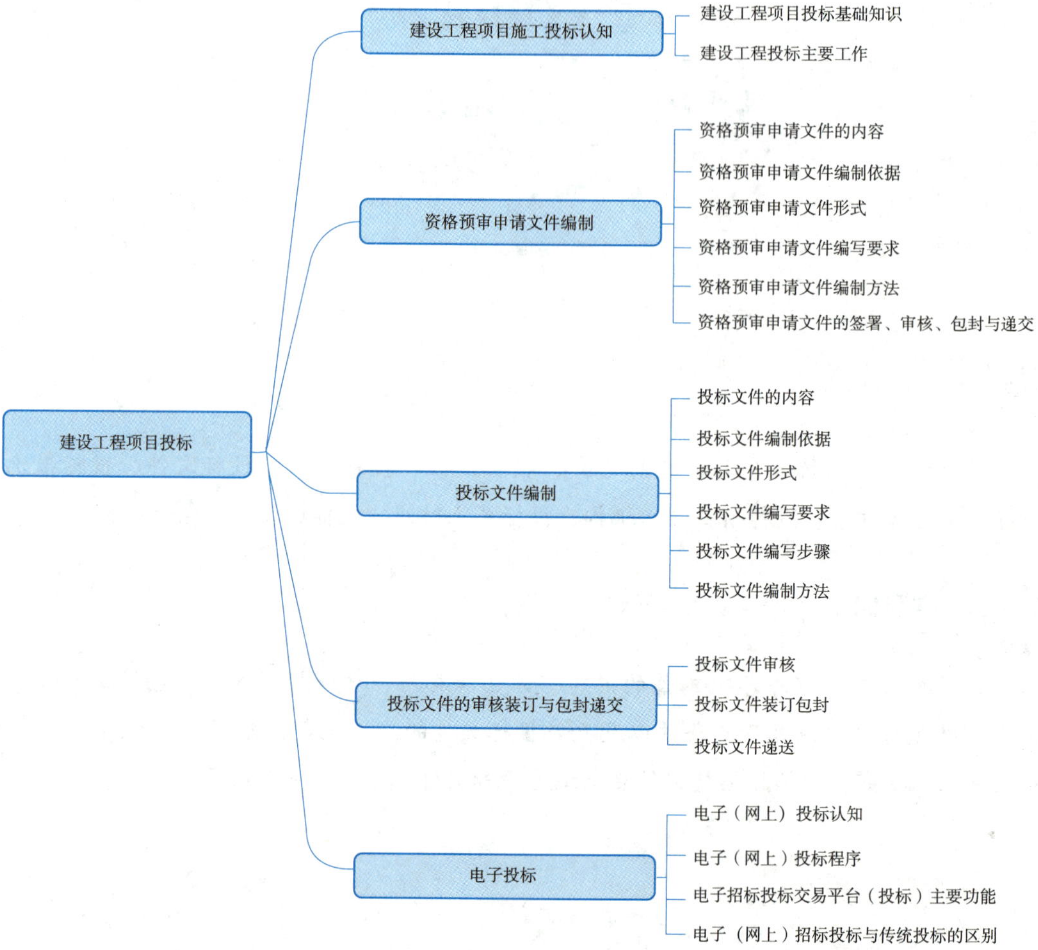

- 建设工程项目投标
  - 建设工程项目施工投标认知
    - 建设工程项目投标基础知识
    - 建设工程投标主要工作
  - 资格预审申请文件编制
    - 资格预审申请文件的内容
    - 资格预审申请文件编制依据
    - 资格预审申请文件形式
    - 资格预审申请文件编写要求
    - 资格预审申请文件编制方法
    - 资格预审申请文件的签署、审核、包封与递交
  - 投标文件编制
    - 投标文件的内容
    - 投标文件编制依据
    - 投标文件形式
    - 投标文件编写要求
    - 投标文件编写步骤
    - 投标文件编制方法
  - 投标文件的审核装订与包封递交
    - 投标文件审核
    - 投标文件装订包封
    - 投标文件递送
  - 电子投标
    - 电子（网上）投标认知
    - 电子（网上）投标程序
    - 电子招标投标交易平台（投标）主要功能
    - 电子（网上）招标投标与传统投标的区别

任务 3.1 建设工程项目施工投标认知

3.1.1 建设工程项目投标基本知识

1. 投标概念

建设工程投标是指经过特定审查而获得投标资格的建筑项目承包单位，按照招标文件的要求，在规定的时间内向招标单位填报投标书，请求承包建设工程任务的法律行为。这个概念中的"经过特定审查"通常是指工程项目采用资格预审招标以及在"公共资源交易平台"注册的审查。

2. 投标人应具备的条件

投标人应具备的条件有关法律规定：

《招标投标法》第二十六条规定："投标人应当具备承担招标项目的能力；国家有关规定对投标人资格条件或者招标文件对投标人资格条件有规定的，投标人应当具备规定的资格条件。"

《工程建设项目施工招标投标办法》第二十条规定："资格审查应主要审查潜在投标人或者投标人是否符合下列条件：

（一）具有独立订立合同的权利；

（二）具有履行合同的能力，包括专业、技术资格和能力，资金、设备和其他物质设施状况，管理能力，经验、信誉和相应的从业人员；

（三）没有处于被责令停业，投标资格被取消，财产被接管、冻结、破产状态；

（四）在最近三年内没有骗取中标和严重违约及重大工程质量问题；

（五）国家规定的其他资格条件。"

资格审查时，招标人不得以不合理的条件限制、排斥潜在投标人或者投标人，不得对潜在投标人或者投标人实行歧视待遇。任何单位和个人不得以行政手段或者其他不合理方式限制投标人的数量。

3. 联合体投标

联合体投标有关法律规定：

《招标投标法》第三十一条规定："两个以上法人或者其他组织可以组成一个联合体，以一个投标人的身份共同投标。

联合体各方均应当具备承担招标项目的相应能力；国家有关规定或者招标文件对投标人资格条件有规定的，联合体各方均应当具备规定的相应资格条件。由同一专业的单位组成的联合体，按照资质等级较低的单位确定资质等级。

联合体各方应当签订共同投标协议，明确约定各方拟承担的工作和责任，并将共同投标协议连同投标文件一并提交招标人。联合体中标的，联合体各方应当共同与招标人签订合同，就中标项目向招标人承担连带责任。

招标人不得强制投标人组成联合体共同投标，不得限制投标人之间的竞争。"

4. 投标工作程序

建设工程投标是规范的法律活动，建筑业施工企业如果想在当地招标投标交易中心进行投标活动，必须到当地建设行政主管部门招标投标管理办公室或者相关部门进行企业资格等备案。备案后方可从事投标活动，传统招标投标的投标活动基本流程如图 3-1 所示。

（1）投标准备阶段

1）获取招标信息；

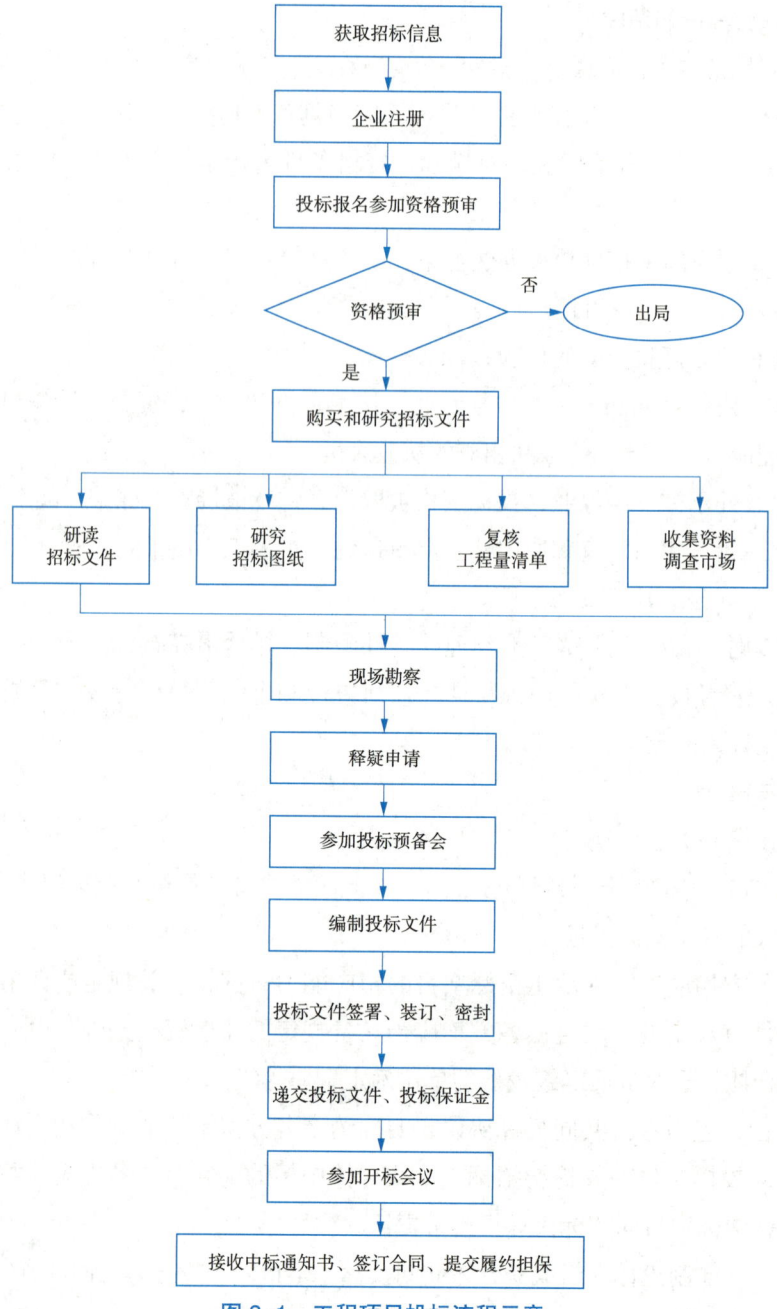

图 3-1　工程项目投标流程示意

2）企业注册；

3）报名并购买资格预审文件；

4）编制并提交资格预审申请文件（或在招标平台上传文件）；

5）资格预审通过后购买（获取或下载）招标文件。

（2）投标阶段的主要工作

1）研究招标文件（即研究招标文件文本条款、研究招标图纸、核算招标工程量清单等）；

2）现场勘察；

3）释疑申请；

4）参加投标预备会；

5）编制投标文件；

6）投标文件签署、装订、密封；

7）递交（或上传）投标文件，并提交投标保证金。

（3）开标阶段的主要工作

1）参加开标会议；

2）开标记录及确认。

（4）定标阶段主要工作

1）接收中标通知书；

2）签订合同；

3）提交履约保证金或履约担保。

5. 投标保证金

投标保证金是指投标人按照招标文件的要求向招标人出具的，以一定金额表示的投标责任担保。其实质是避免因投标人在投标有效期内随意撤回、撤销投标或中标后不能提交履约保证金和签署合同等行为而给招标人造成损失。投标保证金除现金外，可以是银行出具的银行保函、保兑支票、银行汇票或现金支票。

《招标投标法实施条例》第二十六条规定："招标人在招标文件中要求投标人提交投标保证金的，投标保证金不得超过招标项目估算价的2%。投标保证金有效期应当与投标有效期一致。依法必须进行招标的项目的境内投标单位，以现金或者支票形式提交的投标保证金应当从其基本账户转出。

招标人不得挪用投标保证金。"

3.1.2　建设工程投标主要工作

1. 建立投标工作机构

工程项目施工投标工作机构有两种形式，一种是常设固定投标机构，另一种是临时投标工作机构。

（1）常设固定投标机构。通常情况下，大型集团（企业）设专门机构或职能部门从事较大工程项目投标或工程施工投标。中标后将其中标的项目根据集团公司的内部管理规定及相关流程下发给下属部门。该形式机构有如下特点：

1）能够充分发挥投标企业资质、人员、财力、技术装备、经验、业绩以及社会信誉等方面的优势参与国内外投标竞争；

2）机构人员相对固定，机构内部分工明确，职责清晰；

3）应用本企业的投标数据库对投标项目进行分析、决策；

4）专设投标固定机构会增加企业管理成本。

（2）临时投标工作机构。通常情况下，企业的下属部门或企业的分支机构，在获取招标信息并决定投标后，组建临时投标工作机构，并代表该企业进行投标。该机构的成员大部分为项目中标后施工项目部成员，这种投标机构具有如下特点：

1）机构灵活，可根据招标项目的内容聘请相关人员；

2）投标工作与机构中的每个人的利益密切相关，使投标工作机构人员工作态度积极、严谨，投标方案更加成熟合理；

3）投标成本相对低，但有时由于缺乏某专业人才等其他原因，投标工作遇到困难，或影响投标文件对招标文件作出的实质响应。

2. 获取招标信息

公开招标的信息获得的途径有工程信息网、建设工程交易中心、报纸及新闻媒体；目前必须招标的项目在"公共资源交易平台"获得，如图3-2所示。

邀请招标信息是通过接收招标人发布的投标邀请书获得。

3. 投标决策

承包商通过投标获得工程项目是市场经济的必然要求。对于承包商而言，并非逢标必投，而是经过前期的调查研究后，针对招标工程的可靠性、招标工程的承包条件、投标人应当具备承担招标项目的能力、承包投标工程的可行性和可能性等实际情况作出决策。

投标决策分两阶段进行，即前期阶段的投标决策和后期阶段的投标决策。

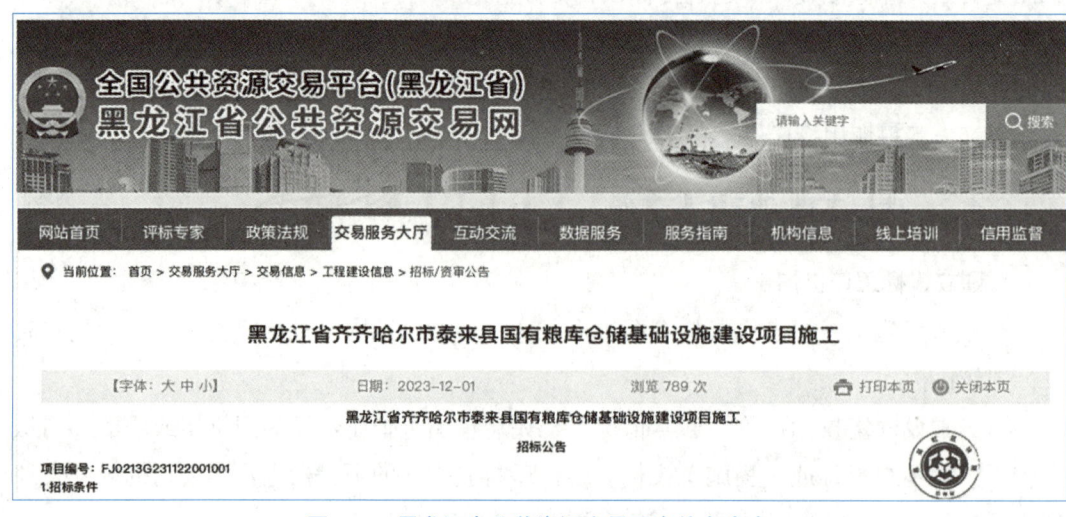

图3-2　黑龙江省公共资源交易平台信息发布

（1）前期阶段的投标决策

前期阶段的投标决策是拟投标人获得招标信息后，经过调查研究后作出是否投标的决定，前期投标决策必须在获取招标信息后，购买《资格预审文件》或《招标文件》之前完成。

前期阶段决策的主要依据是对招标公告、招标项目以及业主情况调研和了解，如果是国际工程，还要对所在国家及工程所在地进行调研。

影响前期阶段投标决策的主要因素有内部因素和外部因素。

1）内部因素。主要是指技术实力、管理实力、经济实力、信誉实力是否满足招标文件的要求。其中技术实力主要包括：

①拥有精通业务的各种专业人才；

②具有设计、施工及解决技术难题的能力；

③拥有一定的固定资产和满足招标项目施工的技术装备情况；

④有与招标工程相类似工程的施工经验；

⑤有BIM技术在施工全过程的管理与应用；

⑥有一定技术实力的合作伙伴。

管理实力主要包括：

①具备适应建设领域先进质量管理、进度控制和成本管理水平；

②具有合同管理及施工索赔的能力；

③具有对技术、经济、防疫等突发事件的处理能力。

经济实力主要包括：

①具有融资的实力；

②自有资金能够满足生产需要；

③具有办理各种担保和承担不可抗力风险的实力。

信誉实力主要包括：

①企业的履约情况；

②获奖情况；

③资信情况和经营作风。

承包商的信誉是其无形的资产，这是企业竞争力的一项重要内容。

2）外部因素。主要包括政治法律情况、项目情况、业主情况、市场状况、自然人文情况以及竞争对手情况等。其中政治法律因素主要是涉外工程项目投标时要考虑工程所在国、所在地的政治法律情况。

项目情况包括：

①工程项目资金来源、项目规模、标段划分、发包范围、工期要求；

②招标工程项目的技术难度及要求；

③对投标人类似工程经验的要求；

④招标项目中标承包后对本企业今后的深远影响。

（2）后期阶段的投标决策

后期阶段的投标决策是指从申报资格预审到确定施工方案、确定投标报价（封送投标书）前完成的决策。

后期决策主要是依据招标文件的实质性要求来确定本企业本次投标的目的（保本、盈利、占领市场或扩大市场）。通过对配备工程技术人员的决策，投入机械设备的决策，使用新材料、新工艺、新技术以及自有技术的应用等方面的决策，使施工方案更加科学，投标报价更为合理，确保投标更具有竞争力。

（3）放弃投标的情形

通常情况下，下列招标项目应放弃投标：

1）定量分析法中投标综合总分值低于规定最低总分的项目；

2）本企业主管和经营能力之外的项目；

3）工程规模、技术要求超过本施工企业技术等级的项目；

4）本企业生产任务饱满，而招标工程的盈利水平较低或风险较大的项目；

5）本企业技术等级、信誉、施工水平明显不如竞争对手的项目。

4. 办理注册

（1）我国境内投标的登记注册

我国建筑企业在本地区投标须事先注册。

跨越省、自治区、直辖市范围，去其他地区投标，应到招标工程所在地建筑市场管理部门登记，领取投标许可证。建筑企业在登记时应交验企业营业执照、资质等级证书和企业所在地区省级建筑业主管部门批准赴外地承包工程的证件。建筑企业在中标后办理注册手续，注册期限按承建工程的合同工期确定；注册期满，工程未能按期完工的，须办理注册延期手续。

（2）国际工程投标注册

外国承包商进入招标工程项目所在国开展业务活动，必须按照该国的规定办理注册手续，取得合法地位。有的国家要求外国承包商在投标之前注册，才准许进行业务活动；有的国家则允许外国承包商进行投标活动，待中标后再办理注册手续。

5. 投标报名参加资格预审

投标人获得招标信息后，经过初步分析决定参加投标，则应按招标公告要求的时间和地点进行投标报名，并准备投标资格预审材料，向招标人递交资格预审申请文件，接受招标人的审查。资格预审是取得投标参与资格的第一步，因此，投标人必须认真对待资格预审。如果在"公共资源交易平台"上进行投标，施工企业在注册时平台对资格的审查已经完成。

对采用资格预审方式进行资格审查的招标项目，投标人应对招标项目的资格及资格审查方法进行仔细研究，并按要求准备申请文件中的各项资格证明文件，包括营业执照、资质证书、企业安全生产证书、建造师注册证书以及建造师有效的安全生产考核合格证书等。在准备各项材料的过程中，申请人应秉持诚信原则。

资格预审申请文件完成后，应按要求签字、盖章，否则申请文件将不具有法律效力，资格审查申请会被否决；投标人应按规定的时间和地点递交申请文件。

6. 购买和研究招标文件

通过资格审查的投标人，可以按招标人确定的时间、地点和方式购买招标文件（电子招标投标可以在"公共资源交易平台"下载招标文件）。投标人在获取招标文件后，应对招标文件文本部分载明的基本内容和要求以及招标文件随附的招标工程图纸和工程量清单进行研究。

（1）研究投标须知

研究招标文件文本部分的投标须知，如招标范围、报价方式、质量标准、工期要求，招标文件澄清及修改截止时间、投标截止时间、开标时间的要求，投标保证金金额来源及递交形式的要求，履约保证金的金额及递交形式的要求，合格的投标人的条件要求和分包要求等。

（2）研究合同条件

关于合同条件主要研究的内容有：

1）合同计划开竣工时间、总工期和分阶段验收的工期、工程保修期等；

2）关于延误工期赔偿的金额和最高限定，以及提前工期奖等；

3）关于投标保函和履约保函的有关规定；

4）关于付款的条件，有否预付款、关于工程款的支付以及拖期付款有否利息、扣留保修金的比例及退还时间等；

5）关于材料供应，明确是否有甲方提供材料或材料需二次招标的要求；

6）关于合同价格调整条款；

7）关于工程保险和现场人员事故保险等；

8）关于不可抗力造成的损失的赔偿办法；

9）关于争议的解决。

（3）研究招标项目技术要求及工程图纸

研究技术要求。招标文件对工程内容、技术要求、工艺特点、设备、材料和安装方法等均作了规定和要求。近年的特大异形建筑层出不穷，招标人通常要求投标人应用BIM技术相关软件建模、模拟施工全过程，投标人则应按招标人提出的要求完成所有需要通过BIM软件展示的投标。

研究图纸。研究招标文件的随附图纸，如土建、给水排水、电气等专业工程图纸是否完整、各专业的图纸有无设计缺陷，图纸信息是否完整准确，专业工程图纸之间是否存在矛盾。如果图纸中存在缺陷或错误，投标人在规定的时间向招标人提出并得到澄清。

（4）核算工程量清单

工程项目招标投标报价采用清单计价方式的，工程清单随附于招标文件，工程量清单的"项"与"量"的准确与否关系到投标报价的准确程度，并直接影响中标以后对合同价款的管理工作。投标人在编制投标文件之前必须对工程量清单的"项"与"量"进行核定。核定工程量清单具体工作如下：

1）依据图纸、施工与验收规范核定清单项目设置是否有错、重、漏现象，清单项目特征描述是否与图纸、技术要求及规范相符；

2）依据各专业图纸及工程量计算规则进行工程量的计算，核算工程量清单中的量是否准确，核对计量单位是否准确；

3）工程量清单存在的问题汇总待投标预备会或答疑时提出，并要获得招标人对此作出的回复。

（5）研究评标标准和办法

主要研究初步评审和详细评审的内容，研究投标文件各部分的评分点和评分标准，研究投标文件的重大偏差范围以及细微偏差的修正方法，研究废标的情形和重新招标的情形。

7. 现场勘察

现场勘察（也可称为调查工程环境）有两种方式，一种是招标人统一组织现场勘察，并在招标文件中明确勘察时间及地点；另一种是投标人自行勘察现场。

施工现场勘察是投标人必须经过的投标程序，按照国际惯例，投标人提出的报价单一般被认为是在现场考察的基础上编制的。一旦报价单提出之后，投标人就无权因为现场考察不周、情况了解不细或因素考虑不全面而提出修改投标书、调整报价或提出补偿等要求。了解项目的实际情况第一手真实的资料，降低投标风险对投标人而言至关重要。

国内外工程项目主要勘察施工的自然、经济和社会条件。这些条件都是工程施工的制约因素，必然影响工程成本及其他管理目标的实现。

（1）国内投标环境调查要点

国内工程勘察的要点包括现场条件、自然地理条件、材料和设备供应条件以及其他条件。

1）现场条件

①施工场地周边情况，布置生产暂设和生活暂设的可能性，是否具备开工条件；

②进入现场的通道，给水排水（是否有饮用水）、供电和通信设施；

③地上、地下有无障碍物，有无地下管网工程；

④附近的现有建筑工程情况;

⑤环境对施工的限制。

2) 自然地理条件

①气象情况,包括气温、湿度、主导风向和风速、年降雨量以及雨季的起止期;

②场地的地理位置、用地范围;

③地质情况,地基土质及其承载力,地下水位;

④地震及其设防烈度,洪水、台风及其他自然灾害情况。

3) 材料和设备供应条件

①砂石等大宗材料的采购和运输条件;

②钢材、水泥、木材、玻璃等材料的供应来源和价格;

③当地供应构配件的能力和价格;

④当地租赁建筑机械的可能性和价格等;

⑤当地外协加工生产能力等。

4) 其他条件

①工地现场附近的治安情况;

②当地的民风民俗;

③专业分包的能力和分包条件;

④业主的履约情况;

⑤竞争对手的情况。

(2) 国际工程投标环境勘察要点

国际工程投标勘察主要包括政治情况、经济条件、法律条件、社会情况、自然条件以及市场情况。

1) 政治情况

①工程所在国的社会制度和政治制度以及政局是否稳定;

②与邻国关系如何,有无发生边境冲突和封锁边界的可能;

③与我国的双边关系如何。

2) 经济条件

①工程项目所在国的经济发展情况和自然资源状况;

②外汇储备情况及国际支付能力;

③港口、铁路和公路运输以及航空交通与电信联络情况;

④当地的科学技术水平。

3) 法律方面

①工程项目所在国的宪法、地方性法律;

②与承包活动有关的经济法、工商企业法、建筑法、劳动法、税法、外汇管理法、

经济合同法及经济纠纷的仲裁程序等；

③民法、民事诉讼法、移民法和外事管理法等。

4）社会情况

①当地居民的宗教信仰、风俗习惯；

②民族或部落间的关系；

③工会的活动情况；

④治安状况。

5）自然条件

同国内"自然地理条件"。

6）市场情况

①建筑和装饰材料、施工机械设备、燃料、动力、水和生活用品的供应情况，价格水平，过去几年的物价指数以及今后的变化趋势预测。

②劳务市场状况，包括工人的技术水平、工资水平，有关劳动保险和福利待遇的规定，在当地雇用熟练工人、半熟练工人和普通工人的可能性，以及外籍工人是否被允许入境等。

③外汇汇率和银行信贷利率。

④工程所在国本国承包企业和注册的外国承包企业的经营情况。

8. 汇编释疑文件

投标人在完成研究招标文件、熟悉图纸、核算工程量清单以及现场勘察工作后，针对招标文件存在疑问、图纸和清单的疑问以及现场的疑问，以书面形式进行汇总形成释疑申请文件，并按招标文件要求的时间、地点及方式提交，投标人提出的疑问将在投标预备会上或会后下发的会议纪要（包括答疑文件）得到解决。采用电子招标投标方式进行招标的项目，则要求投标人通过电子招标投标系统提交问题。

释疑申请

9. 参加投标预备会

投标预备会召开的目的是向投标人进行工程项目技术要求交底、澄清招标文件的疑问以及解答投标人对招标工程项目图纸、工程量清单、勘察现场所提出的疑问。投标人应按招标文件中规定的时间、地点参加投标预备会（电子招标投标见本章相关内容）。

投标预备会上可以解决投标人提出的一些共性问题，但关于图纸、清单等问题比较复杂的，招标人通常是以《会议纪要》或《答疑文件》的形式在规定时间内下发给所有获得招标文件的投标人，无论其是否提出了疑问。

招标人下发的会议纪要（包括答疑文件）是招标文件的澄清文件，是招标文件的组成部分，须进行备案，投标人在接到招标人的书面澄清文件后，依据招标文件以及澄清文件编制投标文件。

《招标投标法》第二十三条规定："招标人对已发出的招标文件进行必要的澄清或者修

改的,应当在招标文件要求提交投标文件截止时间至少十五日前,以书面形式通知所有招标文件收受人。"

10. 编制投标文件

投标人经现场踏勘和投标预备会后,可以着手编制投标文件。投标文件的编制要依据招标文件规定的格式编制,做到全面、合理;投标报价要按招标文件规定的方式合理报价;施工方案要依据招标文件的技术要求、招标图纸、现行的施工及验收标准、拟投入的设备和人员等情况、拟采用的主要施工方法及保证措施、现场平面布置等合理编制。同时要根据招标项目的实际情况确定投标策略,力争做到最大限度地满足招标文件的实质性要求。

11. 投标文件签署装订密封

(1) 文件签署

投标人在投标文件编制工作完成后,应按照招标文件的要求在各项文件上签字、盖章,不得遗漏,否则投标文件被视为无效。

对于采用电子招标投标系统递交投标文件或者采用电子光盘递交投标文件的,通常要求投标人对投标文件进行电子签章。在投标文件提交前,相关负责人一定要逐页认真检查,避免出现漏签而遗憾出局。

(2) 装订

投标文件的装订要求,仅适用于传统招标投标方式,投标人要按照招标文件要求对投标文件进行装订,特别注意招标人对投标文件是否有分册装订的要求。如果有则按招标文件的要求进行分册装订。

(3) 密封

投标文件的密封及标识内容应按照招标文件的要求注明招标人名称、招标项目名称、投标人名称及投标截止时间等,不得遗漏任何要求填写的内容,也不能附加未要求填写的内容。

12. 提交投标文件及提交投标保证金

(1) 提交投标文件

提交投标文件法律规定:

《招标投标法实施条例》第三十六条规定:"未通过资格预审的申请人提交的投标文件,以及逾期送达或者不按照招标文件要求密封的投标文件,招标人应当拒收。招标人应当如实记载投标文件的送达时间和密封情况,并存档备查。"

《房屋建筑和市政基础设施工程施工招标投标管理办法》(建设部令第89号)第二十七条规定:"投标人应当在招标文件要求提交投标文件的截止时间前,将投标文件密封送达投标地点。招标人收到投标文件后,应当向投标人出具标明签收人和签收时间的凭证,并妥善保存投标文件。在开标前,任何单位和个人均不得开启投标文件。在招标文件要求提交投标文件的截止时间后送达的投标文件，为无效的投标文件，招标人应当拒收。提交投标文件的投标人少于3个的，招标人应当依法重新招标。"

《房屋建筑和市政基础设施工程施工招标投标管理办法》（建设部令第89号）第二十九条规定："投标人在招标文件要求提交投标文件的截止时间前，可以补充、修改或者撤回已提交的投标文件。补充、修改的内容为投标文件的组成部分。在招标文件要求提交投标文件的截止时间后送达的补充或者修改的内容无效。"

提交投标文件必须按招标文件规定的时间、方式、地点提交。电子招标投标形式投标文件的提交是上传于交易平台并且要加密。

（2）投标保证金

1）投标保证金

提交投标文件时，投标人应当按照招标文件要求的投标保证金的额度、来源、形式、时间将投标保证金提交给招标人。投标人不按招标文件要求提交投标保证金的，投标文件将被拒绝，作废标处理。保证金提交时间可以早于投标文件规定的时间。

2）投标文件撤回保证金的处理

投标人可以在递交投标文件以后，在规定的投标截止时间之前，采用书面形式向招标人递交补充、修改或撤回其投标文件的通知。招标人已收取投标保证金的，自收到投标人书面撤回通知书之日起5日内退还。

在投标截止时间与招标文件中规定的投标有效期终止日之间的这段时间内投标人不能撤回投标文件，否则其投标保证金将不予退还。

3）投标保证金被没收

出现下列情形之一的，投标保证金被没收：

①投标人在投标函格式规定的投标有效期内撤回其投标；

②中标人在规定的时间内未能与招标人签订合同；

③根据招标文件规定，中标人未提交履约保证金；

④投标人采用不正当手段骗取中标。

13. 参加开标会议

投标人应按招标文件规定的时间和地点参加开标会议。投标人的法定代表人或其授权代理人必须参加。如果是法定代表人参加，须持有法定代表人身份证明书和本人身份证；如果是法定代表人的委托代理人参加，须持有法定代表人授权委托书和本人身份证（电子开标投标人网上远程参加开标，详见本章相关内容）。

14. 接受中标通知书、签订合同、提供履约担保

（1）接受中标通知书

经过评标，如果投标人被确定为中标人，应接受招标人发出的中标通知书。放弃中标的承担法律责任。

（2）签订合同

投标人收到中标通知书后，应在招标人规定的时间（自中标通知书发出之日起 30 日内）和地点依据招标文件、投标文件和中标通知书与招标人签订工程承包合同。

（3）提供履约担保

投标人应按招标文件规定的额度提交履约保证金或提供履约担保。投标人提交履约保证金的，投标保证金可作为履约保证金的一部分；投标人提供履约担保的，招标人退还中标人的投标保证金。

任务 3.2　资格预审申请文件编制

资格预审申请文件是拟投标人向招标人提交的证明其具备完成招标项目的资质与能力的文件，是招标人对投标人进行投标资格预审的重要依据。

3.2.1　资格预审申请文件的内容

根据国家发展和改革委员会、财政部、建设部等九部委第 56 号令《标准施工招标资格预审文件》（2007 年，自 2008 年 5 月 1 日起实施）、住房和城乡建设部颁布的《房屋建筑和市政工程标准施工招标资格预审文件》（建市〔2010〕88 号文）规定，投标资格预审申请文件包括以下内容：

（1）资格预审申请函；
（2）法定代表人身份证明和授权委托书；
（3）联合体协议书；
（4）申请人基本情况表；
（5）近年财务状况表；
（6）近年完成的类似项目情况表；
（7）正在施工的和新承接的项目情况表；
（8）近年发生的诉讼和仲裁情况；
（9）其他材料。即：
1）其他企业信誉情况表（年份同诉讼及仲裁情况年份要求）；
2）拟投入主要施工机械设备情况表；
3）投入项目管理人员情况表；
4）其他。

招标人可根据招标项目的特点对资格预审申请文件另作要求。

3.2.2 资格预审申请文件编制依据

资格预审申请文件编写的主要依据有如下几方面：
（1）招标项目《资格预审文件》给定的《资格预审申请文件》格式及要求；
（2）申请人（拟投标人）资质条件、业绩、财务状况、技术装备、自身的实力情况；
（3）拟派往招标项目的项目经理组、织机构情况。

3.2.3 资格预审申请文件形式

资格预审申请文件的形式有两种，一种是纸质文件形式，另一种是电子文件形式。传统工程项目施工招标通常要求拟投标人递交纸质资格预审申请文件，而电子形式文件，适用于电子招标，资格预审申请文件可以直接上传至平台。

3.2.4 资格预审申请文件编写要求

（1）资格预审申请文件应按规定格式进行编写。如有必要，可以增加内容，并作为资格预审申请文件的组成部分；
（2）《法定代表人授权委托书》必须由法定代表人签署、申请人加盖公章。
（3）《申请人基本情况表》应附申请人营业执照副本及其年检合格的证明材料、资质证书副本、安全生产许可证等材料的复印件；通过ISO9001国际质量体系认证、ISO45001职业健康安全管理认证、ISO14000环境管理体系认证的，要附上认证证书的复印件。

ISO 认证

财务状况表

资格预审申请文件

（4）《近年财务状况表》应附经会计师事务所或审计机构审计的财务会计报表，包括资产负债表、现金流量表、利润表和财务情况说明书的复印件。具体年份要求见申请人须知前附表。
（5）《近年完成的类似项目情况表》应附中标通知书、合同协议书和工程竣工验收证书的复印件，具体年份要求见申请人须知前附表，每张表格只填写一个项目，并标明序号。
类似项目是指与招标项目在结构形式、使用功能及建设规模等方面相同或相近的项目；对类似项目的定义和具体要求，由招标人载明。

（6）《正在施工和新承接的项目情况表》应附中标通知书和（或）合同协议书复印件。每张表格只填写一个项目，并标明序号。

正在施工和新承接的项目主要是考量申请人适应市场快速发展的综合实力，也是判断申请人现有资源的利用情况。

（7）《拟投入的主要施工机械表》应根据招标工程常规施工方案进行填写，设备名称、型号、规格、数量、完好程度必须满足招标项目施工质量和进度要求。

（8）"拟投入的项目组织机构"机构要健全、机构成员要"证企相符"，并附人员执业资格证书的复印件。

（9）"近年发生的诉讼及仲裁情况"应说明相关情况，并附法院或仲裁机构作出的判决、裁决等有关法律文书复印件，具体年份要求见申请人须知前附表。

（10）招标人如果接受联合体投标，资格预审申请文件应包括联合体各方的相关内容。

（11）申请文件中的有关数据、经验业绩或在建工程名称要准确，随附证明文件要齐全，有关证明类文件要具有真实性、有效性和时效性。

3.2.5　资格预审申请文件编制方法

资格预审申请文件按招标项目资格预审文件提供的格式、内容编制，如图3-3~图3-6所示。

3.2.6　资格预审申请文件的签署、审核、包封与递交

1. 资格预审申请文件的签署

资格预审申请文件需按资格预审文件的要求签署、加盖申请人公章，由代理人签字的，必须有法定代表人授权委托书，否则视为无效。

2. 资格预审申请文件的审核

对资格预审申请文件的审核主要包括：

（1）满足资格预审文件的强制性的标准。例如：企业资质、经验、经营情况、项目经理资质等。

（2）证明类的文件必须是真实、有效的并具有时效性。

（3）文件的格式必须与资格审查申请文件相一致，不得删除或更改。

（4）文件签署必须符合要求。

3. 包封与递交

申请人须按资格预审文件包封和递交的要求进行包封、标识，并按规定的时间、地点递交资格预审申请文件。

电子招标的资格预审文件审核签署后上传至平台。

一、资格预审申请函

×××××住房管理中心（招标人名称）：

1. 按照资格预审文件的要求，我方（申请人）递交的资格预审申请文件及有关资料，用于你方（招标人）预审我方参加××住宅工程项目施工（项目名称）四标段施工招标的投标资格。

2. 我方的资格预审申请文件包含第二章"申请人须知"第3.1.1项规定的全部内容。

3. 我方接受你方的授权代表进行调查，以审核我方提交的文件和资料，并通过我方的客户，澄清资格预审申请文件中有关财务和技术方面的情况。

4. 你方授权代表可通过蒋××，联系电话0451-888999××（联系人及联系方式）得到进一步的资料。

5. 我方在此声明，所递交的资格预审申请文件及有关资料内容完整、真实和准确，且不存在第二章"申请人须知"第1.4.3项规定的任何一种情形。

申请人：××建设工程公司（盖单位章）
法定代表人或其委托代理人：程××（签字）
电　　话：0451-5345×××
传　　真：0451-5345×××
申请人地址：哈尔滨呼兰区××路×××号
邮政编码：150027

2024年1月5日

—1—

图3-3　资格预审申请函
注：法定代表人签字需要手写或电子章。

二、法定代表人身份证明

申 请 人：××建设工程公司
单位性质：民营
地　　址：哈尔滨呼兰区××路×××号
成立时间：2005年3月1日
经营期限：20年
姓　　名：钟×　　性　　别：男
年　　龄：35　　职　　务：总经理
系　　××建设工程公司　（申请人名称）的法定代表人。
特此证明。

申请人：××建设工程公司（盖单位章）
2024年1月5日

—2—

图3-4　法定代表人身份证明
注：《法定代表人身份证明》必须加盖投标人公章。

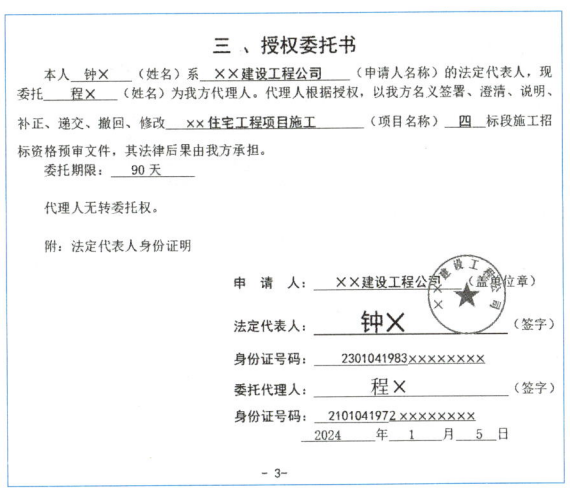

图 3-5　授权委托书

注：《授权委托书》法定代表人必须签字或加盖电子章，必须加盖投标人公章方有效，否则废标。

图 3-6　申请人基本情况表

注：《申请人基本情况表》应附申请人营业执照副本及其年检合格的证明材料、资质证书副本和安全生产许可证等材料的复印件，认证文件影印件略。

任务 3.3　投标文件编制

投标文件是投标人对招标文件提出的实质性要求和条件作出响应的书面文件。

投标文件是招标人对投标人评审的依据，是投标人中标后与招标人签订合同的依据，投标文件是合同文件的组成部分。

3.3.1 投标文件的内容

《中华人民共和国标准施工招标文件》(2007年版)(国家发展和改革委员会、财政部、建设部等九部委56号令发布)、住房和城乡建设部颁布的《行业标准施工招标文件》(〔2010〕88号)规定投标文件应包含下列内容：

（1）投标函及投标函附录

（2）法定代表人身份证明及授权委托书

（3）联合体协议书

（4）投标保证金

（5）已标价工程量清单

（6）施工组织设计

附表一：拟投入本标段的主要施工设备表；

附表二：拟配备本标段的试验和检测仪器设备表；

附表三：劳动力计划表；

附表四：计划开、竣工日期和施工进度网络图；

附表五：施工总平面图；

附表六：临时用地表。

（7）项目管理机构

1) 项目管理机构组成表；

2) 主要人员简历表。

（8）拟分包项目情况表

（9）资格审查资料

1) 投标人基本情况表；

2) 近年财务状况表；

3) 近年完成的类似项目情况表；

4) 正在施工的和新承接的项目情况表；

5) 近年发生的诉讼及仲裁情况。

（10）其他材料

《中华人民共和国简明标准施工招标文件》(2012年版)适用于工期不超过12个月、技术相对简单且设计和施工不是由同一承包人承担的小型项目施工招标，投标文件包括下列内容：

1) 投标函及投标函附录；

2) 法定代表人身份证明；

3) 法定代表人授权委托书；

4)投标保证金;

5)已标价工程量清单;

6)施工组织设计;

7)项目管理机构;

8)资格审查资料。

3.3.2 投标文件编制依据

投标文件编制依据包括(但不限于此):

(1)工程项目施工招标文件、招标文件随附的招标工程施工图纸、工程量清单以及招标人下发的答疑文件或招标文件的澄清文件;

(2)投标人的资格条件及相关信息;

(3)工程项目招标文件规定遵循的国家或项目所在地区的工程质量标准、规范;

(4)工程项目招标文件确定的招标范围、计价依据、招标项目所在地点的市场供给和物价水平,以及本企业的资源供给和拟采用的施工方案。

3.3.3 投标文件形式

投标文件的形式有两种,一种是工程项目招标要求递交纸质形式的投标文件;另一种是电子招标要求上传至平台的电子形式的投标文件。

3.3.4 投标文件编写要求

(1)投标文件应按招标文件提供的投标文件格式进行编写,如有必要,表格可以按同样格式扩展或增加附页。不得改变招标文件给定的投标文件的格式,如原有格式不能完全表达投标人的意图,可另附补充说明。

(2)在满足招标文件实质性要求的基础上,投标文件可以提出比招标文件要求更有利于招标人的承诺。

(3)投标文件应对招标文件的有关招标范围、工期、投标有效期、质量要求、技术标准等实质性内容作出响应。

(4)投标文件中的每一空白都必须填写,如有空缺,则被视为放弃意见。实质性的项目或数字(如工期、质量等级、价格等)未填写的,将被作为无效或废标处理。

(5)计算数字要准确无误。无论单价、合价、分部合价、总标价及大写数字均应仔细核对。

(6)投标保证金、履约保证金的方式,可按招标文件的有关条款规定选择。

(7)投标文件应尽量避免涂改、行间插字或删除。若出现上述情况,改动之处应加盖单位章或由投标人的法定代表人或授权的代理人签字确认。

（8）投标文件应用不褪色的材料书写或打印，必须由投标人的法定代表人或其委托代理人签字或盖单位章。委托代理人签字的，投标文件应附法定代表人签署的授权委托书。

（9）投标文件应字迹清楚、整洁、纸张统一、装帧美观大方。

（10）投标文件的正本为一份，副本份数按招标文件前附表规定执行。正本和副本的封面上应清楚地标记"正本"或"副本"的字样。当副本与正本不一致时，以正本为准。

（11）投标文件的正本与副本应分别装订成册，并编制目录，具体装订要求按招标文件前附表规定执行。

（12）投标文件出现以下情形，属于重大偏差，作为废标处理：

1）没有按照招标文件要求提供投标担保或者所提供的投标担保存在瑕疵；

2）投标文件没有投标人授权代表签字和加盖公章；

3）投标文件载明的招标项目完成期限超过招标文件规定的期限；

4）明显不符合技术规格、技术标准的要求；

5）投标文件载明的货物包装方式、检验标准和方法等不符合招标文件的要求；

6）投标文件附有招标人不能接受的条件；

7）不符合招标文件中规定的其他实质性要求。

（13）电子投标按招标文件要求编写，只需一份，加密上传即可。

3.3.5 投标文件编写步骤

建设工程项目施工投标文件的编制具体步骤如图3-7所示。

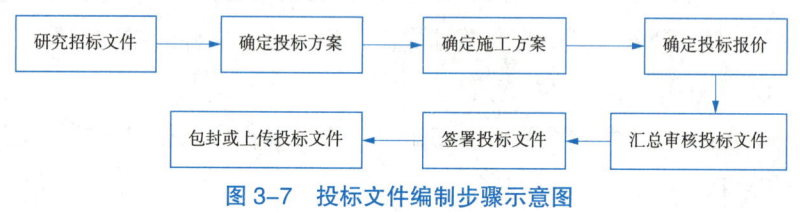

图3-7 投标文件编制步骤示意图

（1）研究招标文件（包括随附文件），详见教材"任务2.1 建设工程项目招标认知"。

（2）确定投标方案，是指确定报价策略及工程技术方案等策略。

（3）确定施工方案，是指在实质性的响应招标文件要求的前提下，经投标工作机构决策后的技术方案，如是否采用企业自有技术，是否采用新材料、新工艺、新技术，是否向招标人提出合理化建议等。

（4）确定投标报价，是指根据招标范围、图纸、工程量清单（如有）、计价规范、评标标准和办法、市场材料价格、有否外协加工、工程施工方案以及报价策略最终确定投标报价。但不能高于招标项目给定招标控制价以及不能改变材料、设备的暂估价。

（5）汇总审核投标文件，是指投标文件各个组成部分编写完毕后，对文件进行组合以及对文件进行全面的审核。

（6）签署投标文件，是指投标文件审核无误后，对文件进行的签字、盖章。

（7）包封或上传投标文件，是指投标文件签署完成后并按招标文件要求进行装订、包封和标识；如果是电子招标，则根据招标文件要求的时间上传投标文件。

3.3.6 投标文件编制方法

如果建设工程项目招标采用的是资格预审，招标文件通常要求投标文件由三个部分组成，即投标函部分、商务部分（投标报价部分）和技术部分；如果采用资格后审，除上述的三个部分外，还包括资格审查部分。

1. 投标文件投标函部分编制

投标函指投标人按照招标文件的条件和要求，向招标人提交的关于投标人有关报价、质量或承诺等说明的函件。通常情况下，投标函是投标文件"投标函部分"的一个文件。工程项目施工招标文件一般要求投标函部分文件包括：

（1）法定代表人身份证明；

（2）授权委托书；

（3）投标函；

（4）投标函附录；

（5）投标文件对招标文件的商务和技术偏离；

（6）招标文件要求投标人提交的其他投标资料（有的招标文件将投标保证金提交情况作为投标函部分的文件）。

上述文件的编制按招标文件给定的格式，填写下划线上面的内容，按要求进行签字、盖章，如图 3-8 所示。

投标函部分

图 3-8　投标文件投标函部分节选

2. 投标文件商务部分编制

投标文件中商务部分（亦称经济标或投标报价）是招标工程项目的报价文件，它是投标人计算和确定承包招标工程的投标总价格。

（1）投标报价方式

投标报价的编制方法一般有定额计价和工程量清单计价两种，但国有投资项目必须采用清单计价。采用工程量清单计价的投标报价文件包括：

投标总价

表1　总说明

表2　工程项目投标报价汇总表

表3　单项工程投标报价汇总表

表4　单位工程投标报价汇总表

表5　分部分项工程量清单与计价表

表6　工程量清单综合单价分析表

表7　措施项目清单与计价表（一）

表8　措施项目清单与计价表（二）

表9　其他项目清单与计价汇总表

表9-1　暂列金额明细表

表9-2　材料暂估单价表

表9-3　专业工程暂估价表

表9-4　计日工表

（2）投标报价依据

无论采用定额计价还是清单计价，投标报价的依据主要有：

1）招标文件（包括答疑文件）规定的报价范围、计价依据、评标标准和办法；

2）工程的性质、规模、结构特点、技术要求、施工的难易程度以及施工与验收规范；

3）施工现场实际情况、工程所在地市场人、材、机的价格水平；

4）竞争对手情况等。

（3）报价原则

确定经济合理的报价，并且达到总价合理、分部分项报价合理、项目（定额项目、清单项目）单价合理。

（4）投标报价的编制方法

投标报价的编制方法与步骤同本教材"招标控制价的编制方法"，但主材价格、各项费率取值以及对项目特征描述模糊的清单项目的综合单价分析等关键问题要根据投标策略确定。投标报价相关表格节选如图3-9所示。

投标总价

招 标 人：_____ ××××× 住房管理中心 _____

工程名称：_____ ××住宅工程项目施工 _____

投标总价（小写）：_____ 5874321 6.90 元 _____

（大写）_____ 伍仟捌佰柒拾肆万叁任贰佰壹拾陆元玖角零分 _____

投 标 人：_____ ××建设工程公司★ _____ （单位盖章）

法定代表人或其委托代理人：_____ 程× _____ （签字或盖章）

编 制 人：_____ 邱× _____ （造价人员签字盖专用章）

编制时间：2024 年 2 月 24 日

注：签字处手写或加盖电子章，盖造价师章，否则废标。

（a）

表3 单项工程投标报价汇总表

工程名称：××住宅 工程项目施工　　　　　　　第　页共　页

序号	单位工程名称	金额（元）	其中		
			暂估价（元）	安全文明施工费（元）	规费（元）
1	××住宅工程项目施工西标段	58743216.90	—	2483560.48	300501.09
	合　计	58743216.90		2483560.48	300501.09

（b）

表6 工程量清单综合单价分析表

工程名称：××住宅工程项目施工　　标段：四　　第　页共　页

| 项目编码 | 010101001 | 项目名称 | 平整场地 | 计量单位 | m² |

序号	定额编号	定额名称	定额单位	数量	清单综合单价组成明细							
					单价				合价			
					人工费	材料费	机械费	管理费和利润	人工费	材料费	机械费	管理费和利润
XX	XX	平整场地	100 m²	16.2538	5.42			201	8809.56			32670.01
1	010101001001		m²	1625.38	5.42	—		201	8809.56			32670.01
人工单价				小　计								
元/工日				未计价材料费				0				
				清单项目综合单价				7.43				

（c）

图 3-9　投标报价表节选

（5）投标报价编制要求

1）报价文件中对"项"与"量"的要求。报价前要依据招标文件的图纸及工程量清单、工程量清单计价规范核对工程量清单，确认"项"与"量"是否有偏差。投标人不能自行添加清单项目或调整工程量，否则可能作为不实质响应招标文件而废标。

2）报价文件中对"暂估价"的要求。投标报价时，如果招标文件明确了某种或某些材料或设备"暂估价"的，涉及该项综合单价组时，材料或设备的价格必须执行"暂估价"，有"专业工程暂估价"必须按照招标工程量清单中列出的金额填写，否则可视同高于招标控制价或低于成本而导致废标。

3）报价文件对综合单价组价的要求。综合单价组价时，管理费、利润费率以及风险因素按投标人报价策略确定；材料价格的确定还要依据招标文件关于合同价调整因素的相关要求来确定。

4）措施项目。措施项目中的安全文明施工费应按照国家或省级行业主管部门的规定计算确定，不得作为竞争性费用。

5）其他项目费。暂列金额应按照招标工程量清单中列出的金额或计算方法计算后填写，不得变动。

计日工应按照招标工程量清单列出的项目和估算的数量，自主确定各项综合单价并计算费用。

总承包服务费应根据招标工程量列出的专业工程暂估价内容和供应材料、设备情况，按照招标人提出的协调、配合与服务要求和施工现场管理需要自主确定。

6）规费和税金。规费和税金是不可竞争费用，必须按国家或省级行业建设主管部门规定的标准计算，不得作为竞争性费用。

7）投标总价。投标人的投标总价应当与组成招标工程量清单的分部分项工程费、措施项目费、其他项目费和规费、税金的合计金额相一致，即投标人在投标报价时，不能进行投标总价优惠（或降价让利）。

3. 投标文件技术部分编制

（1）投标文件技术部分主要内容

通常招标文件要求投标文件技术部分包括两部分内容，即施工组织设计、项目组织机构。

1）施工组织设计是对招标项目工程施工活动实施科学管理的重要依据。施工组织设计要对工程在人力、物力、时间和空间以及技术组织等方面作出统筹安排，施工组织设计包括工程概况、目标部署、编制依据、分部分项工程施工方案、技术组织保证措施、各类资源计划、进度计划、应急预案、施工现场布置等。

2）项目组织机构部分主要包括项目经理简历表和项目组织机构成员表以及项目组织机构承诺书。

（2）投标文件技术部分编制依据

投标文件技术部分要体现科学合理的工程项目施工的实施方案与组织机构，编制主要依据有：

1）现行的有关质量、安全、环保等有关政策与法律法规；

2）现行的技术标准规范规定、强制性条文等；

3）招标文件，包括招标范围、招标图纸、技术要求、工期、质量标准、评标标准和办法；

4）投标人 ISO 质量管理体系手册；

5）投标人以往类似工程的施工方案以及项目管理经验；

6）国内外新材料、新技术、新工艺的推广经验；

7）投标人现有的资源，包括拟派往项目部的项目经理、主要专业技术人员和管理人员；拟投入的主要施工机械和相关装备等。

（3）投标文件技术部分编制方法

1）施工组织设计编制方法

①项目概况编制

依据招标文件和施工图纸，主要应描述项目的地理位置、周边环境、占地面积、建筑面积、专业工程、结构特点、高度及主要技术要求。施工组织设计项目概况案例节选如图 3-10 所示。

一、工程概况

本工程位于哈尔滨市××区，本标段工程内容包括土建、给水排水、消防、电气、消防自动报警系统等招标文件及工程量清单包括的所有内容，本标段为高层框剪结构，层数：三十二层，总高度 103.800m，标准层高 2.8m，建筑面积约 36540.24m^2，基础为桩基础，工程名称：××住宅工程项目施工。

建设单位：×××××住房管理中心

设计单位：××××建筑规划设计研究院

建筑面积：35096.24m^2

建筑层数：32 层（地下 ·层）

建筑层高：地下层为 4.5m，1 层为 4.5m，2 层为 5.4m，3~31 层为 2.8m，32 层为 4.5m

建筑总高：103.800m

工程地址：哈尔滨市××区

结构类型：全现浇框架结构

建筑功能：地下一层为设备用房及车库（3402m^2），1 层为商业门面及车库（3413m^2）……3~31 层为住宅（26072m^2）。

图 3-10　施工组织设计项目概况案例节选

---

②目标部署编制

目标部署通常描述项目的各项管理目标，如质量、安全、工期、成本、环保、文明施工等方面。施工组织设计目标部署节选如图 3-11 所示。

③编制依据

施工组织设计编制要依据招标文件对招标工程项目提出的要求，例如应执行的国家、行业、地方有关法律法规以及强制性的技术质量标准，某案例工程施工组织设计编制依据节选如图 3-12 所示。

④分部分项工程施工方案编制

分部分项工程方案通常需描述分部分项工程施工内容、施工流程（绘制流程图）、施工方法和质量验收标准，如图 3-13 所示。

第一部分　施工组织设计

二、目标部署

（一）工期目标

根据招标人要求及我公司综合实力确保在 370 日历天完成招标范围内的工程内容并一次性通过验收。比招标人要求工期提前 30 天全部施工完毕并交付使用。

（二）质量目标

我们将精心组织施工，确保工程质量按国家验收标准《建筑工程施工质量验收统一标准》GB 50300—2013 一次验收合格，并达到建筑优良工程标准，工程主体结构创省优质结构工程，工程争创"龙江杯"奖。

（三）安全目标

安全文明施工是工程项目管理的重要工作。我们将根据国家、省、市有关安全、文明施工标准要求，层层落实责任，分片包干，加强进场人员的三级安全思想教育，提高施工人员的安全意识，落实安全技术措施，达到"市安全文明施工工地标准"；在施工全过程中，杜绝死亡及重伤事故，月轻伤频率控制在 1.5‰ 以下，无重大安全事故。

（四）文明施工目标

严格按照哈尔滨市文明施工的各项规定执行，执行本公司《质量管理手册》关于文明施工相关规定；施工现场做到"亮化、美化、绿化、道路硬化"。

（五）环境保护目标

本工程按国家有关规定，做好环境保护工作……严禁在施工现场焚烧油毡、橡胶、塑料、皮革、树叶、枯草等会产生有毒有害可燃物，不排放有害烟尘和恶臭气体的物质。设专人负责对驶出施工现场的车辆车轮进行清洗并检查装载物（土石、垃圾等）是否有防尘措施，还负责施工现场出入口的清洁卫生，以免污染环境……

图 3-11　施工组织设计目标部署节选

三、编制依据

1. ××住宅工程项目施工（备案编号：SG××××）招标文件、答疑会议纪要。
2. ××××建筑规划设计研究院设计的建筑、结构、安装施工设计图纸。
3. 国家、行业及地方有关政策、法律、法令、法规。
4. 国家强制性技术质量标准、施工验收规范、规程。

工程质量验收标准：

《建筑工程施工质量验收统一标准》GB 50300—2013
《建筑地基基础工程施工质量验收标准》GB 50202—2018
《砌体结构工程施工质量验收规范》GB 50203—2011
《混凝土结构工程施工质量验收规范》GB 50204—2015
《屋面工程质量验收规范》GB 50207—2012
……

图 3-12　施工组织设计编制依据节选

⑤技术组织保证措施编制

技术保证措施通常描述保证质量、安全、工期、成本、环保、文明施工等主要措施，描述季节性的施工措施以及成品、半成品的保护措施等；保证措施要具有科学性、合理性、针对性和可操作性。例如保证进度措施，如图 3-14 所示。

⑥确保绿色低碳措施编制

在投标文件中要特别提出具体的绿色低碳实施策略，包括节能措施、减排方案、资源循环利用等。确保每个措施与项目目标相一致，并能够实现显著的环保效益。

⑦各类资源计划编制

各类资源计划包括主要劳动力计划、拟投入的主要施工机械（含实验装备、仪器、

（二）建筑工程施工方案
1. 基础施工方案
（1）基础施工阶段平面排水
……排水系统每天派 1 人进行维护清理，以保证排水畅通，防止地表水流入基础内影响其作业。
（2）人工挖孔桩基础施工
1）机具设备准备及材料要求：
机具要求：提升机具、挖孔工具包括水平运输工具、混凝土浇筑机具以及其他机具（钢筋加工机具、焊接工机具）。
材料要求：水泥、砂子、碎石、钢材等。
2）工艺原理
人工挖孔桩基础分为两个部分，即①护壁；②桩芯……护壁可根据实际情况酌情，桩芯为 C25 钢筋混凝土。
3）工艺流程

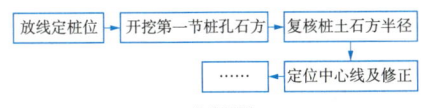

工艺流程图

4）挖孔施工方法
a. 定出桩的位置……截面允许误差 3cm，垂直偏差 ≤ 0.5%，一次开挖深度不超过 1.2m，遇石用锤钎破碎；
b. 土石方孔内运输；
……
5）护壁施工方法
a. 护壁钢筋安装：待桩孔开挖修正后，立即进行人工绑扎护壁钢筋，所绑扎的钢筋应符合设计及施工验收规范要求；
b. 护壁模板……；
c. 护壁混凝土施工……。
6）钢筋笼制作及安装
7）桩芯混凝土施工
采用商品混凝土浇灌，混凝土坍落度按配合比要求。
……
8）保证安全措施

图 3-13　分部分项工程主要施工方法

2. 工期保证措施
①总计划控制，周计划、月计划分步实施
根据总工期目标，开工前编制总的进度控制计划，按总进度计划部署配备足够的人力、物力、财力等，确保总计划的实现；及时编制月度和一周的施工计划，与各班组工种签订工期、质量的实施合同。
②围绕网络计划，确定关键控制点
对关键控制点进行重点监控，当关键工作出现滞后时，要及时调整计划，采取有效措施，确保关键工作不滞后。对于非关键线路工作的滞后，要查找原因，分析结果，采取补救措施。
③以技术方案为先导，以预控为手段
确保每一分项一次性保质完成，最大限度地压缩各工序的施工周期，合理分段，流水施工，保证在劳动力资源的合理安排下达到最佳工期。
基础施工时配备足够的人力、物力和财力，实行二班制，打硬仗、搞突击，确保早日完成基础施工，形成场地工作面，为主体施工创造良好的环境。
主体施工阶段各层次确保按计划完成，为此计划配备不少于三层的钢管、模板、脚手架。要确保各种材料、设备按时到位，确保材料供应不拖后腿。
及早插入砌筑（上部至二层即可安排砌筑班组进场）、装饰队伍，加快装饰施工进度。
④加强对机械设备（特别是大型机械设备）的日常维修
通过保养确保机械设备始终处于完好状态，提高机械设备的利用率。
⑤全力以赴，加强内部各横向配合
加强事前图纸及各专业计划会审会签管理，实现交接检的有效控制，最大限度地减少因互相不沟通造成的对工期的延误和影响。
⑥细致准备、顺利度过农忙劳动力紧张期
……

图 3-14　某工程保证施工措施节选

仪表）计划、主要材料（工程设备）计划、临时用电计划，有时还需要临时用地计划等，如图 3-15 所示。

拟投入的主要施工机械设备表

序号	机具名称	规格型号	单位	数量	用途及说明
1	塔机	QTZ40	台	1	用于垂直、水平运输
2	塔机	QTZ63	台	1	用于垂直、水平运输
3	混凝土输送泵	HBT—60C	台	1	输送商品混凝土
4	混凝土布料器	BLJ20	台	2	混凝土施工布料
5	混凝土浆搅拌机	HI325	台	2	拌制砂浆
6	电渣压力焊机		套	2	竖向钢筋连接
7	闪光对焊机	UN100	台	1	钢筋焊接
8	交流电焊机	30kVA	台	4	钢筋、铁件等焊接
9	圆盘锯	φ400 以内	台	2	木作加工
10	电动弯头压筋机		后	1	钢筋加工
11	卷扬机	7.5kW	台	2	钢筋调直
12	钢筋切断机	φ40	台	1	钢筋加工
13	平板振动器	1.5kW	台	2	振捣混凝土
n	……				

图 3-15 投入的主要施工机械（节选土建工程）

⑧进度计划编制

进度计划一般通过网络图或横道图的形式展示整体工程施工进度情况（图 3-16）。

编制投标文件进度计划的目的是确保按招标人要求的工期完成工程的竣工交验，投标人通常力争提前竣工以增加在投标竞争上的优势。工程项目施工进度计划以施工方案为基础，根据规定的工期和技术物资的供应条件，遵循各施工过程合理的工艺顺序，统筹安排各项施工活动等进行编制。它的任务是为各分部分项工程明确施工日期（即时间计划），并以此为依据确定施工作业所必需的劳动力和各种技术物资的供应计划。

⑨应急预案编制

工程项目施工周期长，任何影响工程的因素都可能会导致不能按合同的工期约定完成工程任务，甚至暂停施工或缓建、停建。在施工组织设计中要有应对突发事件的应急预案，如应对不可抗力、暴发的疫情或国家、地方的指令等。

⑩现场布置设计

根据工程的地形、地质条件、现场条件以及安全规范进行工程施工场地的总平面布

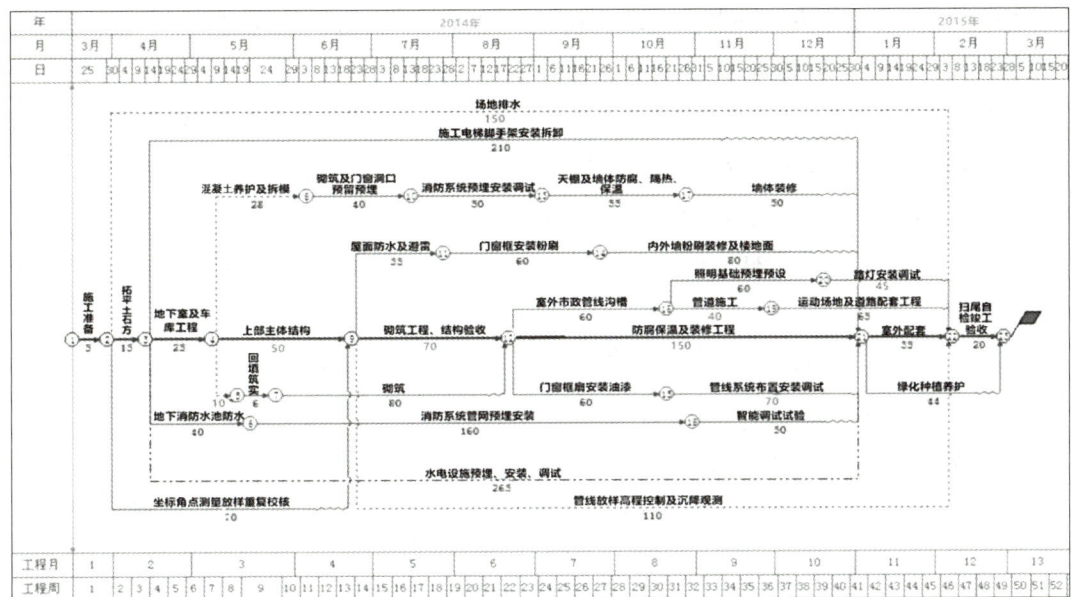

图 3-16 施工进度计划

置,尽量少占地,对施工区及周围环境进行有效的保护,临建设施布置原则上力求全面、合规、合理、紧凑、节约、实用,方便管理,确保施工期间各项工程能合理有序,安全高效地施工。编制投标文件时要按招标文件的要求绘制"施工现场平面布置图"或展示"三维场布",如图 3-17 所示。

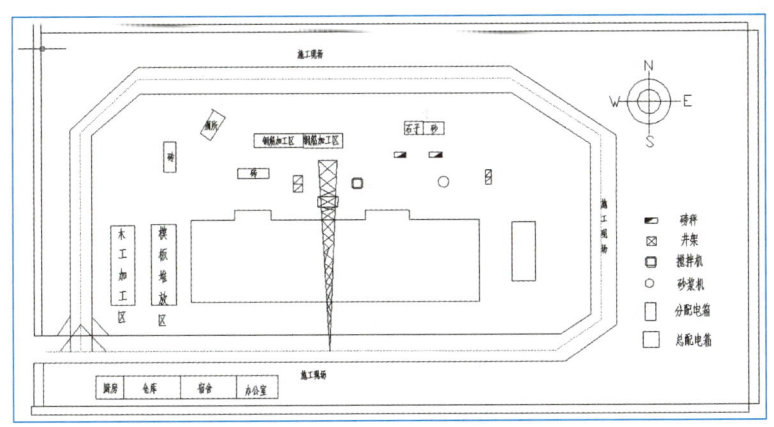

图 3-17 施工现场平面布置图

2)项目组织机构部分的编制

项目组织机构(即项目部)是代表法人全面履行合同的临时组织,该组织对工程施工的质量、安全、进度、文明施工负责,对业主和法人负责;项目经理是工程质量的第一责任人,对工程质量负终身责任。招标文件明确了对项目经理的资格条件、项目组织机构职能部门或职能人员配备的要求，投标人拟派的项目组织机构的规模、机构模式、人员资历、岗位、有效的安全生产考核合格证书等必须满足招标文件的要求，并说明项目组织运行管理制度、岗位责任制度以及管理工作流程等。项目组织机构图、项目经理简历表和项目管理机构配备承诺，如图3-18~图3-20所示。

项目组织机构图按招标文件要求的规模绘制。

项目经理简历表要根据招标文件要求的项目经理的资格，以及拟派的项目经理信息据实填写。

项目组织成员一览表按招标文件给定的"项目组织机构配备承诺表"填写岗位、人数、执业资格等信息。

（4）投标文件技术部分编写要求

1）具有全面性。文件内容要全面覆盖招标工程项目施工的各个方面，确保无遗漏。

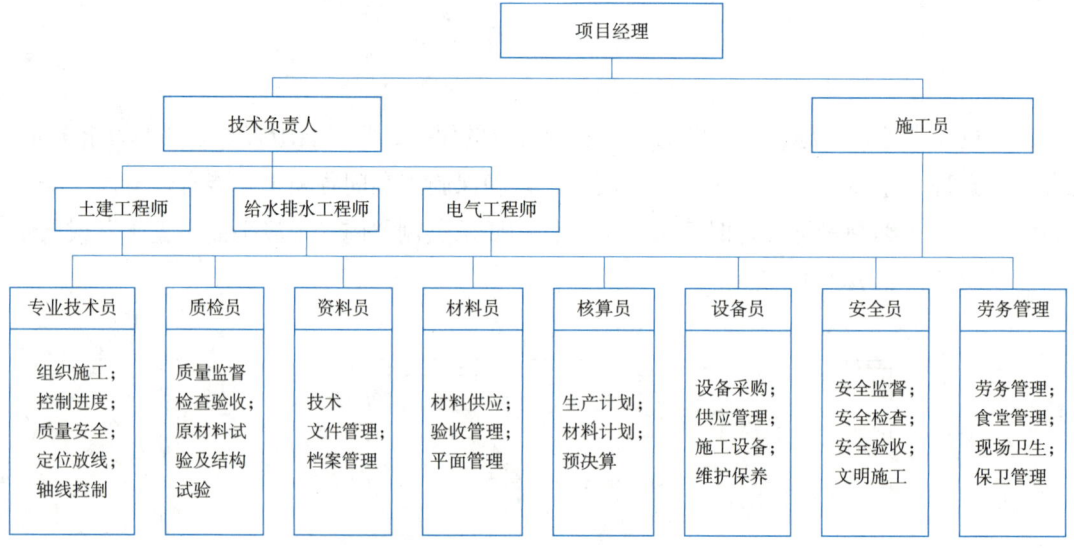

图3-18 项目组织机构示意图

建造师简历表

姓名		性别		年龄	
职务		职称		学历	
参加工作时间		担任项目经理及建造师年限			
建造师注册证书编号					
在建和已完工程项目情况					
建设单位	项目名称	建设规模	开、竣工日期	在建或已完	工程质量

图3-19 项目经理（建造师）简历表

项目管理机构配备承诺

我公司承诺按下表配备项目管理机构人员,一旦中标将在 5 个工作日内将所有项目管理机构人员的岗位证书、建造师和安全员的安全生产考核合格证送至哈尔滨市建设工程招投标办公室查验及存押,如未按要求进行存押或证件查验不合格,视为我公司自动放弃中标权利。

特此承诺。

岗位	注册专业	最低职称	本岗位最低人数	备注
建造师				
技术负责人				
工长				
安全员				
质检员				
造价员				
……	……	……	……	……

投标人或联合体牵头人:　　　　　　　　(盖章)

法定代表人或其委托代理人:　　　　　　(签字或盖章)

图 3-20　项目管理机构配备承诺

2)具有系统性。各个部分内容要相互关联,条理、逻辑清晰。

3)具有准确性。所有的数据(技术参数)要准确可靠,确保施工组织设计的可行性和可操作性。

4)具有规范性。文件内容要符合相关的规范和标准,文件的格式与招标文件相符。

5)具有可读性。文本要简明易懂,避免使用过多的专业术语和复杂的句式。

任务 3.4　投标文件的审核装订与包封递交

3.4.1　投标文件审核

1. 投标文件审核依据

投标文件是投标人应招标人的实质要求而编制的响应性文件。文件组成、内容、格式以及需提供的证明投标人资质、经验、业绩、财务状况、技术装备和信誉等必须真实有效,投标文件编制完成后要依据招标文件对其进行审核。即:

(1)依据招标文件规定的格式审核投标文件的格式;

(2)依据招标文件图纸、规定的计价方式(包括工程量清单)审核报价文件;

(3)依据招标文件的技术要求、图纸审核投标文件的技术部分;

(4)依据招标文件规定的废标情形审核投标文件以排除废标的情形。

2. 投标文件审核内容

投标文件审核包括投标文件的符合性审核和有效性审核。

（1）投标文件的符合性审核

所谓符合性审核是检查投标文件是否实质上响应招标文件的要求，实质上响应的含义是投标文件应该与招标文件的所有条款、条件规定相符，无显著差异或保留。符合性审核一般包括投标文件的响应性、投标文件的完整性以及投标文件与招标文件的一致性。

1）投标文件的响应性

①投标人以及联合体形式投标的所有成员是否已通过资格预审，获得投标资格。

②投标文件中是否提交了承包人的法人资格证书及投标负责人的授权委托证书；如果是联合体，是否提交了合格的联合体协议书以及投标负责人的授权委托证书。

③投标保函的格式、内容、金额、有效期、开具单位是否符合招标文件要求。

④投标文件是否按规定进行了有效签署等。

2）投标文件的完整性

投标文件中是否包括招标文件规定应递交的全部文件，如标价的工程量清单、报价汇总表、施工进度计划、施工方案、施工人员和施工机械设备的配备等，以及应该提供的必要的支持文件和资料。

3）投标文件与招标文件的一致性

①凡是招标文件中要求投标人填写的空白栏目是否全都填写，是否作出明确的回答，如投标书及其附录是否完全按要求填写。

②对于招标文件的任何条款、数据或说明是否有任何修改、保留和附加条件。

通常符合性鉴定是评标的第一步，如果投标文件实质上不响应招标文件的要求，将被列为废标予以拒绝，且不允许投标人通过修正或撤销其不符合要求的差异，使之成为具有响应性投标。

（2）投标文件的有效性审核

投标文件的有效性主要包括投标文件中所有的文件有效签署、投标文件分册有效包封和投标文件的有效标识。图3-21所示是某工程招标文件中对投标文件有效性的规定。

18.2 投标文件的正本和副本均需打印或使用不褪色的墨水笔书写，字迹应清晰易于辨认，并应在投标文件封面的右上角清楚地注明"正本"或"副本"。正本和副本如有不一致之处，以正本为准。投标报价电子光盘与文本文件正本不一致时，以文本文件为准。

18.3 投标文件封面（或扉页）、投标函均应加盖投标人印章并经法定代表人或其委托代理人签字或盖章。由委托代理人签字或盖章的在投标文件中须同时提交授权委托书。授权委托书格式、签字、盖章及内容均应符合要求，否则授权委托书无效。委托代理人必须是投标企业正式职工，投标文件中必须提供委托代理人在投标企业缴纳社会保险的证明（必须是社保局出具的社会保险的证明），企业自行出具的无效）。

18.4 除投标人对错误处须修改外，全套投标文件应无涂改或行间插字和增删。如有修改，修改处应由投标人加盖投标人的印章或由投标文件签字人签字或盖章。

图 3-21　招标文件对投标文件有效性的规定

3.4.2 投标文件装订包封

如果投标文件要求以纸质形式提交，文件的装订与包封应严格按照招标文件进行。如图3-22是某招标文件对投标文件装订、密封和标记的要求。图3-23是文件包封示意图。

> 19. 投标文件的装订、密封和标记
> 19.1 投标文件的装订要求一律用A4纸装订成册，商务标与投标函共同装订、技术标单独装订。每份投标文件的商务标和投标函可以装订成一册或多册，具体册数由投标人根据投标文件厚度自行决定，但技术标必须装订成一册。
> 19.2 投标文件是否设内层密封袋、如何设内层密封袋及如何密封标记均由投标人自行决定（开标时对内层密封袋不查验）。投标文件的商务标与投标函可以密封在一个或多个外层密封袋中（外层密封袋个数由投标人自行决定），投标文件的技术标必须密封在一个外层密封袋中，各外层投标文件的密封袋上应标明：招标人名称、地址、工程名称、项目编号、标段、商务标或技术标，并注明开标时间前不得开封的字样。外层密封袋的封口处应加盖密封章，外层密封袋上可以有投标单位的名称或标志。
> 19.3 对于投标文件没有按本投标须知第19.1款、第19.2款的规定装订和加写标记及密封，招标人将不承担投标文件提前开封的责任。

图3-22 投标文件装订、密封和标记要求

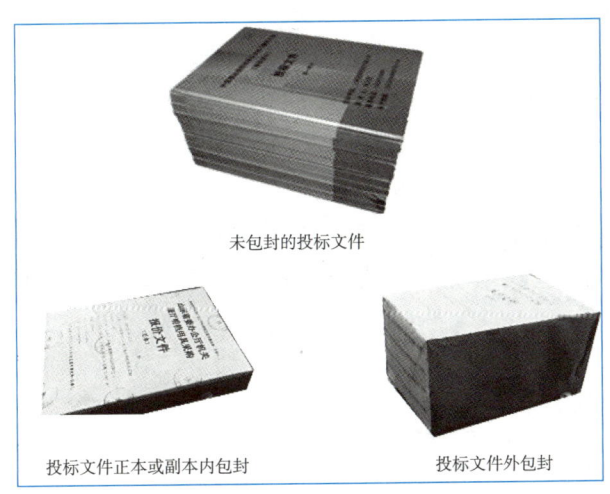

未包封的投标文件

投标文件正本或副本内包封　　投标文件外包封

图3-23 文件包封示意图

3.4.3 投标文件递送

投标文件按招标文件要求包封（不包括网上投标）标识后，按招标文件的要求携带相关证件至指定时间、地点递送投标文件。

《招标投标法》第二十九条规定："投标人在招标文件要求提交投标文件的截止时间前，可以补充、修改或者撤回已提交的投标文件，并书面通知招标人。补充、修改的内容为投标文件的组成部分。"

如果超过截止时间，投标文件不允许撤回，否则投标保证金不予退回。

任务 3.5　电子投标

3.5.1　电子（网上）投标认知

1. 网上交易平台

网上交易平台主要提供给各类投标人使用，实现投标人注册、诚信库管理、投标人网上交易业务处理、业务查询等功能。

2. 投标人管理

（1）投标人注册

投标人注册是投标人进行平台交易的前提。投标人登录交易平台，可以进行网上注册，经过中心工作人员审核同意后，获得一个账号（图 3-24、图 3-25）。

图 3-24 中用户类型分为：建设单位、招标代理、施工单位、自然人、竞买人（土地、矿权）、拍卖代理、监理单位、勘察单位、设计单位、项目管理单位。

（2）平台功能

黑龙江省公共资源公共服务平台：用于维护投标人诚信库信息。

黑龙江省公共资源交易平台：用于投标人日常业务操作。

图 3-24　投标人注册

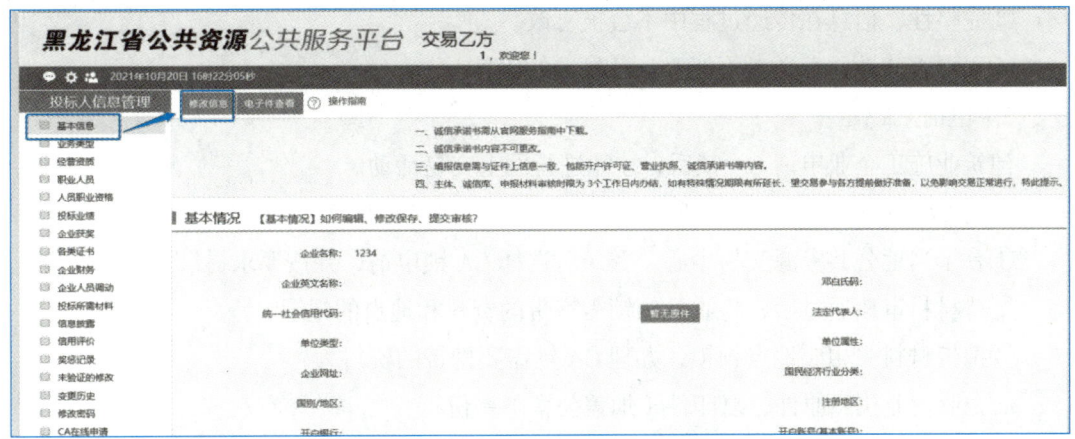

图 3-25　公共服务平台投标人信息管理

（3）诚信库管理

投标人要在主体诚信库中提交申请，申请需提交的企业信息如图 3-25 所示。

（4）投标人注册注意事项

投标人在平台中注册要注意以下事项：

1）诚信承诺书需从官网服务指南中下载。

2）诚信承诺书内容不可更改。

3）填报信息需与证件上信息一致，包括开户许可证、营业执照、诚信承诺书等内容。

4）主体诚信库、申报材料审核时限为 3 个工作日内办结，如遇特殊情况期限有所延长，交易参与各方提前做好准备，以免影响交易正常进行。

图 3-25 中页面投标人信息包括：基本信息、业务类型、经营资质、职业人员、人员职业资格、投标业绩、企业获奖、各类证书、企业财务、企业人员调动、投标所需材料、信息披露、信用评价、奖惩记录、未验证的修改、变更历史、修改密码、CA 在线申请。

其中企业基本信息包括：企业名称（含英文名称）、法定代表人、统一社会信用代码、单位类型、企业网址、国别/地区、注册地区、开户银行、账号、负责人、联系电话、电子邮箱、主要服务/供货区域、当前状态（启用）等。

（5）投标人 CA 锁申请

1）CA 锁作用

CA 锁即 CA 数字证书，可以为招投标双方安全通信提供电子认证，使用电子签章保障电子招投标文件的真实性和完整性，能够实现身份识别和电子信息加密，通过验证识别信息的真伪实现对证书持有者身份进行认证。CA 锁作用：

①保密性，只有收件人才能阅读信息。

②认证性，确认信息发送者的身份。

③完整性，信息在传递过程中不会被篡改。

④不可否认性，发送者不能否认已发送的信息。

2）申请 CA 锁

建筑业施工企业申请 CA 锁后，才能进行网上交易活动。

申请 CA 锁的步骤：填报信息—证件审核—携资料到窗口现场领锁。

①登录当地公共资源交易中心，登录后选择 CA 锁申请，并按要求提供相应的材料。

②待材料审核通过后，将收到领锁需携带的资料和地点的提示。

③携带材料去相应地点领锁，办理 CA 锁需要携带的资料为：

a. 企业营业执照原件、复印件（加盖公章）一份；

b. 企业法人身份证复印件（加盖公章），企业经办人身份证原件、复印件（加盖公章）一份；

c. 法人授权委托书一份，经办人身份证复印件需正反两面，比例可缩小（加盖公章法人章）；

d. 诚信承诺书一份（加盖公章法人章）；

e. 电子投标数字证书申请表三份（加盖公章）；

f. 企业公章和法人印章采集表一份（公章、法人章必须清晰无涂改）。

3.5.2 电子（网上）投标程序

电子投标是以数据电文形式完成的投标活动。电子投标流程与传统投标流程相似，电子投标程序如图 3-26 所示。

1. 查看招标公告

查看公共资源交易平台，点击"招标公告"菜单，进入招标公告列表，如图 3-27 所示。

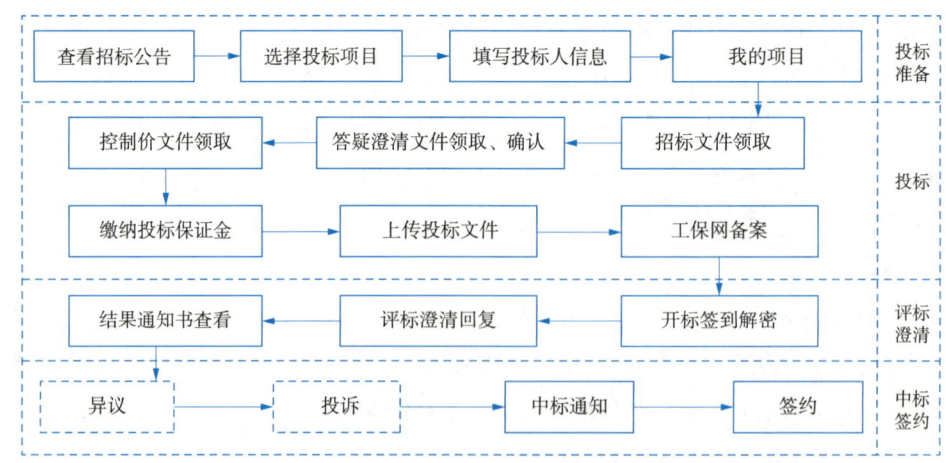

图 3-26 电子投标程序图

注：如果中标结果公示无异议则无图中虚线框的环节。

学习情境 3　建设工程项目投标

图 3-27　招标信息

2. 填投标人信息

选中"公告",点击"我要投标"按钮,进入"完善投标信息",如图 3-28 所示,选择投标项目负责人,系统自动显示项目负责人信息。点击"我要投标"即可投标完成。

图 3-28　选择投标项目

注：1. 可以通过输入标段包编号,在关键字中搜索,找到需要报名的标段。
　　2. 圆圈部分为选中的投标项目。

如果以联合体形式投标,需用联合体的 CA 锁则点击"我要投标"按钮,进入"完善投标信息"页面进行相应操作。

117

3. 领取招标文件

点击"我的项目",找到需要领取招标文件的标段,点击"项目流程"按钮,进入项目流程页面,点击"招标文件领取"菜单,进入"招标文件下载"页面,如图3-29所示。

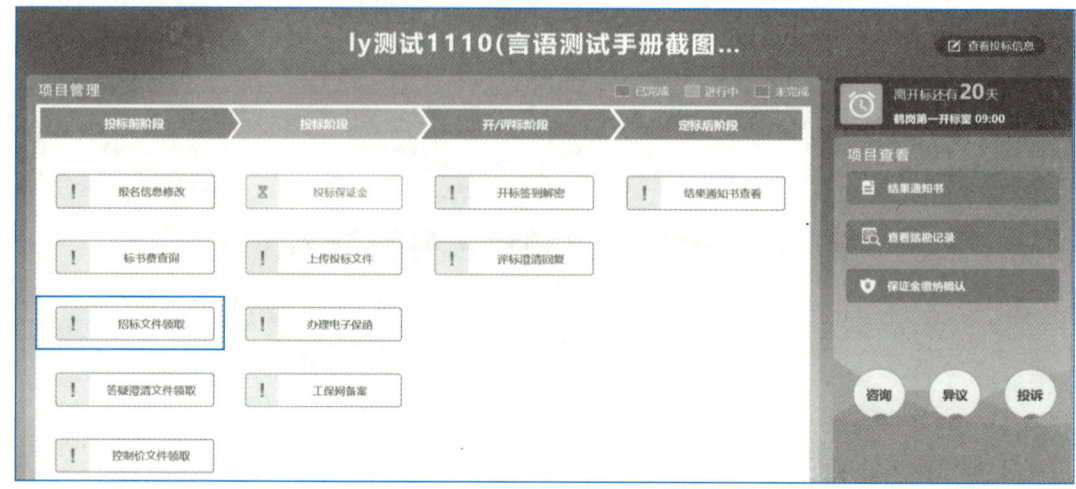

图 3-29 招标文件领取

注:1. 图中方框为"招标文件领取"按钮。
2."项目流程"页面投标阶段的按钮包括:报名信息修改、标书费用查询、招标文件领取、答疑澄清文件领取、招标控制价领取、投标保证金、上传投标文件、办理电子保函、工保网备案、开标签到解密、评标澄清回复、结果通知书查看。

招标文件下载页面,点击"下载招标文件"选项,进入文件列表页面,在文件列表页面,点击"下载"按钮,下载完后,关闭这个页面,返回"招标文件下载"页面,如图3-30所示。点击查看下载情况查看具体下载时间。

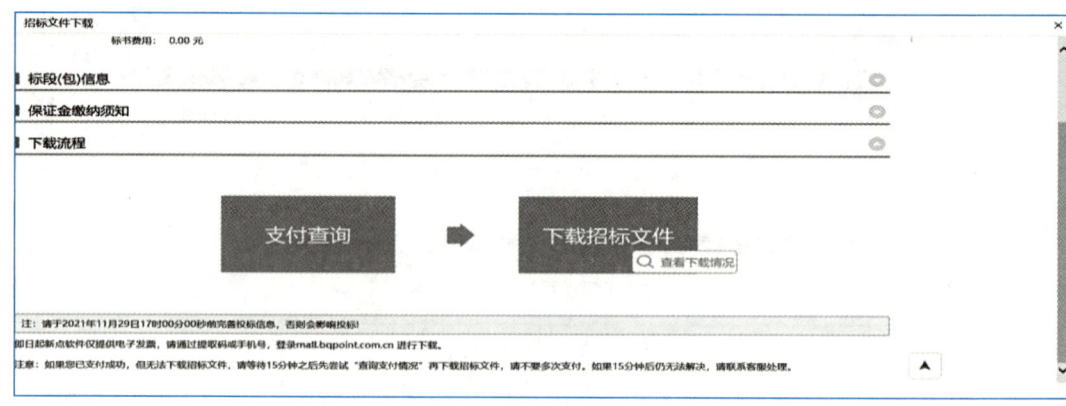

图 3-30 招标文件下载

在这个环节中,投标单位必须在招标文件发售时间内登录黑龙江省公共资源统一认证平台下载招标文件,否则后续将因为未在规定时间内下载招标文件而无法参与投标。

4. 答疑澄清文件领取、确定

点击"我的项目",找到需要领取答疑澄清文件的标段,点击"项目流程"按钮;在项目流程页面,点击"答疑澄清文件领取"菜单,进入"答疑澄清文件下载"页面;在答疑澄清文件下载页面,点击"下载"按钮,下载答疑澄清文件;下载完成后,点击"递交回执"按钮,进入"生成回执函"页面;签章完毕后,点击"签章提交",完成签章操作。此时"答疑澄清文件下载"页面的回执函变为已签章字样,如图3-31、图3-32所示。

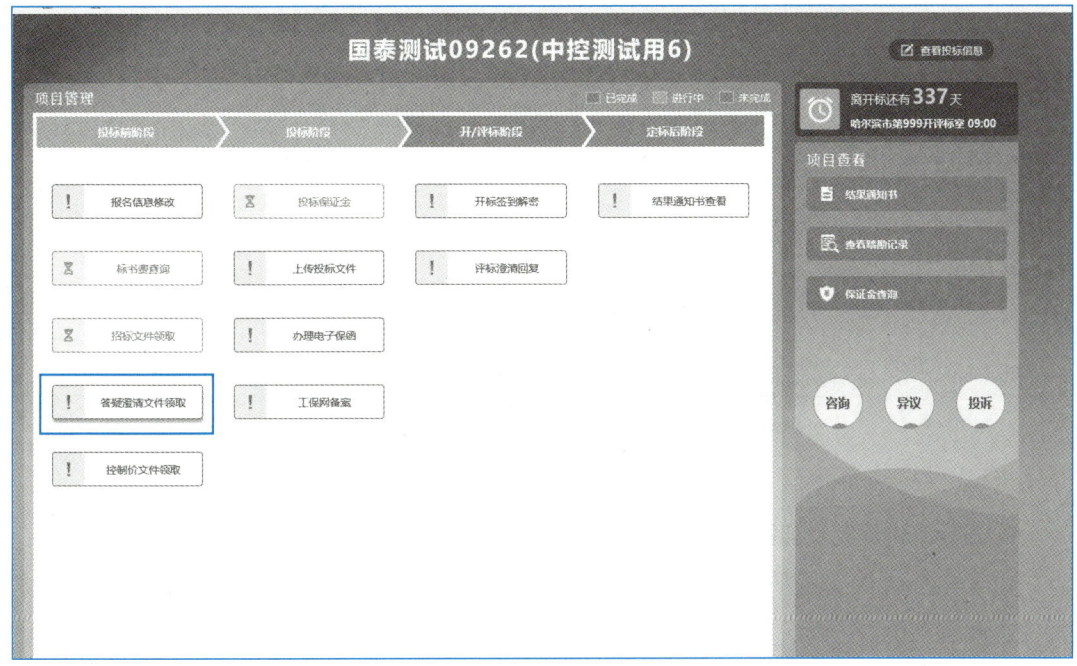

图 3-31　答疑澄清文件领取

注:方框是答疑澄清文件领取按钮。

图 3-32　答疑澄清文件签收

5. 控制价文件领取

点击"我的项目",找到需要领取控制价文件的标段,点击"项目流程";在项目流程页面,点击"控制价文件领取"菜单,进入"控制价文件下载"页面;在控制价文件下载页面,点击"下载"按钮,下载控制价文件,如图3-33所示。

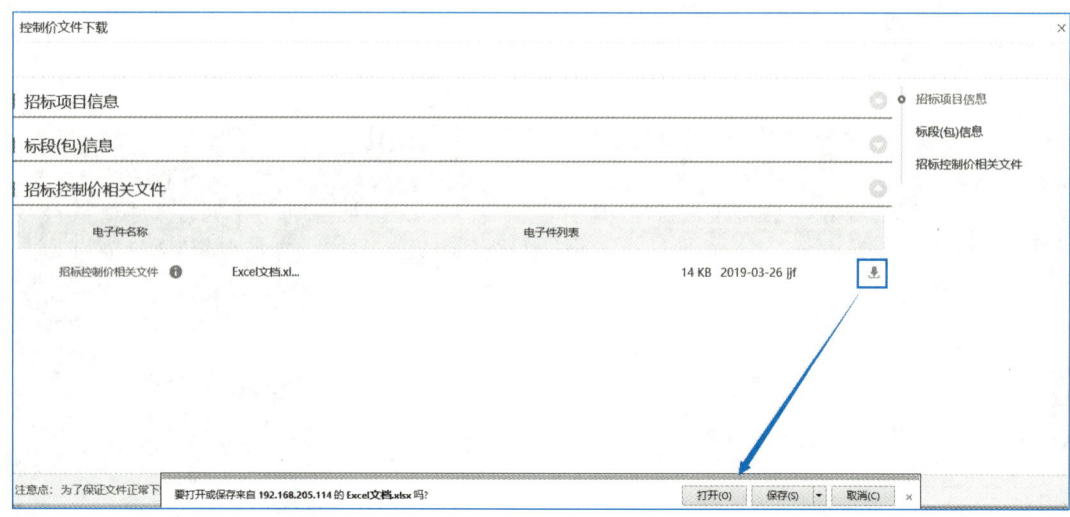

图3-33 招标控制价文件下载

6. 投标文件编制及加密

电子招标投标交易平台应当允许投标人离线编制投标文件,并且具备分段或者整体加密、解密功能。

投标人应当按照招标文件和电子招标投标交易平台的要求编制并加密投标文件。

投标人未按规定加密的投标文件,电子招标投标交易平台应当拒收并提示。

7. 投标保证金

项目流程页面,点击"投标保证金"菜单。保证金缴纳后必须在图3-34所示页面点击到账确认,显示结果为成功缴纳可以正常进行后续流程;若显示结果为未成功缴纳后续将不能进行开标解密文件,请立即自查原因或联系平台客服咨询。

在提交保证金时要注意如下事项:

(1)请使用企业基本户转入指定虚拟子账号(若子账户有多个,投标人可选择任意一个账户缴纳投标保证金),否则视为无效。

(2)保证金缴纳的方式:电脑在线划转、手机划转、柜台划转(不能通过现金直接存入)。

(3)缴纳保证金后,您需要在下方【到账确认】模块确认自己的缴纳情况,否则后续因为保证金未确认而无法解密投标文件。

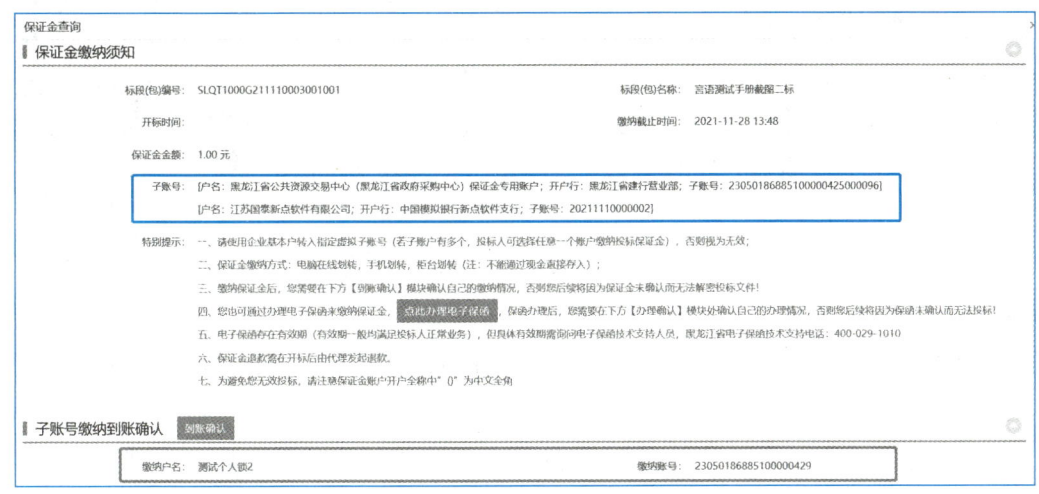

图 3-34 投标保证金到账确认

（4）也可通过办理电子保函来缴纳保证金，保函办理后，要在下方【办理确认】模块处确认自己的办理情况，否则后续将因为保函未确认而无法投标。

（5）电子保函存在有效期（有效期一般均满足投标人正常业务），但具体有效期需要咨询电子保函技术支持人员。

（6）保证金退款需在开标后由代理发起退款。

（7）为避免无效投标，请注意保证金账户开户全称中"0"为中文全角。

8. 上传投标文件

投标文件可离线编制，编制完成后，在投标文件提交截止时间前按下列方法进行上传：进入项目流程页面，点击"上传投标文件"菜单，进入"上传投标文件"页面，在"上传投标文件"页面，点击"选择文件上传"按钮，只能选择后缀名为 bztf 类型的文件进行上传，如图 3-35 所示。

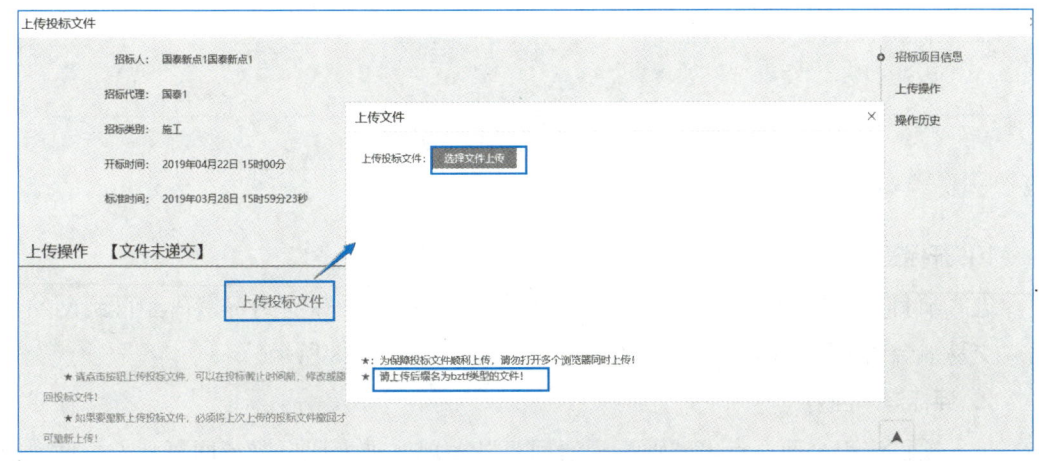

图 3-35 上传投标文件

注：图中方框选择文件上传。

9. 工保网备案

工保网是智能建企综合保险经纪服务互联网平台。其主要服务：

（1）工程保证保险。包括工程投标保证保险、工程履约保证保险、农民工工资支付保证保险、工程质量保证保险、工程款支付保证保险、工程预付款保证保险。

（2）工程质量保险。包括工程质量保证保险、IDI 工程质量潜在缺陷保证保险。

注：IDI 质量保险，又称工程质量潜在缺陷保险，承保的是由于建筑工程潜在缺陷所引起的主体结构发生事故，造成的建筑物物质损失。

（3）工程一切险。包括建筑工程一切险及第三者责任险、安装工程一切险及第三者责任险。

（4）安全生产保险。包括工伤保险、监理责任保险、施工责任保险。

（5）其他工程保险。包括工程机械设备综合保险、货物运输保险、环境污染责任保险、巨灾保险。

进入项目流程页面，点击"工保网备案"菜单，进入工保网备案新建申请页面，点击"新增申请"，进入该页面填写工保网单号，上传电子件，点击【提交备案】，如图 3-36 所示。

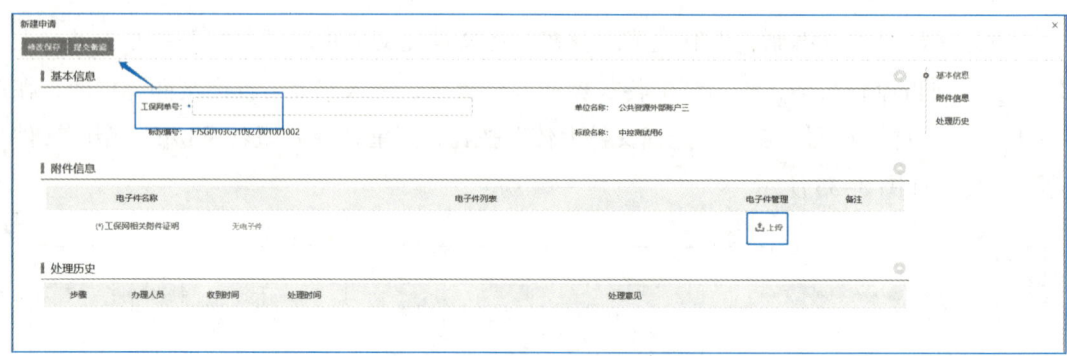

图 3-36　工保网备案

10. 开标签到解密

进入项目流程页面，点击"开标签到解密"菜单，"开标签到解密"亦可到网站首页 – 交易平台 – 远程开标登录入口解密，如图 3-37、图 3-38 所示。

11. 评标澄清回复

进入项目流程页面，点击"评标澄清回复"菜单，进入评标澄清回复列表页面，点击"未答复""已答复"可以分类查看回复信息，点击"答复"按钮可以进行答复。

图 3-37 项目流程页面"开标签到解密"

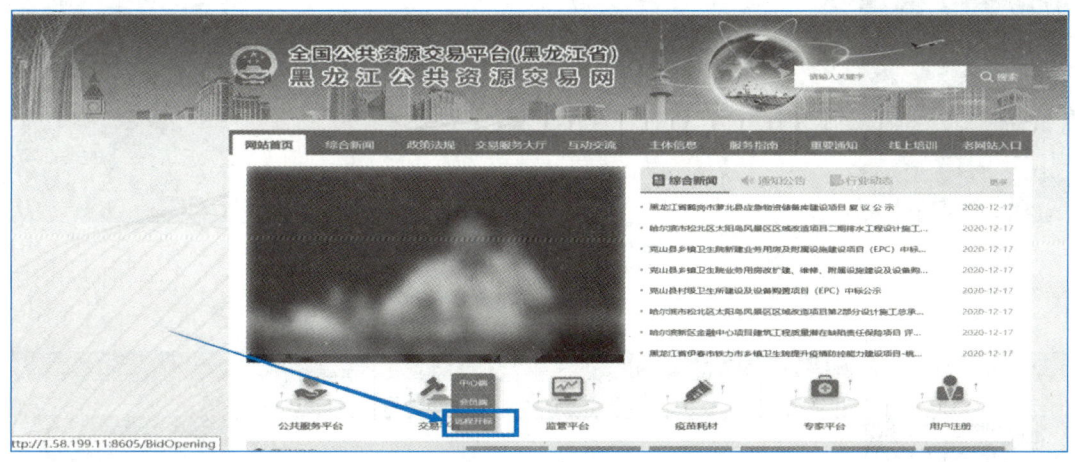

图 3-38 公共资源交易网首页"远程开标"

12. 查看踏勘记录

进入项目流程页面,点击"查看踏勘记录"菜单,进入记录踏勘情况页面,可以查看发出的踏勘通知。

13. 结果通知书查看

进入项目流程页面,点击"结果通知书查看"菜单,进入打印结果通知书页面,可以查看并打印通知书,如图 3-39 所示。

点击项目查看中的"中标通知书"选项,也可以查看并打印中标通知书,如图 3-40 所示。

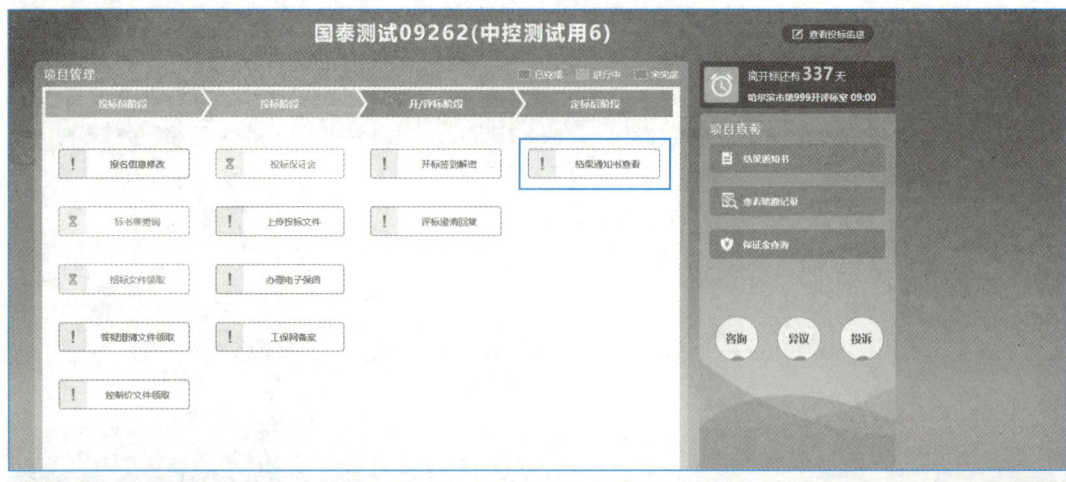

图 3-39 中标结果查看

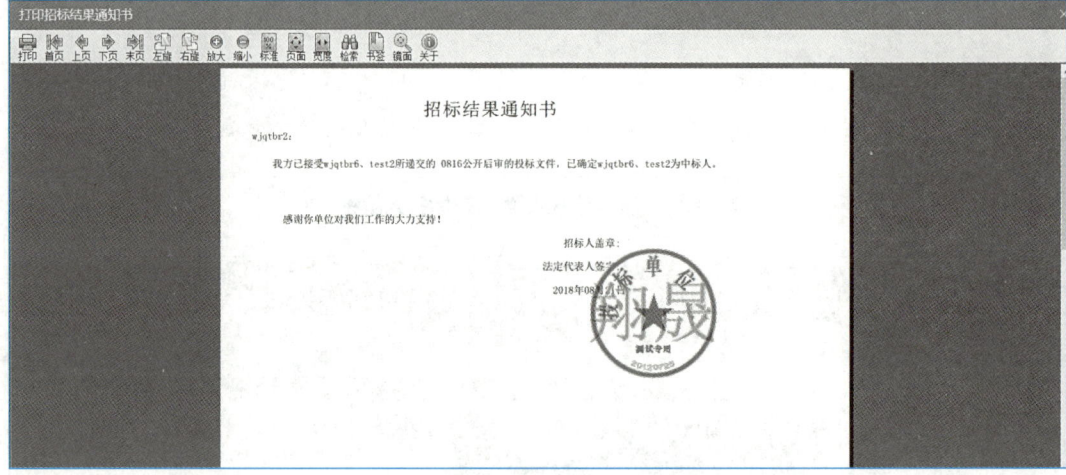

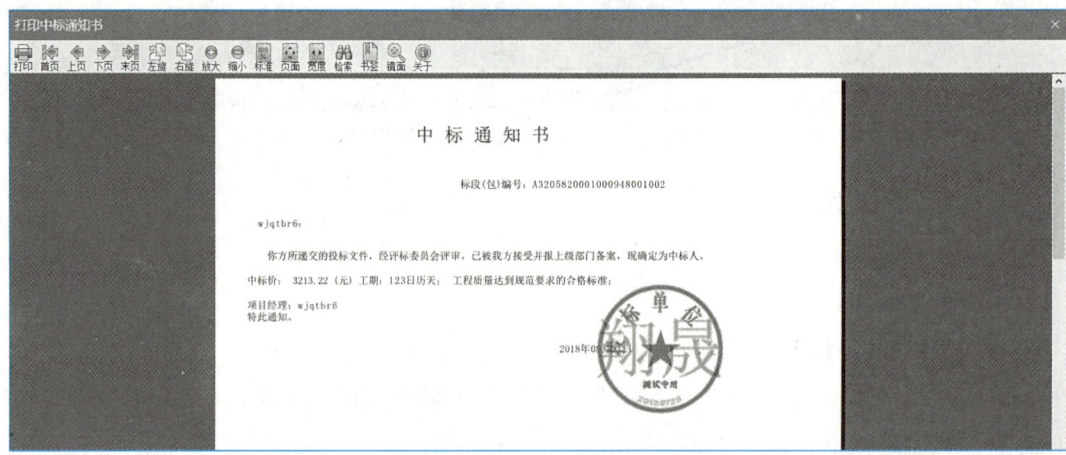

图 3-40 中标通知书

14. 合同签署

进入项目流程页面,点击"合同签署"菜单,进入新增合同备案页面,填写页面信息并上传附件,提交后将由招标人进行审核,5个工作日后系统自动清退保证金。如图 3-41 所示。该页面合同标题将展示在"黑龙江省公共资源交易平台"作为公告标题,填写必须规范。

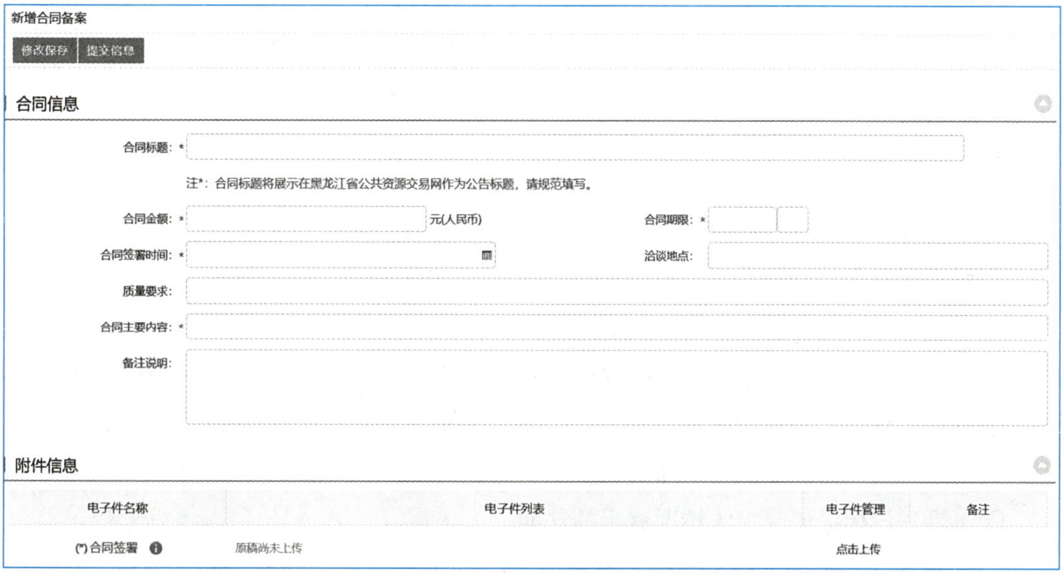

图 3-41 合同签署页面

3.5.3 电子招标投标交易平台(投标)主要功能

1. 资格预审申请文件 / 投标文件(以下简称文件)管理

文件管理应满足以下要求:

(1)具备在线或离线编辑和制作文件的功能,主要包括文件导入、文件内容编辑、工程量清单(如有)导入、版式文件转换、电子签章、文件生成、校验以及加密等功能。

投标文件数据项应包括标段(包)编号、投标人代码、投标报价、工期(交货期)、投标有效期、投标保证金形式、投标保证金金额、投标单位项目负责人、投标时间、附件等。

资格预审申请文件数据项应包括标段(包)编号、申请人代码、投标资格条件、项目负责人、申请时间、附件等。

(2)具备通过网络对文件递交、修改和撤回的功能。

(3)具备按照招标文件中的递交截止时间控制文件递交、补充、修改和撤回的功能。

(4)具备递交时间截止后,拒绝资格预审申请人 / 投标人递交、修改和撤回文件的功能。

(5)具备拒绝接收递交时间截止时尚未完成传输的文件的功能。

（6）具备对文件的主要数据项内容和格式进行校验的功能。

（7）具备文件防篡改的功能。

（8）具备投标人按照招标文件约定的加密方式选择按标段（包）分段或整体加密、递交文件的功能。

（9）具备文件接收、校验、按接收时间排序和回执递交的功能。

（10）具备拒收未按法律法规规章规定和招标文件要求递交的文件的功能。

（11）具备禁止除资格预审申请人/投标人外的任何人在投标截止前解密、提取文件的功能。

（12）截止时间应使用国家授时中心标准时间。

（13）动态显示国家授时中心当前时间。

（14）投标文件、资格预审申请文件数据项格式按平台要求的格式。

2. 投标保证金

关于投标保证金的管理平台功能有：

（1）具备记录和提示投标保证金接收、退还信息的功能。数据项应包括标段（包）编号、投标人代码、投标人名称、保证金金额、保证金支付形式、保证金凭证接收时间、保证金到账时间和保证金退还时间等。

（2）具备投标保证金接收情况展示的功能。

（3）具备按照招标文件要求对投标保证金支付形式、资金到账时间、金额、接收凭证等进行符合性校验的功能。

3.5.4 电子（网上）招标投标与传统投标的区别

电子招标投标与传统招标投标主要区别见表3-1。

电子招标投标与传统招标投标对照表　　　　　　　　　　表3-1

序号	活动内容	电子招标投标	传统招标投标
1	身份认证	交易平台注册	经营资格证书
2	获取招标信息	在公共资源交易平台上获得招标信息	可以从建设交易中心及国家允许的其他媒体上获得信息
3	资格审查方式	投标人所有信息均在"公共服务平台"中	如果是资格预审，则投标人需按招标人的《资格预审文件》的要求提交资格预审申请文件，并要求签字、盖章、包封接受招标人审查
4	获取文件时间	不受作息时间限制，只要在招标（或资格审查）文件发售开始至截止时间内即可获取	文件发售时间与招标人或招标代理人的工作人员作息时间有关
5	澄清问题提交截止时间	招标人可要求潜在投标人通过交易平台以数据电文形式提交澄清问题，并约定澄清问题提交截止时间，一般同投标截止时间	投标人将所有的疑问汇总以后按招标文件规定的时间提交

续表

序号	活动内容	电子招标投标	传统招标投标
6	招标文件的澄清、修改和补充	招标人应当通过交易平台以数据电文形式发出招标文件的澄清、修改与补充部分,并需告知投标人从平台查看	(1)招标人可以召开投标预备会解答投标人的疑问,也可以采用书面形式解答; (2)答疑文件以纸质文件下发给所有投标人
7	投标预备会/踏勘现场	电子交易平台具备向潜在投标人发布踏勘公告/投标预备会通知的功能,招标人或代理机构可选择通过平台向投标人发布踏勘/投标预备会通知。因此,应当在投标人须知前附表中告知相关通知,将通过平台发送给潜在投标人,提醒其关注平台消息	招标文件的投标须知规定"统一组织勘察现场"或"自行勘察"
8	投标文件编制、签署与提交	(1)投标人需要使用文件编制工具可离线编制投标文件; (2)投标文件并不需要逐页签字或盖章,直接使用CA锁对文件进行电子签章加密即具有法律效力; (3)在规定的时间将文件递交至网上交易平台,递交时间以递交回执通知载明的传输完成时间为准,同时应重点注明; (4)未经加密和逾期递交的投标文件将被交易平台拒收; (5)数量为1份	(1)投标文件编制完成后,按招标文件要求进行装订; (2)在文件上签名,加盖公章; (3)文件要求的正本、副本数量; (4)文件包封标识要求; (5)文件递交至招标文件指定的地点; (6)迟交的或密封不符合招标文件要求的投标文件被拒收
9	投标保证金	电子投标,招标人可通过平台接收投标保证金或要求投标人上传保证金递交凭证。对于通过平台接收投标保证金的,应当注明允许投标人递交投标保证金的方式及操作模式,例如可以使用虚拟子账号方式或电子保函等递交	(1)投标人持来自投标人基本账户的支票、电汇或银行汇票提交至招标人或招标代理人; (2)投标保函须提供纸质保函
10	投标文件的撤回、补充与修改	投标人需撤回投标文件的,应当在交易平台通过撤回操作撤回投标文件。投标人需对投标文件进行修改和补充的,目前平台操作方式是撤回文件后重新上传修改后的投标文件	投标人在投标文件截止之前可以撤回补充或修改投标文件。补充修改部分作为投标文件的组成部分
11	开标	投标人均应当准时在线参与开标,对投标文件进行解密。因此,投标人须知中应当说明网上开标的程序、解密步骤、解密时限要求以及解密失败情况下的责任认定和补救措施	(1)投标人按规定时间到达开标地点; (2)投标人代表检查投标文件密封情况; (3)招标人或招标代理机构当众开启投标人投标文件,并宣读重要信息
12	投标文件的澄清	评标澄清将以数据电文形式通过平台发送给投标人,投标人应在规定时间内以上述方式进行回复	评标委员会要求投标人就澄清的问题以纸质文件的形式提交
13	中标通知	招标人通过平台以数据电文形式向中标人发出中标通知书,中标人下载中标通知书,平台上发布中标结果通知未中标的投标人	招标人在评标委员会推荐的中标候选人中确定中标人,并签发中标通知书和中标结果通知书
14	异议	投标人应当以数据电文形式通过平台向招标人提出异议	投标人向招标监管机构提出异议
15	签约	招标人、中标人在平台上签约并备案	招标人、中标人在建设交易中心签约并进行合同备案

思考与练习

1. 资格预审申请文件有哪些主要内容?
2. 投标人的资格条件中,为什么招标人要求有近年的类似工程业绩?
3. 投标文件包括哪些内容?
4. 阐述勘察现场对投标的重要性。
5. 阐述投标人编制投标文件的步骤。
6. 投标文件技术部分(技术标)编制原则有哪些?
7. 阐述报价决策的内容及步骤。
8. 编制投标文件应注意事项有哪些?
9. 阐述电子投标的优势。
10. 电子投标工作需要运用哪些专业知识和软件?
11. 编制一份某工程项目投标工作方案。

学习情境 4
开标

 知识要点

开标形式、开标流程、有效投标、投标文件重大偏差、细微偏差、废标情形、重新招标。

 教学目标

了解开标工作程序及各环节工作的主要内容,能够运用开标有关法律法规规定组织开标活动,能够鉴别投标文件的有效性并能依法确定是否重新招标。

 思维导图

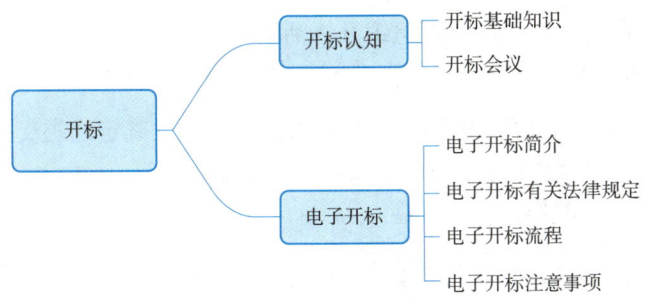

任务 4.1　开标认知

4.1.1　建设工程项目开标基本知识

1. 开标概念

开标是指在投标人提交投标文件后，招标人依据招标文件规定的时间和地点，开启投标人提交的投标文件，公开宣布投标人的名称、投标价格及其他主要内容的活动。

电子开标见本学习情境任务 4.2。

2. 开标形式

开标的形式主要有两种，一种是"线上开标"即网上开标；另一种是"线下开标"，即在建设交易中心开标室进行开标。

线下开标主要形式有公开开标、有限开标和秘密开标三种：

（1）公开开标。即当众公开开标，邀请所有的投标人参加开标仪式，其他人员愿意参加者也不受限制，这种开标形式是我国施行招标投标的初期阶段对公开招标而采用的开标形式。

（2）有限开标。当众公开开标，但只邀请投标人和有关人员参加开标仪式，其他无关人员不得参加，适用于公开招标与邀请招标。

（3）秘密开标。开标只有负责招标的组织成员参加，不允许投标人参加开标，然后将开标的名次结果通知投标人，不公开报价，其目的是不暴露投标人的准确报价数字。这种方式多用于设备招标。

3. 开标工作机构

开标工作机构主要成员有招标人代表、招标代理人代表、招标投标监管机构人员、公证人员；开标工作机构的人员负责组织开标活动。

4. 开标时间与地点

《招标投标法》第三十四条规定："开标应当在招标文件确定的提交投标文件截止时间的同一时间公开进行；开标地点应当为招标文件中预先确定的地点。"

招标人如果确有特殊原因，需要变动开标地点，则应当按照《招标投标法》第二十三条的规定对招标文件作出修改，作为招标文件的补充文件，书面通知每一个提交投标文件的投标人。

5. 开标流程

（1）开标的有关法律规定

《招标投标法》第三十六条规定："开标时，由投标人或者其推选的代表检查投标文件的密封情况，也可以由招标人委托的公证机构检查并公证；经确认无误后，由工作人员当众拆封，宣读投标人名称、投标价格和投标文件的其他主要内容。

招标人在招标文件要求提交投标文件的截止时间前收到的所有投标文件，开标时都应当当众予以拆封、宣读。"

（2）开标流程

开标由招标人主持，邀请所有投标人参加。开标时，由投标人或者其推选的代表检查投标文件的密封情况，也可以由招标人委托的公证机构检查并公证；经确认无误后，由工作人员当众拆封，宣读投标人名称、投标价格和投标文件的其他主要内容。开标过程应当记录，并存档备查。

一般情况下开标的程序是：

1）所有参加开标会的人员签到；

2）投标人提交投标文件同时缴纳投标保证金；

3）由招标人或委托招标代理机构的代表主持开标会议；

4）邀请所有投标人参加，主管部门、行政监督部门、监理单位、设计单位等派代表参加；

5）检查投标文件的密封情况；

6）按投标文件提交顺序拆封正本；

7）唱标，宣读投标价格、质量标准、工期等重要信息；

8）会议结束，编写会议纪要，并向相关部门备案。

《招标投标法实施条例》（2019年修改）（国务院令第709号）第四十四条规定："投标人对开标有异议的，应当在开标现场提出，招标人应当当场作出答复，并制作记录。"

6. 开标记录

开标工作组织有专人负责开标记录工作，作为招标备案相关文件，开标记录主要信息如图4-1所示，开标记录主要作用有：

（1）保证评标的公正性和公平性：开标记录要求对所有投标文件进行公开拆封和核对，确保每个投标人的投标内容都能被正确地读取和评价。避免了私下拆封、核对等可能引发不公正的行为。

（2）提供评标依据：开标记录的内容将成为评标委员会评价投标人的重要依据。评标委员会将根据开标记录中记录的信息，对各投标人的报价、技术方案等进行比较和分析，以确定中标候选人。

（3）保障投标人的合法权益：通过开标记录，投标人可以了解自己的投标文件是否被正确接收、是否存在遗漏等问题。如果发现自己的投标文件有问题，投标人可以及时提出质疑，并要求进行相应的处理，这有助于保障投标人的合法权益。

7. 开标阶段废标的情形

《工程建设项目施工招标投标办法》（国家发展和改革委员会、住房和城乡建设部等

××工程项目施工招标开标汇总表

投标单位	报价（万元）			工期			法定代表人签名
	总计	土建	安装	施工日历天	开工日期	竣工日期	
××建设工程公司	5874.32	4863.47	1010.85	370	2018.3.25	2019.3.30	程××
……	……	……	……	……	……	……	……

图 4-1　工程项目施工开标记录示意图

九部委令第 23 号）第五十条规定："有下列情形之一的，评价委员会应当否决其投标：

（一）投标文件未经投标单位盖章和单位负责人签字；

（二）投标联合体没有提交共同投标协议；

（三）投标人不符合国家或者招标文件规定的资格条件；

（四）同一投标人提交两个以上不同的投标文件或者投标报价，但招标文件要求提交备选投标的除外；

（五）投标报价低于成本或者高于招标文件设定的最高投标限价；

（六）投标文件没有对招标文件的实质性要求和条件作出响应；

（七）投标人有串通投标、弄虚作假、行贿等违法行为。"

8. 不予开标的法律相关规定

《工程建设项目施工招标投标办法》（国家发展和改革委员会、住房和城乡建设部等九部委令第 23 号）第五十条规定："投标文件有下列情形之一的，招标人应当拒收：

（一）逾期送达；

（二）未按招标文件要求密封。"

9. 重新招标

《招标投标法实施条例》（2019 年修改）（国务院令第 709 号）第四十四条规定："招标人应当按照招标文件规定的时间、地点开标。投标人少于 3 个的，不得开标；招标人应当重新招标。

投标人对开标有异议的，应当在开标现场提出，招标人应当当场作出答复，并制作记录。"

《招标投标法实施条例》第三十六条规定："未通过资格预审的申请人提交的投标文件，以及逾期送达或者不按招标文件要求密封的投标文件，招标人应当拒收。招标人应当如实记载投标文件的送达时间和密封情况，并存档备查。"

4.1.2　开标会议

1. 会议主持人

《招标投标法》第三十五条规定："开标由招标人主持，邀请所有投标人参加。"经招标人委托，开标会议可由招标代理机构主持。

2. 开标前准备工作

开标前准备工作主要有如下几个方面：

①整理好投标文件接收记录；

②分别做好参会人员签到记录；

③妥善保管投标文件；

④对开标所用的设备器材进行调试。

3. 开标会议模拟

地点：×× 建设工程施工招标开标室

主持人：

各位领导、各位代表上午好！

×× 建设工程施工招标开标在 ×× 建设交易中心第 × 开标室举行。投标文件递交截止时间已到，共收 ×× 份投标文件。招标人将拒绝接收在此时间之后送达的投标文件。

根据 ×× 工程招标文件的规定，开标会议于20×× 年 ×× 月 ×× 日 ×× 准时召开。受招标人 ×× 委托，×× 招标代理公司对本项目招标进行全过程代理。同时 ×× 部门对本项目招标进行依法监督。在此，我们对各位领导给予本项目的支持表示衷心感谢！

开标会议正式开始。

1. 宣布开标会议纪律

（1）请与会各方代表暂时关闭通信工具或将手机设置为振动状态，在会议进行中请勿接打电话。

（2）在会议进行过程中，请勿在会场内随意走动、大声喧哗，请听从工作人员安排。

（3）会议期间禁止吸烟。

（4）会议结束前请勿提前退出会场，任何单位和个人不得扰乱会场秩序。

（5）如对开标过程有异议，请于唱标结束后举手示意，待允许后方可发言，或以书面形式向招标人陈述。

（6）散会后请安静迅速地退场。

2. 介绍参加会议的领导和各方代表

（1）招标人代表：××。

（2）招标监督机构代表：××。

（3）投标人代表：××。

3. 检查投标文件密封情况

（1）请投标人代表检查投标文件的密封情况。

（2）投标人对投标文件的密封情况有无异议，如有异议，请举手示意。

（3）本次开标会议，到投标文件截止时间为止，共收到投标文件××份，招标人、监督人及各投标人对投标文件的密封情况均无异议，投标文件密封完好，符合招标文件要求。

4. 唱标开始

（1）唱标顺序按照先投后开、后投先开的原则进行。

（2）唱标完毕，请各投标人检查本单位的投标文件主要内容的记录情况，并在开标记录上签字。请记录人、唱标人以及监标人分别在开标记录上签字。

5. 开标过程合法性认定

各投标人对开标过程有无异议，如果有，请举手示意。

投标人对开标过程均无异议，开标完毕。

6. 宣布会议结束

（1）开标会议至此结束。

（2）会议结束后，将进入评标阶段（各投标人准备好原件在会场外等候验证）。

（3）评标结果将在××地点予以公示。

任务 4.2　电子开标

4.2.1　电子开标简介

目前互联网+招标采购，网上开标已广泛运行，参与投标的企业通过专属数字身份认证及 CA 电子印章，可在互联网登录完成开标。

参与投标的企业无须抵达开标现场，就可以通过类似网上银行一样的数字身份认证等，在任何有互联网的环境中完成开标过程。推行网上开标后，多个项目可同时在线开标，不受场地限制，极大地便捷了招标投标企业，降低投标成本，提高效率，节约社会资源，保证招标过程的公开、公平和公正。

4.2.2　电子开标有关法律规定

《电子招标投标办法》（国家发展和改革委员会等八部委令第 20 号）规定：

"第二十九条　电子开标应当按照招标文件确定的时间，在电子招标投标交易平台上公开进行，所有投标人均应当准时在线参加开标。

第三十条 开标时,电子招标投标交易平台自动提取所有投标文件,提示招标人和投标人按招标文件规定方式按时在线解密。解密全部完成后,应当向所有投标人公布投标人名称、投标价格和招标文件规定的其他内容。

第三十一条 因投标人原因造成投标文件未解密的,视为撤销其投标文件;因投标人之外的原因造成投标文件未解密的,视为撤回其投标文件,投标人有权要求责任方赔偿因此遭受的直接损失。部分投标文件未解密的,其他投标文件的开标可以继续进行。

招标人可以在招标文件中明确投标文件解密失败的补救方案,投标文件应按照招标文件的要求作出响应。

第三十二条 电子招标投标交易平台应当生成开标记录并向社会公众公布,但依法应当保密的除外。"

4.2.3 电子开标流程

电子开标流程与传统现场开标流程相似,电子开标流程如下:

(1)招标人或招标代理机构在交易平台指定开标主持人。主持人只能根据交易平台事先设定的流程和权限操作电子开标。

(2)参加电子开标的投标人通过互联网在线签到。

(3)开标时间到达,交易平台按照事先设定的开标功能,自动提取投标文件。

(4)交易平台自动检测投标文件数量。投标文件少于3个时,系统进行提示。主持人根据实际情况和相关规定,决定继续开标或终止开标。

(5)主持人按招标文件规定的解密方式发出指令,要求招标人和(或)投标人准时并在约定时间内同步完成在线解密。

(6)开标解密完成后,交易平台向投标人展示已解密投标文件开标记录信息。

(7)投标人对开标过程有异议的,可通过交易平台即时提出。

(8)交易平台生成开标记录,参加开标的投标人在线电子签名确认。

(9)开标记录经电子签名确认后,向各投标人公布。

4.2.4 电子开标注意事项

投标人参加电子开标时,要注意以下事项:

(1)开标时,需要按要求提交非加密标书和PDF格式标书(具体要求以招标文件为主);

(2)开标时,携带纸质版资信证明文件,以备不时之需;

(3)多准备几个信封,密封非加密电子版标书、CA锁和资信证明文件;

(4)如需现场上传加密标书,切记不可乱连无线网。

思考与练习

1. 开标组织由哪些人员组成？
2. 开标的形式有几种？
3. 描述开标程序。
4. 如何确认无效投标文件？
5. 如何处理无效投标文件？
6. 投标文件出现哪些情形会被拒收？
7. 电子开标与传统开标的区别？

学习情境 5

评标

知识要点

评标概念、评标依据、评标原则、评标流程、评标标准、评标方法、重大偏差、废标条件、投标文件澄清、评标报告、中标候选人、重新招标、评标有关法律法规。

教学目标

了解评标组织构成原则，掌握评标程序中各环节主要工作内容及方法；能够依据招标文件确定的评标标准和办法对投标文件进行客观评价，能够依据法律法规对投标文件是否存在重大偏差以及废标情形进行判断。

思维导图

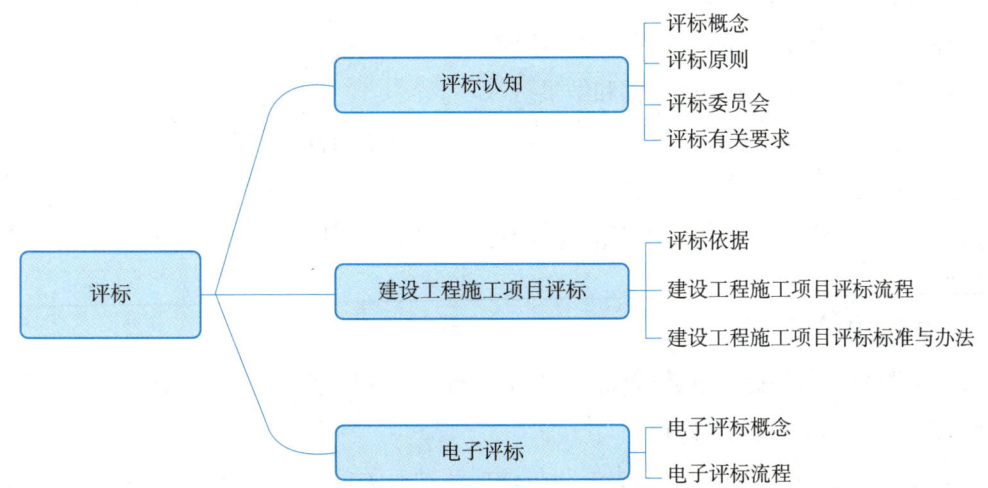

任务 5.1　评标认知

5.1.1　评标概念

评标是指招标人依法组建的评标委员会，依据招标文件规定的评标标准和方法对投标文件进行审查、评审和比较的活动。

5.1.2　评标原则

评标原则是评标委员会工作准则，包括公平、公正、科学和择优原则，依法、独立评审原则，保密原则。

1. 公平、公正、科学和择优原则

《评标委员会和评标方法暂行规定》（2001年公布，2013年修正）第三条规定："评标活动遵循公平、公正、科学、择优的原则。"

"公平"，主要是指评标委员会要严格按照招标文件规定的要求和条件以及评标标准和办法，对投标文件进行评审时，不带任何主观意愿，不得以任何理由排斥和歧视任何一方，保证投标人在平等的基础上竞争。

"公正"，主要是指评标委员会成员具有公正之心，评标要客观全面，不倾向或排斥某一特定的投标人。

"科学"，是指评标工作要依据科学的方案，要运用科学的手段，采取科学的方法。对于每个项目的评价要有可靠依据，用数据说话。

"择优"，是评标委员会应对所有投标人的投标文件进行认真、全面、客观地评审，从中选择符合招标文件要求、质量合格且报价具有一定优势的投标人为中标候选人。

2. 依法、独立评审原则

《评标委员会和评标方法暂行规定》第四条规定："评标活动依法进行，任何单位和个人不得非法干预或者影响评标过程和结果。"

评标委员会成员在评标过程中，应根据法律规定和招标文件要求，依法运用其专业知识和技能，独立对所有投标文件进行评审和比较，不应受其他评标专家的意见的影响。招标人、招标监管部门及招标代理机构均不得非法干预、影响或改变评标专家的评审过程和结果。

3. 保密原则

《评标委员会和评标方法暂行规定》第五条规定："招标人应当采取必要措施，保证评标活动在严格保密的情况下进行。"

第十四条规定："评标委员会成员和与评标活动有关的工作人员不得透露对投标文件

的评审和比较、中标候选人的推荐情况以及与评标有关的其他情况。"

依据相关法律法规，评标委员会在封闭状态下开展评标工作，评标期间不得与外界联系或接触；评标委员会成员名单要对外保密，招标人、招标代理机构以及评标委员会等均须对评标过程保密。

5.1.3 评标委员会

1. 评标委员会组建法律规定

评标委员会要依法组建，《评标委员会和评标方法暂行规定》第七条规定："评标委员会依法组建，负责评标活动，向招标人推荐中标候选人或者根据招标人的授权直接确定中标人。"

《评标委员会和评标方法暂行规定》第八条规定："评标委员会由招标人负责组建。评标委员会成员名单一般应于开标前确定。评标委员会成员名单在中标结果确定前应当保密。"

《评标委员会和评标方法暂行规定》第九条规定："评标委员会由招标人或其委托的招标代理机构熟悉相关业务的代表，以及有关技术、经济等方面的专家组成，成员人数为五人以上单数，其中技术、经济等方面的专家不得少于成员总数的三分之二。"

《评标委员会和评标方法暂行规定》第十条规定："评标委员会的专家成员应当从省级以上人民政府有关部门提供的专家名册或者招标代理机构的专家库内的相关专家名单中确定。"

2. 评标委员会专家条件

《评标委员会和评标方法暂行规定》第十一条规定："评标专家应符合下列条件：

（一）从事相关专业领域工作满八年并具有高级职称或者同等专业水平；

（二）熟悉有关招标投标的法律法规，并具有与招标项目相关的实践经验；

（三）能够认真、公正、诚实、廉洁地履行职责。"

3. 评标专家的选取及确定

依据相关法律法规，评标委员会的专家成员，应当由招标人从建设行政主管部门及其他有关政府部门确定的专家名册或工程招标代理机构的专家库内相关专业的专家名单中确定。

确定评标专家，可以采取随机抽取或者直接确定的方式。一般招标项目，可以采取随机抽取的方式；技术特别复杂、专业性要求特别高或者国家有特殊要求的招标项目，采取随机抽取方式确定的专家难以胜任的，可以由招标人直接确定。

4. 评标委员会成员的回避

《评标委员会和评标方法暂行规定》第十二条规定："有下列情形之一的，不得担任评标委员会成员：

（一）投标人或者投标人主要负责人的近亲属；

（二）项目主管部门或者行政监督部门的人员；

（三）与投标人有经济利益关系，可能影响对投标公正评审的；

（四）曾因在招标、评标以及其他与招标投标有关活动中从事违法行为而受过行政处罚或刑事处罚的。

评标委员会成员有前款规定情形之一的，应当主动提出回避。"

5. 评标委员会权利和义务

评标委员会在评标过程中有如下权利和义务：

（1）独立评审权。

（2）澄清权。评标委员会可以要求投标人对投标文件中含义不明确的内容作出必要的澄清或者说明，以确认其内容的正确性，但不得超出或改变投标文件的实质性内容。

（3）推荐权或确定权。评标委员会有推荐中标候选人的权利或根据招标人的授权直接确定中标人。

（4）否决权。评标委员会经评审，认为所有投标都不符合招标文件的要求，可以否决投标。

（5）保密义务。评标委员会不得透露与投标文件的评审和比较、中标候选人的推荐情况以及与评标有关的其他情况。

6. 评标委员会成员的职责

评标委员会成员的职责主要包括：

（1）评标委员会成员和参与评标的有关工作人员不得透露对投标文件的评审、比较、中标候选人的推荐情况以及与评标有关的其他情况。

（2）评标委员会成员应当客观、公正地履行职责，遵守职业道德，依法对投标文件进行独立评审，提出评审意见，对所提出的评审意见承担个人责任，不受任何单位和个人的非法干预或影响。

（3）评标委员会成员不得对其他评委的评审意见施加影响，不得将投标文件带离评标地点评审，不得无故中途退出评标，不得复印、带走与评标有关的资料。

（4）评标委员会成员不得与任何投标人或者与招标结果有利害关系人进行私下接触，不得收受投标人、中介人、其他利害关系人的财物或者其他好处。

（5）在评标过程中，除非根据评标委员会的要求，投标人不得主动与招标人和评标委员会成员接触，不得有任何游说、贿赂等影响评标委员会成员客观和公正地进行评标的行为。投标人对招标人或评标委员会成员施加影响的任何企图和行为，将导致其投标无效。

7. 评标委员会成员的回避更换制度与行为禁止

（1）回避更换制度

所谓回避更换制度，就是指与投标人有利害关系的人应当回避，不得进入评标委员会；已经进入的，应予以更换。

（2）评标委员会成员的行为禁止

评标委员会成员有下列行为之一的，由有关行政监督部门责令改正；情节严重的，禁止其在一定期限内参加依法必须进行招标的项目的评标；情节特别严重的，取消其担任评标委员会成员的资格：

1）应当回避而不回避；

2）擅离职守；

3）不按照招标文件规定的评标标准和方法评标；

4）私下接触投标人；

5）向招标人征询确定中标人的意向或者接受任何单位或者个人明示或者暗示提出的倾向或者排斥特定投标人的要求；

6）对依法应当否决的投标不提出否决意见；

7）暗示或者诱导投标人作出澄清、说明或者接受投标人主动提出的澄清、说明；

8）其他不客观、不公正履行职务的行为。

5.1.4 评标有关要求

1. 对评标委员会的纪律要求

《评标委员会和评标方法暂行规定》第十三条规定："评标委员会成员应当客观、公正地履行职责，遵守职业道德，对所提出的评审意见承担个人责任。"

评标委员会成员不得与任何投标人或者与招标结果有利害关系的人进行私下接触，不得收受投标人、中介人、其他利害关系人的财物或者其他好处，不得向招标人征询其确定中标人的意向，不得接受任何单位或者个人明示或者暗示提出的倾向或者排斥特定投标人的要求，不得有其他不客观、不公正履行职务的行为。

《评标委员会和评标方法暂行规定》第十四条规定："评标委员会成员和与评标活动有关的工作人员不得透露对投标文件的评审和比较、中标候选人的推荐情况以及与评标有关的其他情况。"

2. 对招标人的纪律要求

招标人不得泄露招标投标活动中应当保密的情况和资料，不得与投标人串通损害国家利益、社会公共利益或者他人合法权益。

《招标投标法实施条例》第四十一条规定："有下列情形之一的，属于招标人与投标人串通投标：

（一）招标人在开标前开启投标文件并将有关信息泄露给其他投标人；

（二）招标人直接或者间接向投标人泄露标底、评标委员会成员等信息；

（三）招标人明示或者暗示投标人压低或者抬高投标报价；

（四）招标人授意投标人撤换、修改投标文件；

（五）招标人明示或者暗示投标人为特定投标人中标提供方便；

（六）招标人与投标人为谋求特定投标人中标而采取的其他串通行为。"

3. 对投标人的纪律要求

投标人不得相互串通投标或者与招标人串通投标，不得向招标人或评标委员会成员行贿谋取中标，不得以他人名义投标或者以其他方式弄虚作假骗取中标；投标人不得以任何方式干扰、影响评标工作。禁止投标人相互串通投标。

《招标投标法实施条例》第三十九条规定："禁止投标人相互串通投标。有下列情形之一的，属于投标人相互串通投标：

（一）投标人之间协商投标报价等投标文件的实质性内容；

（二）投标人之间约定中标人；

（三）投标人之间约定部分投标人放弃投标或者中标；

（四）属于同一集团、协会、商会等组织成员的投标人按照该组织要求协同投标；

（五）投标人之间为谋取中标或者排斥特定投标人而采取的其他联合行动。

《招标投标法实施条例》第四十条规定："有下列情形之一的，视为投标人相互串通投标：

（一）不同投标人的投标文件由同一单位或者个人编制；

（二）不同投标人委托同一单位或者个人办理投标事宜；

（三）不同投标人的投标文件载明的项目管理成员为同一人；

（四）不同投标人的投标文件异常一致或者投标报价呈规律性差异；

（五）不同投标人的投标文件相互混装；

（六）不同投标人的投标保证金从同一单位或者个人的账户转出。"

《招标投标法实施条例》第四十二条规定："使用通过受让或者租借等方式获取的资格、资质证书投标的，属于招标投标法第三十三条规定的以他人名义投标。

投标人有下列情形之一的，属于招标投标法第三十三条规定的以其他方式弄虚作假的行为：

（一）使用伪造、变造的许可证件；

（二）提供虚假的财务状况或者业绩；

（三）提供虚假的项目负责人或者主要技术人员简历、劳动关系证明；

（四）提供虚假的信用状况；

（五）其他弄虚作假的行为。"

任务 5.2　建设工程施工项目评标

5.2.1　评标依据

《招标投标法》第四十条和《评标委员会和评标方法暂行规定》规定，评标委员会应当按照招标文件确定的评标标准和方法，对投标文件进行评审和比较；设有招标控制价的，应当参考标底。

依据上述相关的法律规定，评标委员会成员对投标文件的评审依据主要有下列几项：
（1）招标投标以及相关法律法规；
（2）技术标准规范规定、强制性条文；
（3）工程项目施工招标文件；
（4）投标会议纪要或答疑文件；
（5）招标文件规定的评标定标办法及细则；
（6）招标控制价或标底；
（7）投标文件；
（8）开标记录；
（9）其他有关资料。

5.2.2　建设工程施工项目评标流程

评标委员会对投标文件评审流程：初步评审—详细评审—提出评标报告—推荐中标候选人。

1. 初步评审

初步评审也称对投标书的响应性审查，它以建设工程项目招标文件的投标须知为依据，检查各投标书是否为响应性投标，确定投标书的有效性。初步评审从投标书中筛出符合要求的合格投标书，剔除所有无效投标和严重违法的投标书。

（1）符合性评审

对投标文件符合性审查内容如下：
1）投标人的资格。主要是指投标人经营资格、财务状况、信用以及项目经理资格；
2）投标文件的有效性。主要是指投标文件以及证明材料的有效性；
3）投标文件的完整性。主要是指投标文件是否按招标文件的要求，提供了全部文件；
4）与招标文件的一致性。

（2）对招标文件响应偏差的处理

投标文件对招标文件实质性要求和条件响应的偏差分为重大偏差和细微偏差。评标委员会应当根据招标文件，审查并逐项列出投标文件的全部投标偏差。

对投标文件的重大偏差处理如下：

存在重大偏差的投标文件都属于在初评阶段应淘汰的投标书。《评标委员会和评标方法暂行规定》第二十五条规定："下列情况属于重大偏差：

（一）没有按照招标文件要求提供投标担保或者所提供的投标担保有瑕疵；

（二）投标文件没有投标人授权代表签字和加盖公章；

（三）投标文件载明的招标项目完成期限超过招标文件规定的期限；

（四）明显不符合技术规格、技术标准的要求；

（五）投标文件载明的货物包装方式、检验标准和方法等不符合招标文件的要求；

（六）投标文件附有招标人不能接受的条件；

（七）不符合招标文件中规定的其他实质性要求。"

投标文件有上述情形之一的，为未能对招标文件作出实质性响应，作废标处理。招标文件对重大偏差另有规定的，从其规定。

对投标文件的细微偏差处理如下：

细微偏差是指投标文件在实质上响应招标文件要求，但在个别地方存在漏项或者提供了不完整的技术信息和数据等情况，并且补正这些遗漏或者不完整不会对其他投标人造成不公平的结果。细微偏差不影响投标文件的有效性。评标委员会可以书面方式要求投标人在评标结束前，对投标文件中含义不明确、对同类问题表述不一致或者有明显文字和计算错误的内容作必要的澄清、说明或者纠正。澄清、说明或者补正应以书面方式进行，并不得超出投标文件的范围或者改变投标文件的实质性内容。

（3）否决投标人的投标

《招标投标法实施条例》第五十一条规定："有下列情形之一的，评标委员会应当否决其投标：

（一）投标文件未经投标单位盖章和单位负责人签字；

（二）投标联合体没有提交共同投标协议；

（三）投标人不符合国家或者招标文件规定的资格条件；

（四）同一投标人提交两个以上不同的投标文件或者投标报价，但招标文件要求提交备选投标的除外；

（五）投标报价低于成本或者高于招标文件设定的最高投标限价；

（六）投标文件没有对招标文件的实质性要求和条件作出响应；

（七）投标人有串通投标、弄虚作假、行贿等违法行为。"

2. 详细评审

对投标文件详细评审包括技术性评审和商务性评审。

（1）技术性评审

投标文件的技术性评审，主要评审施工方案、工程进度与技术措施、质量管理体系与措施、安全管理体系与安全保证措施、环境保护管理体系与措施、资源（劳务、材料、机械设备）以及技术负责人等方面是否与国家相应规定及招标项目符合。

（2）商务性评审

投标文件的商务性评审主要是指投标报价的合理性与准确性的审核，审查全部报价数据计算的准确性和合理性。如投标书中存在计算或统计的错误，由评标委员会予以修正后请投标人签字确认，修正后的投标报价对投标人起约束作用；如投标人拒绝确认，没收其投标保证金。

3. 提出评标报告

评标委员会在完成评标后，应向招标人提出书面评标结论性报告，并抄送有关行政监督部门。评标报告应当如实记载以下内容：

（1）本招标项目情况和数据表；

（2）评标委员会成员名单；

（3）开标记录；

（4）符合要求的投标一览表；

（5）废标情况说明；

（6）评标标准、评标方法或者评标因素一览表；

（7）经评审的价格或者评分比较一览表；

（8）经评审的投标人排序；

（9）推荐的中标候选人名单与签订合同前要处理的事宜；

（10）澄清、说明及补正事项纪要。

评标报告

评标报告由评标委员会全体成员签字。对评标结论持有异议的评标委员会成员可以书面方式阐述其不同意见和理由。评标委员会成员拒绝在评标报告上签字且不陈述其不同意见和理由的，视为同意评标结论。评标委员会应当对此作出书面说明并记录在案。

评标委员会向招标人提交书面评标报告后，评标委员会即宣告解散。评标过程中使用的文件、表格及其他资料应当即时归还招标人。

4. 推荐中标候选人

中标候选人由评标委员会推荐，评标委员会推荐的中标候选人应当限定在1~3人，并标明排列顺序。

依法必须进行招标的项目，招标人应当自收到评标报告之日起3日内公示中标候选人，公示期不得少于3日。

5. 废标、否决所有投标和重新招标

（1）废标

《评标委员会和评标方法暂行规定》规定了四类废标情况：

1）在评标过程中，评标委员会发现投标人以他人的名义投标、串通投标、以行贿手段谋取中标或者以其他弄虚作假方式投标的，该投标人的投标应作废标处理。

2）在评标过程中，评标委员会发现投标人的报价明显低于其他投标报价或者在设有标底时明显低于标底，使得其投标报价可能低于其个别成本的，应当要求该投标人作出书面说明并提供相关证明材料。投标人不能合理说明或者不能提供相关证明材料的，由评标委员会认定该投标人以低于成本报价竞标，其投标应作废标处理。

3）投标人资格条件不符合国家有关规定和招标文件要求的，或者拒不按照要求对投标文件进行澄清、说明或者补正的，评标委员会可以否决其投标。

4）未能在实质上响应招标文件的要求，应作废标处理。投标文件有下列情形之一的，属于未能对招标文件作出实质上响应：

①没有按照招标文件要求提供投标担保或者所提供的投标担保有瑕疵；
②投标文件没有投标人授权代表签字和加盖公章；
③投标文件载明的招标项目完成期限超过招标文件规定的期限；
④明显不符合技术规格和技术标准的要求；
⑤投标文件载明的货物包装方式、检验标准和方法等不符合招标文件的要求；
⑥投标文件附有招标人不能接受的条件；
⑦不符合招标文件中规定的其他实质性要求。

《工程建设项目施工招标投标办法》规定的废标处理情况：

投标文件有下列情形之一的，由评标委员会初审后按废标处理：

1）无单位盖章并无法定代表人或法定代表人授权的代理人签字或盖章的；

2）未按规定的格式填写，内容不全或关键字迹模糊、无法辨认的；

3）投标人递交两份或多份内容不同的投标文件，或在一份投标文件中对同一招标项目报有两个或多个报价，且未声明哪一个有效，但按招标文件规定提交备选投标方案的除外；

4）投标人名称或组织结构与资格预审时不一致的；

5）未按招标文件要求提交投标保证金的；

6）联合体投标未附联合体各方共同投标协议的。

（2）否决所有投标和重新招标

在评标过程中，评标委员会如果发现法定的废标情况和问题，可以对个别或所有的投标文件做废标处理；或者有效投标不足3个，使投标明显缺乏竞争不能达到招标目的，则可以依法否决所有投标。投标人不足3个或所有投标被否决的，招标人应依法重新组织招标。

《招标投标法》第四十二条规定："评标委员会经评审，认为所有投标都不符合招标文件要求的，可以否决所有投标。"

《招标投标法》第二十八条规定："投标人少于三个的，招标人应当依照本法重新招标。"

《招标投标法》第四十二条规定："依法必须进行招标的项目的所有投标被否决的，招标人应当依照本法重新招标。"

5.2.3 建设工程施工项目评标标准与办法

1. 评标的标准

评标的标准，一般包括价格标准和价格标准以外的其他有关标准（又称"非价格标准"）。

在工程项目评标时，非价格标准主要有工期、施工方案、施工组织、质量保证措施、主要材料用量、施工人员和管理人员的素质、以往的经验、企业的综合业绩等。

2. 评标的方法

评标的方法是运用评标标准评审、比较投标文件的具体方法。《评标委员会和评标方法暂行规定》第二十九条规定："评标方法包括经评审的最低投标价法、综合评估法或者法律、行政法规允许的其他评标方法。"上述评标方法主要应用于对投标文件详细评审。

3. 初步评审标准

初步评审标准详细内容见表 5-1。

初步评审标准　　　　　　　　　　　　　表 5-1

序号	评审内容		评审标准
1	形式评审	1.1	投标文件格式、内容组成（如投标函、法定代表人身份证明、授权委托书等）是否按照招标文件规定的格式和内容填写，字迹是否清晰可辨
		1.2	投标文件提交的各种证件或证明材料是否齐全、有效和一致，包括营业执照、资质证书、相关许可证、相关人员证书、各种业绩证明材料等
		1.3	投标人的名称、经营范围等与投标文件中的营业执照、资质证书、相关许可证是否一致有效
		1.4	投标文件法定代表人身份证明或法定代表人的代理人是否有效，投标文件的签字、盖章是否符合招标文件规定。如有授权委托书，则授权委托书的内容和形式是否符合招标文件的规定
		1.5	如有联合体投标，应审查联合体投标文件的内容是否符合招标文件的规定，包括联合体协议书、牵头人、联合体成员数量等
		1.6	投标报价是否唯一。一份投标文件只能有一个投标报价，在招标文件没有规定的情况下，不得提交选择性报价。如果提交了调价函，则应审查调价函是否符合招标文件的规定
2	资格评审	—	见资格预审内容
3	响应性评审	3.1	投标内容范围是否符合招标范围和内容，有无实质性偏差

续表

序号	评审内容		评审标准
3	响应性评审	3.2	项目完成期限（工期、服务期），投标文件载明的完成项目的时间是否符合招标文件规定的时间，并应提供响应时间要求的进度计划安排的图表等
		3.3	投标文件是否符合招标文件提出的（工程、服务）质量目标、标准要求
		3.4	投标文件是否承诺招标文件规定的有效期
		3.5	投标人是否按照招标文件规定的时间、方式、金额及有效期递交投标保证金或银行保函
		3.6	投标人是否按照招标文件规定的内容范围及工程量清单或服务清单数量进行报价，是否存在算术错误，并需要按规定修正。招标文件设有招标控制价的，投标报价不能超过招标控制价
		3.7	投标文件中是否完全接受并遵守招标文件合同条件约定的权利、义务，是否对招标文件合同条款有重大保留、偏离和不响应内容
		3.8	投标文件的技术标准是否响应招标文件要求
4	施工组织设计和项目组织机构评审	4.1	采用经评审的最低投标价法时，投标文件中施工组织设计的各项要素是否响应招标文件要求
		4.2	采用经评审的最低投标价法时，投标文件中的项目管理机构的各项要素是否响应招标文件要求

（1）经评审的最低投标价法

经评审的最低投标价法是指能够满足招标文件的实质性要求，并且经评审的投标价格最低（但投标价格低于成本的除外），按照投标价格最低确定中标人。该方法适用于招标人对工程的技术、性能没有特殊要求的招标项目，承包人采用通用技术施工即可达到性能标准的招标项目。评标方法如下：

1）能够满足招标文件的实质性要求，并且经评审的最低投标价（但应高于企业的个别成本）的投标，应当推荐为中标候选人。

2）采用经评审的合理最低投标价法的，评标委员会应当根据招标文件中规定的评标价格调整方法，对所有投标人的投标报价以及投标文件的商务部分作必要的价格调整。

3）采用经评审的最低投标价法的，中标人的投标应当符合招标文件规定的技术要求和标准，但评标委员会无须对投标文件的技术部分进行价格折算。

4）根据评审的合理最低投标价法完成详细评审后，评标委员会应当拟定一份"标价比较表"，连同书面评标报告提交招标人。"标价比较表"应当载明投标人的投标报价、对商务偏差的价格调整和说明以及经评审的最终投标价。

（2）综合评估法

综合评估法是对价格、施工组织设计（或施工方案）、项目经理的资历和业绩、质量、工期、信誉和业绩等各方面因素进行综合评价，从而确定中标人的评标定标方法。它是适应最广泛的评标定标方法。评审方法如下：

1)不宜采用经评审的最低投标价法的招标项目,一般应当采取综合评估法进行评审。

2)根据综合评估法,最大限度地满足招标文件中规定的各项综合评价标准的投标,应当推荐为中标候选人。衡量投标文件是否最大限度地满足招标文件中规定的各项评价标准,可以采取折算为货币的方法、打分的方法或者其他方法。需量化的因素及其权重应当在招标文件中明确规定。

3)评标委员会对各个评审因素进行量化时,应当将量化指标建立在同一基础或者同一标准上,使各投标文件具有可比性。对技术部分(技术标)和商务部分(商务标)进行量化后,评标委员会应当对这两部分的量化结果进行加权,计算出每一投标的综合评估价或者综合评估分。

4)根据综合评估法完成评标后,评标委员会应当拟定一份"综合评估比较表",连同书面评标报告提交招标人。"综合评估比较表"应当载明投标人的投标报价、所作的任何修正、对商务偏差的调整、对技术偏差的调整、对各评审因素的评估以及对每一投标的最终评审结果。

对投标文件评分可以参照下列方式:

①得分最高者为中标候选人。

$$N=A_1+J+A_2\times S+A_3\times X \tag{5-1}$$

式中 N——评标总得分;

J——施工组织设计(技术标)评审得分;

S——投标报价(商务标)评审得分,以最低报价(但低于成本的除外)得满分,其余报价按比例折减计算得分;

X——投标人的质量、综合实力、工期得分;

A_1、A_2、A_3——各项指标所占的权重。

②得分最低的为中标候选人。

$$N' = A_1 \times J' + A_2 \times S' + A_3 \times X' \tag{5-2}$$

式中 N'——评标总得分;

J'——施工组织设计(技术标)评审得分排序,从高至低排序,$J'=1,2,3,\cdots$;

S'——投标报价(商务标)评审得分排序,按报价从低至高排序(报价低于成本的除外),$S'=1,2,3,\cdots$;

X'——投标人的质量、综合实力、工期得分排序,按得分从高至低排序,$X'=1,2,3,\cdots$;

A_1、A_2、A_3——各项指标所占的权重。

建议:一般 A_1 取 20%~70%,A_2 取 30%~70%,A_3 取 0~20%,且 $A_1+A_2+A_3=100\%$。

两种方法的主要区别在 J、S 和 X 记分的取值方法不同。第一种方法按与标准值的差取值，而第二种方法仅按投标书此项的排序取值。第二种方法计算相对简单，但当偏差较大时，最终得分值的计算不能反映具体的偏差度，可能导致报价最低，但综合实力不够强或施工方案不是最优的投标人中标。

复合标底法

（3）其他评标方法

以往的评标还采用评标价法、接近标底法（复合标底法）、低标价法、费率费用评标法，这些方法目前已基本不再采用，但个别项目也会采用接近标底法。

4. 评标工作内容

评标阶段的主要工作有投标文件的符合性鉴定、技术标评审、商务标评审、综合评审、投标文件的澄清、答辩、资格后审等。

（1）投标文件的符合性鉴定

所谓符合性鉴定是检查投标文件是否实质上响应招标文件的要求，实质上响应的含义是其投标文件应该与招标文件的所有条款、条件规定相符，无显著差异或保留。符合性鉴定一般包括下列内容：

1) 投标文件的有效性。主要包括：

①投标人以及联合体形式投标的所有成员是否已通过资格预审，获得投标资格。

②投标文件中是否提交了承包人的法人资格证书及投标负责人的授权委托证书；如果是联合体，是否提交了合格的联合体协议书以及投标负责人的授权委托证书。

③投标保函的格式、内容、金额、有效期、开具单位是否符合招标文件要求。

④投标文件是否按规定进行了有效签署等。

2) 投标文件的完整性。包括投标文件中是否包括招标文件规定应递交的全部文件，如标价的工程量清单、报价汇总表、施工进度计划、施工方案、施工人员和施工机械设备的配备等，以及应该提供的必要的支持文件和资料。

3) 投标文件实质内容与招标文件一致性。主要包括：

①凡是招标文件中要求投标人填写的空白栏目是否全都填写，作出明确的回答，如投标书及其附录是否完全按要求填写。

②对于招标文件的任何条款、数据或说明是否有任何修改、保留和附加条件。

通常符合性鉴定是评标的第一步，如果投标文件实质上不响应招标文件的要求，将被列为废标予以拒绝，并不允许投标人通过修正或撤销其不符合要求的差异或保留，使之成为具有响应性投标。

（2）技术标评审

技术标评审的目的是确认和比较投标人完成招标工程项目的技术能力，确认完成招标项目的施工方案的可靠性。技术标评审的主要内容如下：

1）施工方案的可行性评审。可行性评审是对各类分部分项工程的施工方法、施工人员和施工机械设备的配备、施工现场的布置和临时设施的安排、施工顺序及其相互衔接等方面的评审，特别是对该项目的关键工序的施工方法进行可行性论证，要审查其技术的最难点或先进性和可靠性。

2）施工进度计划的可靠性评审。审查施工进度计划是否满足对竣工时间的要求，是否科学合理、切实可行，同时还要审查保证施工进度计划的措施是否完善、切实可行，例如施工机具、劳务的安排是否合理和可行等。

3）施工质量保证措施评审。审查投标文件中提出的质量控制和管理措施，包括质量管理人员的配备、质量检验仪器的配置和质量管理制度。

4）工程材料和机器设备供应的技术性能是否符合设计技术要求等评审。审查投标文件中关于主要材料和设备的样本、型号、规格和制造厂家名称、地址等，判断其技术性能是否达到设计标准。

5）分包商的技术能力和施工经验评审。如果投标人拟在中标后将中标项目的部分工作分包给他人完成，应当在投标文件中载明。应审查拟分包的工作必须是非主体，非关键性工作；审查分包人应当具备的资格条件，完成相应工作的能力和经验。

6）对于投标文件中按照招标文件规定提交的建议方案作出技术评审。如果招标文件中规定可以提交建议方案，则应对投标文件中的建议方案的技术可靠性与优缺点进行评估，并与原招标方案进行对比分析。

（3）商务标评审

商务标评审的目的是从工程成本、财务和经验分析等方面评审投标报价的准确性、合理性、经济效益和风险等。商务标评审在整个评标工作中通常占有重要地位。商务标评审的主要内容如下：

1）审查全部报价数据计算的正确性。通过对投标报价数据全面审核，看其是否有计算上或累计上的算术错误，如果有按"投标者须知"中的规定改正和处理。

2）分析报价构成的合理性。通过分析工程报价中分部分项工程费、措施项目费、其他项目费、规费和税金的比例关系；主体工程各专业工程价格的比例关系等，判断报价是否合理。用招标控制价（或标底）与投标书中的各项工作内容的报价进行对比分析，对差异较大之处找出原因，并评定是否合理。

3）分析前期工程价格提高的幅度。有些投标人为了解决前期施工中资金流通的困难，采用不平衡报价法投标，但不允许有严重的不平衡报价。提高前期工程的支付要求，会影响到项目的资金筹措计划。

4）分析标书中所附资金流量表的合理性。它包括审查各阶段的资金需求计划是否与施工进度计划相一致，对预付款的要求是否合理，调价时取用的基价和调价系数的合理性等内容。对投标文件总评打分见表5-2。

（4）综合评审

综合评审是在以上工作的基础上，根据事先拟定好的评标原则、评价指标和评标办法，对筛选出来的若干个具有实质性响应的招标文件综合评价与比较，最后选定中标人。

（5）评标委员会汇总评审结果

评标委员会汇总评审结果的程序：

1）评标委员会各成员进行评分汇总并计算各有效投标的加权得分；再将评标委员会成员的加权得分，进行最终汇总并计算各有效投标加权得分的平均值；并按照加权得分平均分值由高至低的次序，对各有效投标进行排序；如果出现加权得分平均分值相同的情况，则按照优先排名次序的确定标准进行排序。

2）评标委员会各成员对本人的评审意见写出说明并签字。

3）评标委员会各成员对本人评审意见的真实性和准确性负责，不得随意涂改所填内容。

百分制总评分表　　　　　　　　　　　表 5-2

评审分类分值	评分项	评标内容	得分		
商务标部分 50 分	1	投标报价实质上响应招标文件要求，为有效标得基础 30 分			
	2	投标报价与评标标底相比，每下浮一个百分点加 2 分，下浮至十个百分点加 20 分，最多加 20 分；投标报价与评标标底相比每上浮一个百分点减 2 分，上浮至十个百分点减 20 分，最多减 20 分			
企业信誉及业绩 20 分	1	质量承诺达到招标文件等级加 2 分			
	2	本工程投标建造师近两年内被评为省级优秀建造师加 1 分，被评为国家级优秀建造师加 2 分			
	3	企业资质，特级资质加 4 分，一级资质加 3 分，二级资质加 2 分，三级资质加 1 分			
	4	投标建造师前两年度施工本专业类似工程（已竣工，以施工合同为准）加 1 分			
	5	企业通过《质量管理体系系列认证》ISO 9001：2015 的加 2 分			
	6	企业通过《职业健康安全管理体系　要求及使用指南》GB/T 45001—2020 认证的加 2 分			
	7	企业通过《环境管理体系系列认证》ISO 14001：2015 的加 2 分			
	8	投标企业前两年工程质量获省级奖加 1 分，获国家级奖加 2 分			
	9	投标企业前两年获得省级"安全文明工地"加 1 分			
	10	投标企业前两年工程质量获省级奖加 1 分；质量承诺达到招标文件等级加 2 分			
技术部分 30 分	1	各分部工程主要施工方案： 各专家评委根据各投标单位的施工方案打分（分值为 1~6 分任意打取）			
	2	工程材料进场计划： 能满足施工要求并且本企业有生产加工能力的得 3 分；有常年合作单位（以合同为准）的得 2 分；采用其他方式满足生产的得 1 分			

续表

评审分类分值	评分项	评标内容	得分		
技术部分 30 分	3	施工平面布置： 施工现场平面布置图，包括临时设施、现场交通、现场作业区、施工设备机具、安全通道、消防设施及通道的布置、成品、半成品、原材料的堆放等。布置合理的得 3 分，较合理的得 1 分			
	4	施工进度安排： 投标单位应提供初步的施工进度表且响应招标文件的有关违约责任，说明按投标工期进行施工的各个关键日期。初步施工进度表可采用横道图（或关键线路网络图表示）。施工进度计划与招标工期一致的，提前 3 天得 2 分，提前 5 天得 3 分			
	5	项目管理机构及劳动力组织： 项目管理机构至少应包括建造师、施工员、材料员、助理造价工程师、质量员、安全员、财务人员。劳动力组织应分工种、级别、人数按工程施工阶段配备劳动力（以证书原件为准/否则不得分）。配备合理得 3 分，较合理得 2 分，基本满足得 1 分			
	6	质量、工期保证措施体系： 质量、工期保证措施应包括各分部、分项的措施。健全得 3 分，较健全得 2 分，基本健全得 1 分			
	7	安全生产施工措施： 安全措施合理，应有临街商户及行人安全出行措施，有临时用电防护措施等。合理得 3 分，较好得 2 分，基本满足得 1 分			
	8	文明施工措施： 文明施工措施合理，封闭围挡，防尘、防噪声、保证现场环境整治。措施合理得 3 分，较好得 2 分，基本满足得 1 分			
	9	冬雨期施工措施： 措施合理得 3 分，较好得 2 分，基本满足得 1 分			

注：1. 投标报价 50 分（基础 30 分），百分之几即表示为几个百分点。本次评标的有效标范围为最低报价，不得低于工程成本，评标采用公开修正标底的做法，即有效标投标报价的算术平均值为评标基准价，本次评标计分，保留两位小数计算，第三位小数四舍五入。

2. 以上证明材料（资质证书、营业执照、安全生产许可证、建造师证、荣誉证书等）应当真实、有效，以原件为准。遇有弄虚作假者、未携带原件者、投标建造师未到会场的，取消其投标资格。每一种证书均按获得的最高荣誉证书计分，计分时不重复、不累计。

（6）评标委员会要求对投标文件的澄清

提交投标截止时间以后，投标文件就不得被补充、修改，这是招标投标的基本规则。但评标时，若发现投标文件的内容有含义不明确、不一致或明显打字（书写）错误或纯属计算上的错误的情形，评标委员会则应通知投标人作出澄清或说明，以确认其正确的内容。对明显打字（书写）错误或纯属计算上错误的，评标委员会应允许投标人补正。澄清的要求和投标人的答复均应采取书面的形式。投标人的答复必须经法定代表人或授权代理人签字，作为投标文件的组成部分。

投标人的澄清或说明，仅仅是对上述情形的解释和补正，不得有下列行为：

1）超出投标文件的范围。

2）改变或谋求、提议改变投标文件中的实质性内容。所谓改变实质性内容，是指改变投标文件中的报价、技术规格（参数）、主要合同条款等内容。这种实质性内容的改变，目的就是使不符合要求的投标成为符合要求的投标，或者使竞争力较差的投标变成竞争力较强的投标。

如果需要澄清的投标文件较多，则可以召开澄清会。澄清会应当在招标投标管理机构监督下进行。在澄清会上由评标委员会分别单独对投标人进行质询，先以口头形式询问并解答，随后在规定的时间内投标人以书面形式予以确认，做出正式书面答复。

投标人借澄清的机会提出的任何修正声明或者附加优惠条件不得作为评标定标的依据。投标人也不得借澄清机会提出招标文件内容之外的附加要求。

《招标投标法》第四十三条规定："在确定中标人前，招标人不得与投标人就投标价格、投标方案等实质性内容进行谈判。"投标人在澄清投标文件时，禁止招标人与投标人进行实质性内容的谈判。

任务 5.3　电子评标

5.3.1　电子评标概念

电子评标是评标委员会通过"公共资源交易平台"对投标文件进行评审。

5.3.2　电子评标流程

1. 评标准备

（1）评标委员会进入开评标系统，选择"评委身份"，点击"登录"按钮，登录系统后进入"项目"。

（2）评委阅读承诺书（图 5-1）后点击签章。

（3）评委回避。在"评委回避"菜单中，评委根据实际情况选择需要回避的单位后点击"需要回避"或者点击"不需要回避"。

（4）招标文件评价。

（5）推荐评委负责人。各个环节需要所有专家完成，由组长汇总后才能进行下一步的评审，需要注意，评审未汇总前不能进行后续的评审。

2. 初步评审

（1）标书雷同性分析。点击"标书特征码"和"特征码对比"查看单位标书雷同性分析情况，如有雷同均废标。

黑龙江公共资源交易平台内
交易当事人信用约束承诺书

（评标评审专家）

为维护公平竞争的公共资源交易市场秩序，营造诚实守信的公共资源交易市场环境，我郑重承诺如下：

（一）我在参与黑龙江公共资源交易活动中将严格遵守法律法规及各项制度规定。

（二）若有违反法律法规及各项制度规定的失信行为，一经查实，我愿按照《黑龙江公共资源交易管理委员会关于加强市公共资源平台内交易当事人信用约束工作的通知》要求接受相关信用约束，并接受相关行业主管部门依法给予的处罚。

图 5–1　公共资源交易当事人信用约束承诺书节选

（2）初步评审。针对投标文件的符合性（同本章前述初步评审内容）进行评审确认“通过”或“不通过”，如图 5–2 所示。

专家1评委初步评审评分表

合同编号：111111112

合同名称：111111-1

序号	评审因素	投标单位名称及评审意见							
		单位1	单位2	单位3					
1	资格评审								
1.1	有效营业执照	通过	通过	通过					
1.2	投标人要求	通过	通过	通过					
1.3	安全生产许可证	通过	通过	通过					
1.4	建造师	通过	通过	通过					
2	响应性评审								
2.1	投标范围	通过	通过	通过					

图 5–2　初步评审评分表

注：图中评审因素包括：资格评审、有效营业执照、投标人要求、安全生产许可证、建造师、响应性评审、投标范围，以及投标人“通过”或是“不通过”。

（3）初步评审汇总。所有评委专家都完成评审之后需要评委组长进行初步评审汇总。

（4）初步评审废标。点击需要废标的单位，选择废标节点并挑选废标条款，点击“废标”按钮，即可对选定的投标单位进行废标操作。

（5）标价比较表。评委组长已完成初步评审汇总在初步评审页面中点击“标价比较表”按钮，进入标价比较表页面。该页面对投标人的报价进行排序。

3. 详细评审

（1）施工组织设计评审

评委组长已完成初步评审汇总后对标书进行施工组织设计评审，在详细评审页面中点击“施工组织设计”按钮，进入评审页面，施工组织设计评审可选择“按单位打分”或者“完整打分”，全部评审完毕后，点击“确认提交”按钮后，系统弹出施工组织设计评审评分表，如图 5–3 所示。

专家1评委施工组织设计评分表

合同编号：111111112

合同名称：111111-1

序号	评审因素	投标单位名称及评审意见							
		单位1	单位2	单位3					
1	规范性和编制水平	0.00	0.00	0.00					
2	施工方案与技术措施	0.00	0.00	0.00					
3	质量管理体系与措施	0.00	0.00	0.00					
4	安全管理体系与措施	0.00	0.00	0.00					
5	环境保护管理体系与措施	0.00	0.00	0.00					
6	工程进度计划与措施	0.00	0.00	0.00					
7	资源配备计划	0.00	0.00	0.00					

评委签名：

图 5–3　施工组织设计评分表

注：表中评价因素包括：规范性和编制水平、施工方案与技术措施、质量管理体系与措施、安全管理体系与措施、环境保护管理体系与措施、工程进度计划与措施、资源配备计划以及投标单位得分。

（2）项目管理机构评审

评委组长已完成施工组织设计评审汇总，在详细评审页面中点击“项目管理机构”按钮，进入评审页面对标书进行项目管理机构评审，全部评审完毕后，点击“确认提交”按钮后，系统弹出项目管理机构评分表，如图 5–4 所示。由评委组长进行项目管理机构汇总。

专家1评委项目管理机构评分表

合同编号：111111112

合同名称：111111-1

序号	评审因素	投标单位名称及评审意见							
		单位1	单位2	单位3					
1	内设机构	0.00	0.00	0.00					
2	项目经理学历、专业、职称和业绩	0.00	0.00	0.00					
3	技术负责人学历、专业、职称和业绩	0.00	0.00	0.00					

评委签名：

图 5–4　组织机构评分表

注：组织机构评分表中信息包括：内设机构、项目经理学历、专业、职称业绩、技术负责人学历、专业、职称业绩以及各投标人的得分。

（3）投标报价评审、汇总

在详细评审页面中点击“投标报价”按钮，进入评审页面。投标报价评审打分全部评审完毕后，点击“确认提交”按钮后，系统弹出投标报价评审评分表，确认无误后，点击“确认提交”按钮提交评审结果，如图 5–5 所示。所有评委已完成投标报价评审，评委组长对投标报价评审结果进行汇总。

专家1评委投标报价评分表

合同编号：111111112

合同名称：111111-1

序号	评审因素	投标单位名称及评审意见							
		单位1	单位2	单位3					
1	投标报价	23.01	29.79	22.79					

评委签名：

图 5–5　报价评分表

注：报价评分表中的信息包括投标单位及投标报价。

（4）其他因素评审、汇总

评委对其他评分因素进行评审，在详细评审页面中点击“其他评分因素”按钮，进入评审页面。全部完成打分评审完毕后，点击“确认提交”按钮，系统弹出其他因素评分表，确认无误后，点击“确认提交”按钮提交评审结果，如图 5–6 所示。所有评委已完成其他评分因素评审，评委组长对其他评分因素评审结果进行汇总，特殊情况退回重评。

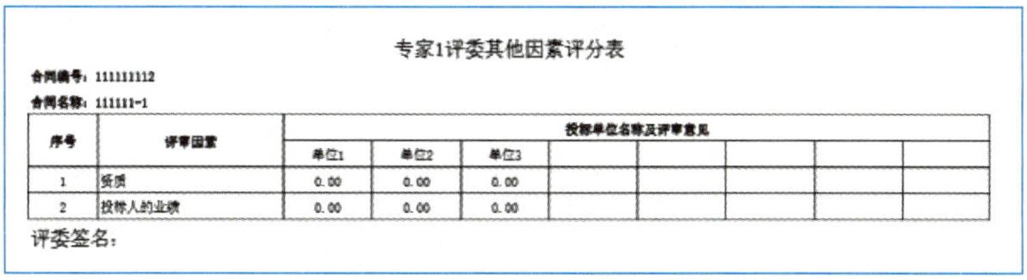
专家1评委其他因素评分表

合同编号：111111112

合同名称：111111-1

序号	评审因素	投标单位名称及评审意见							
		单位1	单位2	单位3					
1	资质	0.00	0.00	0.00					
2	投标人的业绩	0.00	0.00	0.00					

评委签名：

图 5–6　其他因素评分表

注：其他因素评分表中信息包括：资质、投标人业绩以及投标人得分。

4. 评标结果

（1）最终排名。点击“排名刷新”可刷新排名情况，排名结果无误后由组长确认，如图 5–7 所示。

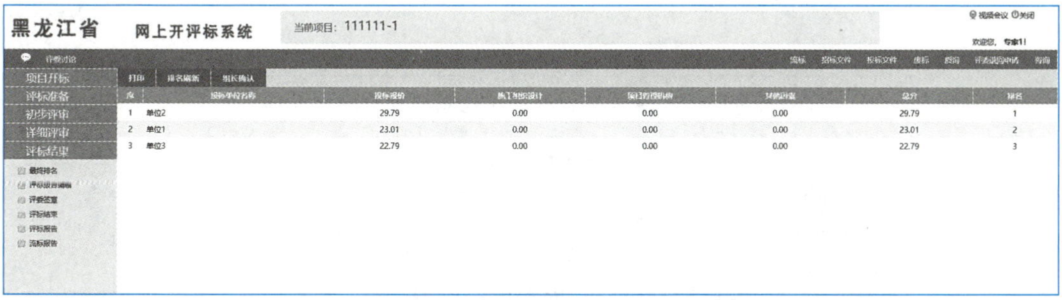

图 5–7　网上评标“排名”表

注：表中信息包括投标报价、施工组织设计、项目组织机构、其他因素以及按得分顺序投标人的排名。

（2）评标报告编辑。可上传相关电子文件点击提交即可。

（3）所有评审及评审汇总环节均已完成，评委对相关文件进行签章，在评标结束菜单中点“评委签章”按钮，进入评委签章页面。插入 CA 锁并点击“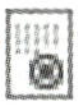”按钮（签章按钮），对文件进行签章（图 5–8）。

（4）评标结束。在评标结束菜单中点击“评分报告”按钮，进入评分报告页面，勾选相应文件后，点击“批量打印”按钮，可批量打印文件。

5. 评标报告

在评标结束菜单中点击“评分报告”按钮，进入评分报告页面，勾选相应文件后，点击“批量打印”按钮，可批量打印文件。

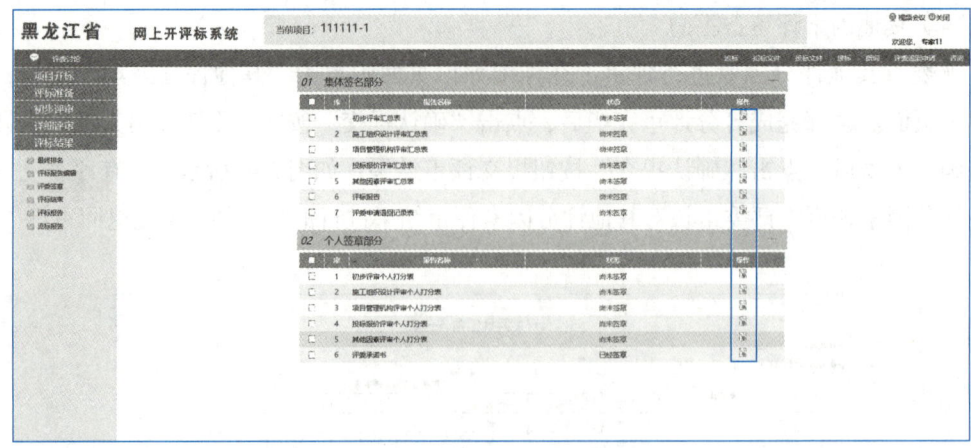

图 5-8　评标委员会成员签章

注：评标委员会成员签章表中信息：
1. 集体签名（初评汇总表、施工组织评审汇总表、项目组织机构评审汇总表、投标报价评审汇总表、其他因素评审汇总表、评标报告、评委申请退回记录表）；
2. 个人签名（初评个人打分、施工组织设计个人打分、项目组织机构个人打分、其他因素打分）。

6. 评标结果公示

在评标结束菜单中点击"评委签章"按钮，进入评委签章页面。插入 CA 锁并点击"▦"按钮，对文件进行签章。图 5-9 所示为某工程施工项目公开招标评标结果公示。

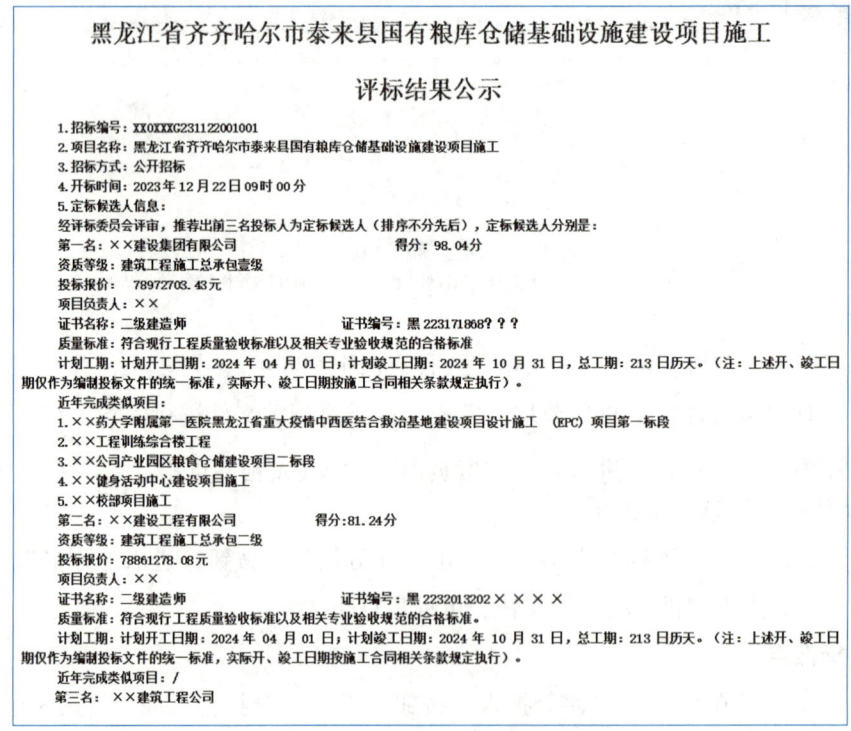

图 5-9　评标结果公示（节选）

7. 中标结果通知

中标人确定后在交易平台上发布定标报告，如图 5-10 所示。

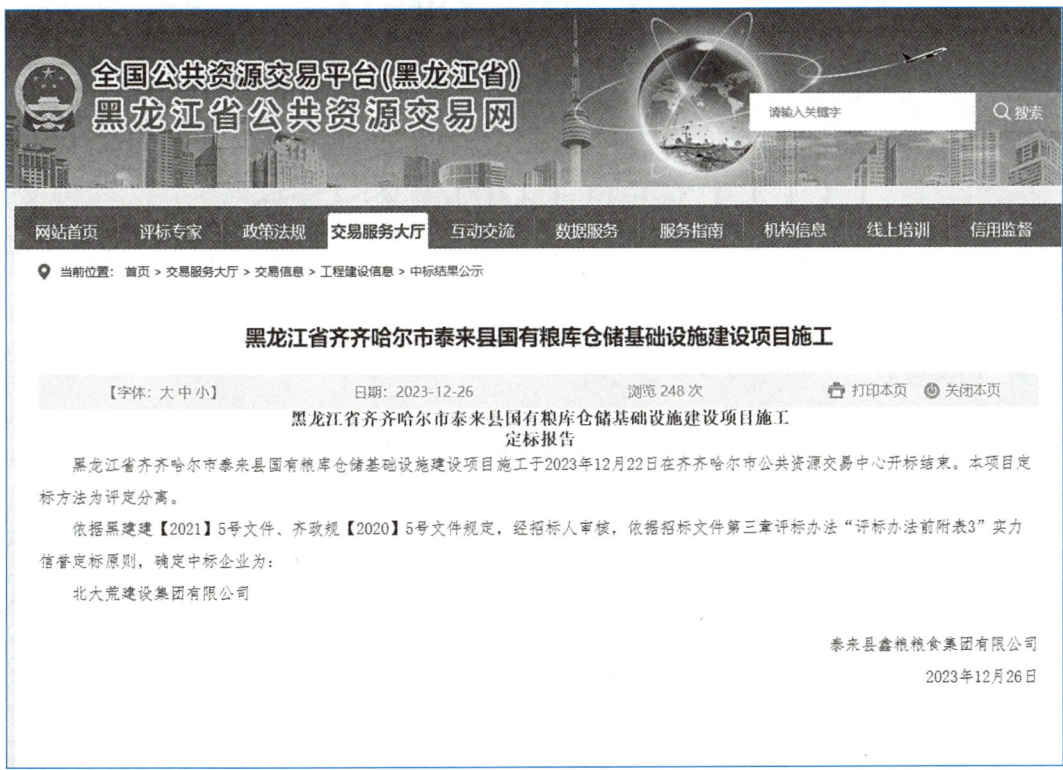

图 5-10　定标报告

 思考与讨论

1. 评标的原则有哪些？
2. 如何构建评标组织机构？
3. 评标委员会成员的职责有哪些？
4. 评标的依据主要有哪些？
5. 评标过程中招标人和投标人进行谈判、协商的内容有何限制？
6. 投标文件出现哪些情形在初步评审时会被废标？
7. 什么情况下重新招标？

 技能训练

根据指导教师提供的投标文件，组织评标委员会对投标文件进行评标，写出评标报告。

学习情境 6

定标

知识要点

中标概念、中标条件、中标人确定的法律依据、中标公示要求、中标通知书及法律效力、中标无效的情形。

教学目标

了解定标环节主要工作内容,掌握中标通知书内容,了解中标无效的法律后果。能够依据招标文件、答疑文件、投标文件、中标通知书拟定合同补充条款。

思维导图

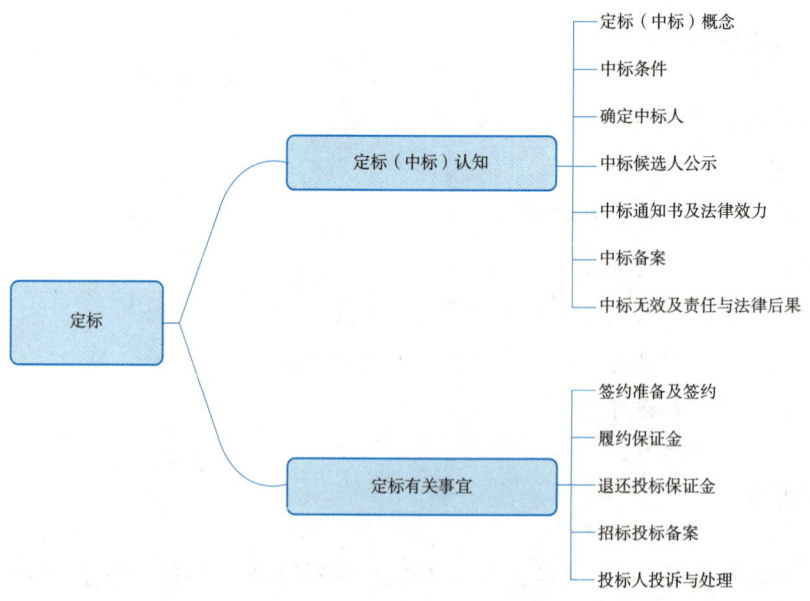

任务 6.1　定标（中标）认知

6.1.1　定标（中标）概念

所谓定标是指招标人按招标流程根据评标委员会的评标报告，在推荐的中标候选人（一般为 1~3 人）中最后确定中标人的活动。中标人的确定也可以由招标人授权评标委员会直接确定。

6.1.2　中标条件

《招标投标法》第四十一条规定："中标人的投标应当符合下列条件之一：
（一）能够最大限度地满足招标文件中规定的各项综合评价标准；
（二）能够满足招标文件的实质性要求，并且经评审的投标价格最低；但是投标价格低于成本的除外。"

6.1.3　确定中标人

中标人确定的有关法律规定：

《工程建设项目施工招标投标办法》第五十七条规定："评标委员会推荐的中标候选人应当限定在一至三人，并标明排列顺序。招标人应当接受评标委员会推荐的中标候选人，不得在评标委员会推荐的中标候选人之外确定中标人。"

《工程建设项目施工招标投标办法》第五十八条规定："国有资金占控股或者主导地位的依法必须进行招标的项目，招标人应当确定排名第一的中标候选人为中标人。排名第一的中标候选人放弃中标、因不可抗力提出不能履行合同、不按照招标文件的要求提交履约保证金，或者被查实存在影响中标结果的违法行为等情形，不符合中标条件的，招标人可以按照评标委员会提出的中标候选人名单排序依次确定其他中标候选人为中标人。依次确定其他中标候选人与招标人预期差距较大，或者对招标人明显不利的，招标人可以重新招标。

招标人可以授权评标委员会直接确定中标人。

国务院对中标人的确定另有规定的，从其规定。"

6.1.4　中标候选人公示

《工程建设项目施工招标投标办法》第五十六条规定："评标委员会完成评标后，应向招标人提出书面评标报告。评标报告由评标委员会全体成员签字。依法必须进行招标的项目，招标人应当自收到评标报告之日起三日内公示中标候选人，公示期不得少于三日。"

《电子招标投标办法》(第 20 号令)第三十六条规定:"招标人确定中标人后,应当通过电子招标投标交易平台以数据电文形式向中标人发出中标通知书,并向未中标人发出中标结果通知书。"

中标结果公示如图 6-1 所示。

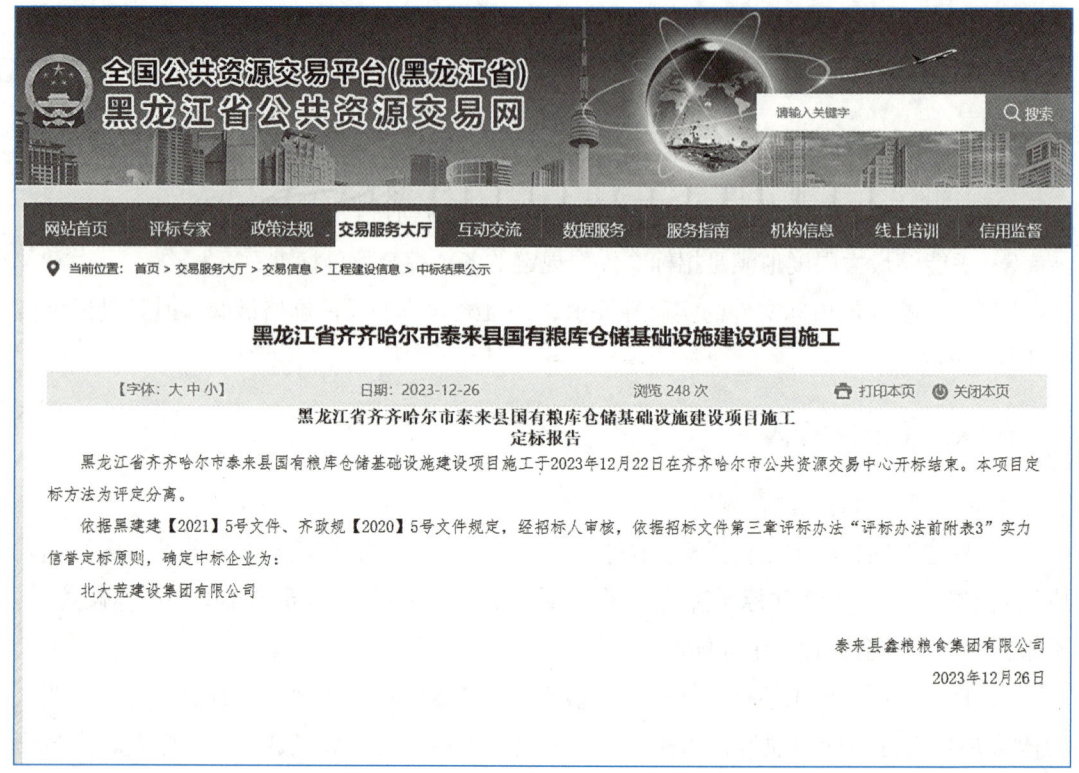

图 6-1 电子招投标中标结果公示

6.1.5 中标通知书及其法律效力

1. 中标通知书内容

中标通知书是向中标的投标人发出告知其中标的书面通知文件。通常工程项目施工招标中标通知书采用如图 6-2 所示的格式。

2. 中标通知书签发

《工程建设项目施工招标投标办法》第五十八条规定:"中标通知书由招标人发出。"

《工程建设项目施工招标投标办法》第五十九条规定:"招标人不得向中标人提出压低报价、增加工作量、缩短工期或其他违背中标人意愿的要求,以此作为发出中标通知书和签订合同的条件。"

```
                           中标通知书
(中标人名称)：
        你方于_____（投标日期）所递交的_____（项目名称）标段施工投标文件
    已被我方接受，被确定为中标人。
        中标价：_____元。
        工期：____日历天。
        计划开工日期：_____年_____月____日。
        计划完工日期：_____年_____月____日。
        工程质量：              。
        项目经理：（姓名）_____，资质资格证书：_____。
        请你方在接到本通知书后的____日内到（指定地点）与我方签订施工承包
    合同，在此之前按招标文件第二章"投标人须知"第7.3.1款规定向我方提交履
    约担保。
        特此通知
                                         招标人：（印章）
                                         法定代表人：（签名）
                                              年   月   日
```

图 6-2　中标通知书

传统招标，中标人确定后，由招标人向中标人发出中标通知书，并同时将中标结果通知所有未中标的投标人（即发出中标结果通知书）。

3. 中标通知书性质及法律效力

投标人提交的投标文件属于一种要约，招标人的中标通知书则为对投标人要约的承诺。

《工程建设项目施工招标投标办法》第六十条指出："中标通知书对招标人和中标人具有法律效力。中标通知书发出后，招标人改变中标结果的，或者中标人放弃中标项目的，应当依法承担法律责任。"

6.1.6　中标备案

招标投标结果的备案制度，是指依法必须进行招标的项目，招标人应当自确定中标人之日起15日内，向有关行政监督部门提交招标投标情况的书面报告。

书面报告至少应包括下列内容：

（1）招标范围；

（2）招标方式和发布招标公告的媒介；

（3）招标文件中投标人须知、技术条款、评标标准和方法、合同主要条款等内容；

（4）评标委员会的组成和评标报告；

（5）中标结果。

招标人向国家有关行政监督部门提交招标投标情况的书面报告，目的是有效监督这些项目的招标投标情况，及时发现其中可能存在的问题。值得注意的是，招标人向行政监督部门提交书面报告备案，并不是说合法的中标结果和合同必须经行政部门审查批准后才能生效，但是法律另有规定的除外。也就是说，中标结果上报只是备案，而不是经审查批准。

6.1.7 中标无效及责任与法律后果

1. 中标无效及责任

导致中标无效的主要有招标代理人违法导致的中标无效、招标人违法导致的中标无效和投标人违法导致的中标无效。

（1）招标代理人违法导致的中标无效及责任

《招标投标法》第五十条规定："招标代理机构违反本法规定，泄露应当保密的与招标投标活动有关的情况和资料的，或者与招标人、投标人串通损害国家利益、社会公共利益或者他人合法权益的，处五万元以上二十五万元以下的罚款，对单位直接负责的主管人员和其他直接责任人员处单位罚款数额百分之五以上百分之十以下的罚款；有违法所得的，并处没收违法所得；情节严重的，禁止其一年至二年内代理依法必须进行招标的项目并予以公告，直至由工商行政管理机关吊销营业执照；构成犯罪的，依法追究刑事责任。给他人造成损失的，依法承担赔偿责任。

前款所列行为影响中标结果的，中标无效。"

（2）招标人违法导致的中标无效及责任

1）招标人泄露相关信息导致的无效。《招标投标法》第五十二条规定："依法必须进行招标的项目的招标人向他人透露已获取招标文件的潜在投标人的名称、数量或者可能影响公平竞争的有关招标投标的其他情况的，或者泄露标底的，给予警告，可以并处一万元以上十万元以下的罚款；对单位直接负责的主管人员和其他直接责任人员依法给予处分；构成犯罪的，依法追究刑事责任。

前款所列行为影响中标结果的，中标无效。"

2）违法谈判导致的无效。《招标投标法》第五十五条规定："依法必须进行招标的项目，招标人违反本法规定，与投标人就投标价格、投标方案等实质性内容进行谈判的，给予警告，对单位直接负责的主管人员和其他直接责任人员依法给予处分。

前款所列行为影响中标结果的，中标无效。"

3）违法确定中标人导致的无效。《招标投标法》第五十七条规定："招标人在评标委员会依法推荐的中标候选人以外确定中标人的，依法必须进行招标的项目在所有投标被评标委员会否决后自行确定中标人的，中标无效。责令改正，可以处中标项目金额千分之五以上千分之十以下的罚款；对单位直接负责的主管人员和其他直接责任人员依法给予处分。"

（3）投标人违法导致的中标无效及责任

1）串通投标导致的中标无效。《招标投标法》第五十三条规定："投标人相互串通投标或者与招标人串通投标的，投标人以向招标人或者评标委员会成员行贿的手段谋取中标的，中标无效，处中标项目金额千分之五以上千分之十以下的罚款，对单位直接负责的主管人员和其他直接责任人员处单位罚款数额百分之五以上百分之十以下的罚款；有违法所得的，并处没收违法所得；情节严重的，取消其一年至二年内参加依法必须进行招标的项目的投标资格并予以公告，直至由工商行政管理机关吊销营业执照；构成犯罪的，依法追究刑事责任。给他人造成损失的，依法承担赔偿责任。"

2）弄虚作假导致的中标无效。《招标投标法》第五十四条规定："投标人以他人名义投标或者以其他方式弄虚作假，骗取中标的，中标无效，给招标人造成损失的，依法承担赔偿责任；构成犯罪的，依法追究刑事责任。依法必须进行招标的项目的投标人有前款所列行为尚未构成犯罪的，处中标项目金额千分之五以上千分之十以下的罚款，对单位直接负责的主管人员和其他直接责任人员处单位罚款数额百分之五以上百分之十以下的罚款；有违法所得的，并处没收违法所得；情节严重的，取消其一年至三年内参加依法必须进行招标的项目的投标资格并予以公告，直至由工商行政管理机关吊销营业执照。"

2. 中标无效的法律后果

中标无效的法律后果主要分两种情况，即尚未签订合同时中标无效的法律后果和签订合同中标无效的法律后果。

（1）尚未签订合同中标无效的法律后果

在招标人尚未与中标人签订书面合同的情况下，招标人发出的中标通知书失去了法律约束力，招标人没有与中标人签订合同的义务，中标人失去了与招标人签订合同的权利。其中标无效的法律后果有以下两种：

1）招标人依照法律规定的中标条件从其余投标人中重新确定中标人；

2）没有符合规定条件的中标人的，招标人应依法重新进行招标。

（2）签订合同中标无效的法律后果

招标人与投标人之间已经签订合同的，所签合同无效。合同无效产生以下后果：

1）恢复原状。因该合同取得的财产，应当予以返还；不能返还或者没有必要返还的，应当折价补偿。

2）赔偿损失。有过错的一方应当赔偿对方因此所受的损失。如果招标人、投标人双方都有过错的，应当各自承担相应的责任。招标人知道招标代理机构从事违法行为而不作反对表示的，招标人应当与招标代理机构一起对第三人负连带责任。

3）重新确定中标人或重新招标。

任务 6.2　定标有关事宜

中标人确定后,招标人或招标代理人依据委托进行合同签约的准备工作、收取履约保证金和退还投标保证金以及招标备案等管理工作。

6.2.1　签约准备及签约

《招标投标法》第四十六条规定:"招标人和中标人应当自中标通知书发出之日起三十日内,按照招标文件和中标人的投标文件订立书面合同。招标人和中标人不得再行订立背离合同实质性内容的其他协议。"

签约前,招标人根据招标文件的合同条款以及招标答疑文件尚未明确的且足以影响工期和造价的事项与中标人达成一致,招标人不得强加给中标人任何违背投标人意愿的条件。

6.2.2　履约保证金

1. 履约保证金有关法律规定

《招标投标法》第四十六条规定:"招标文件要求中标人提交履约保证金的,中标人应当提交。"

《招标投标法实施条例》第五十八条规定:"招标文件要求中标人提交履约保证金的,中标人应当按照招标文件的要求提交。履约保证金不得超过中标合同金额的 10%。"

《工程建设项目施工招标投标办法》第六十二条规定:"招标人要求中标人提供履约保证金或其他形式履约担保的,招标人应当同时向中标人提供工程款支付担保。

招标人不得擅自提高履约保证金,不得强制要求中标人垫付中标项目建设资金。"

2. 履约担保作用与形式

履约担保是工程发包人为防止承包人在合同执行过程中违反合同规定或违约,并弥补给发包人造成的经济损失。

履约担保的形式有履约保证金、履约银行保函和履约担保书三种。履约保证金可用保兑支票、银行汇票或现金支票。实行招标发包工程项目的履约担保形式在招标文件的投标须知里明确;履约担保在合同履行完后(工程全部竣工交验)应予返还。

6.2.3　退还投标保证金

1. 投标保证金退还

《招标投标法实施条例》第五十七条规定:"招标人最迟应当在书面合同签订后 5 日内向中标人和未中标的投标人退还投标保证金及银行同期存款利息。"

2. 不予退还投标保证金的相关法律规定

《招标投标法》第六十条规定："中标人不履行与招标人订立的合同的，履约保证金不予退还。给招标人造成的损失超过履约保证金数额的，还应当对超过部分予以赔偿；没有提交履约保证金的，应当对招标人的损失承担赔偿责任。

中标人不按照与招标人订立的合同履行义务，情节严重的，取消其二年至五年内参加依法必须进行招标的项目的投标资格并予以公告，直至由工商行政管理机关吊销营业执照。

因不可抗力不能履行合同的，不适用前两款规定。"

《招标投标法实施条例》第三十五条规定："投标人撤回已提交的投标文件，应当在投标截止时间前书面通知招标人。招标人已收取投标保证金的，应当自收到投标人书面撤回通知之日起 5 日内退还。

投标截止后投标人撤销投标文件的，招标人可以不退还投标保证金。"

《招标投标法实施条例》第七十四条规定："中标人无正当理由不与招标人订立合同，在签订合同时向招标人提出附加条件，或者不按照招标文件要求提交履约保证金的，取消其中标资格，投标保证金不予退还。对依法必须进行招标的项目的中标人，由有关行政监督部门责令改正，可以处中标项目金额 10‰以下的罚款。"

6.2.4 招标投标备案

《招标投标法》第四十七条规定："依法必须进行招标的项目，招标人应当自确定中标人之日起十五日内，向有关行政监督部门提交招标投标情况的书面报告。"

6.2.5 投标人投诉与处理

1. 使用非中标人成果或方案的处理

《工程建设项目施工招标投标办法》第六十一条规定："招标人全部或者部分使用非中标单位投标文件中的技术成果或技术方案时，需征得其书面同意，并给予一定的经济补偿。"

2. 投标人或其他利害关系人对评标结果有异议

《招标投标法实施条例》第五十四条规定："依法必须进行招标的项目，招标人应当自收到评标报告之日起 3 日内公示中标候选人，公示期不得少于 3 日。投标人或者其他利害关系人对依法必须进行招标的项目的评标结果有异议的，应当在中标候选人公示期间提出。招标人应当自收到异议之日起 3 日内作出答复；作出答复前，应当暂停招标投标活动。"

《招标投标法实施条例》第六十条规定："投标人或者其他利害关系人认为招标投标活动不符合法律、行政法规规定的，可以自知道或者应当知道之日起 10 日内向有关行政监督部门投诉。投诉应当有明确的请求和必要的证明材料。

就本条例第二十二条、第四十四条、第五十四条规定事项投诉的，应当先向招标人提出异议，异议答复期间不计算在前款规定的期限内。"

 知识链接

《招标投标法实施条例》第二十二条　潜在投标人或者其他利害关系人对资格预审文件有异议的，应当在提交资格预审申请文件截止时间2日前提出；对招标文件有异议的，应当在投标截止时间10日前提出。招标人应当自收到异议之日起3日内作出答复；作出答复前，应当暂停招标投标活动。

《招标投标法实施条例》第四十四条　招标人应当按照招标文件规定的时间、地点开标。

投标人少于3个的，不得开标；招标人应当重新招标。

投标人对开标有异议的，应当在开标现场提出，招标人应当当场作出答复，并制作记录。

《招标投标法实施条例》第五十四条　依法必须进行招标的项目，招标人应当自收到评标报告之日起3日内公示中标候选人，公示期不得少于3日。

投标人或者其他利害关系人对依法必须进行招标的项目的评标结果有异议的，应当在中标候选人公示期间提出。招标人应当自收到异议之日起3日内作出答复；作出答复前，应当暂停招标投标活动。

3. 行政监督部门投诉受理

《招标投标法实施条例》第六十一条规定："投诉人就同一事项向两个以上有权受理的行政监督部门投诉的，由最先收到投诉的行政监督部门负责处理。"

行政监督部门应当自收到投诉之日起3个工作日内决定是否受理投诉，并自受理投诉之日起30个工作日内作出书面处理决定；需要检验、检测、鉴定、专家评审的，所需时间不计算在内。

4. 投诉人非法手段取证的处理

《招标投标法实施条例》第六十一条规定："投诉人捏造事实、伪造材料或者以非法手段取得证明材料进行投诉的，行政监督部门应当予以驳回。"

5. 监督部门处理投诉查阅资格的规定

《招标投标法实施条例》第六十二条规定："行政监督部门处理投诉，有权查阅、复制有关文件、资料，调查有关情况，相关单位和人员应当予以配合。必要时，行政监督部门可以责令暂停招标投标活动。

行政监督部门的工作人员对监督检查过程中知悉的国家秘密、商业秘密，应当依法予以保密。"

思考与练习

1. 确定中标人应满足哪些条件？
2. 投标有效期从什么时间开始？
3. 依法必须进行招标的项目，中标候选人公示期如何规定？
4. 什么是中标无效？导致中标无效的原因有哪些？
5. 中标无效的法律后果有哪些？

 项目实训

模拟工程项目施工开标、评标与中标组织工作过程

1. 活动目的

开标、评标与中标组织工作，是工程项目施工招标过程中的重要活动，了解施工开标、评标与中标组织工作及相应的工作方法是学习本门课程需要掌握的基本技能之一。通过本实训活动，使学生进一步树立法律观念，进一步提高学生对开标、评标与中标组织工作过程的基本认识，提高学生编制招标文件的能力。

2. 实训准备

（1）在建工程或已完工程完整施工图及全套项目批准文件。

（2）施工图预算书。

（3）有条件的可提供实训室和可利用的软件。

3. 实训内容

（1）招标公告（资格预审公告）编写训练。

（2）根据招标文件的要求开展开标、评标与中标组织工作。

4. 步骤

（1）学生分成若干招标组织机构，明确各自分工，团队协作完成实训任务。

（2）按照公开招标程序要求，进行开标、评标与中标组织工作过程模拟。

（3）填写开标、评标与中标工作的专用表格。

学习情境 7
建设工程施工合同管理

 知识要点

施工合同概念、合同分类、合同订立原则、施工合同内容、合同管理内容、合同管理方法、施工合同质量控制、安全控制、工期控制、工程费用控制、合同变更管理、合同解除、合同争议、FIDIC 合同、索赔的处理。

 教学目标

了解施工合同管理主要内容和方法，掌握发包人、承包人、监理人在合同履行的全过程对合同管理的工作重点、难点；了解施工索赔的起因、方法及索赔程序。能够依据招标文件、投标文件及合同条款对质量、安全、进度及工程费用进行全面的管理。

思维导图

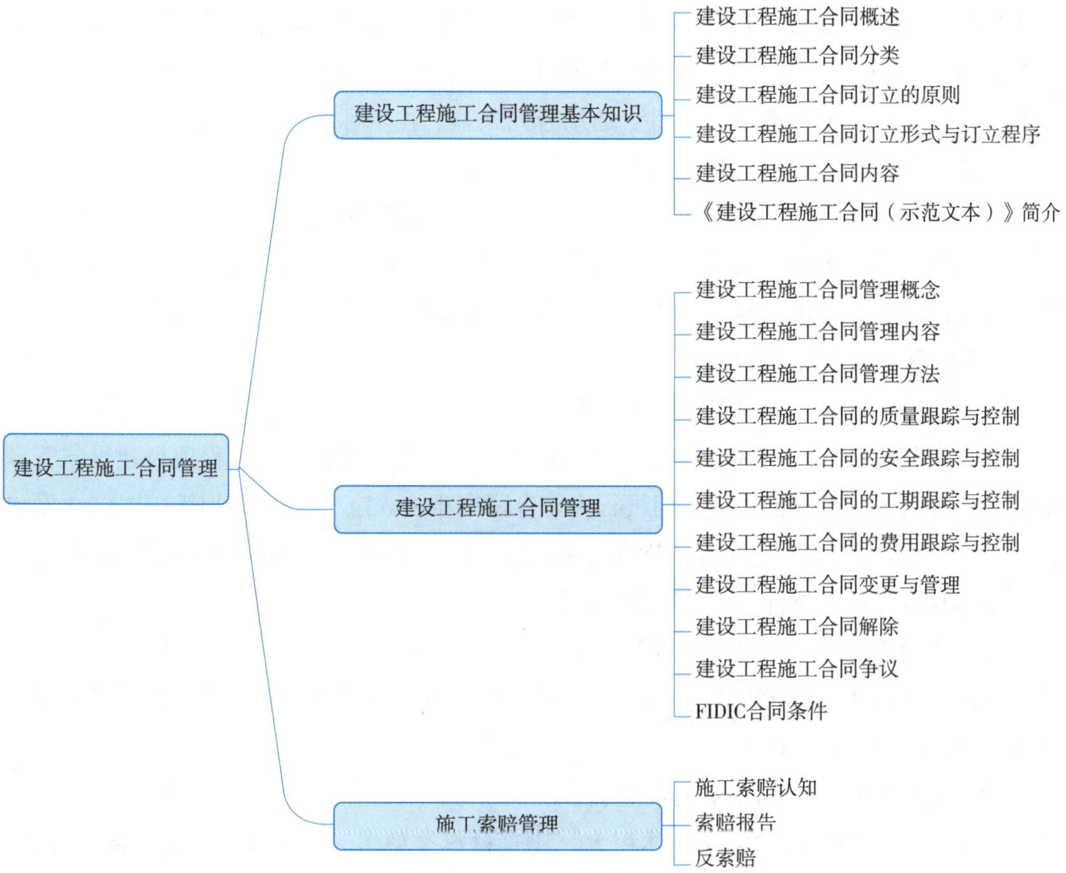

- 建设工程施工合同管理
  - 建设工程施工合同管理基本知识
    - 建设工程施工合同概述
    - 建设工程施工合同分类
    - 建设工程施工合同订立的原则
    - 建设工程施工合同订立形式与订立程序
    - 建设工程施工合同内容
    - 《建设工程施工合同（示范文本）》简介
  - 建设工程施工合同管理
    - 建设工程施工合同管理概念
    - 建设工程施工合同管理内容
    - 建设工程施工合同管理方法
    - 建设工程施工合同的质量跟踪与控制
    - 建设工程施工合同的安全跟踪与控制
    - 建设工程施工合同的工期跟踪与控制
    - 建设工程施工合同的费用跟踪与控制
    - 建设工程施工合同变更与管理
    - 建设工程施工合同解除
    - 建设工程施工合同争议
    - FIDIC合同条件
  - 施工索赔管理
    - 施工索赔认知
    - 索赔报告
    - 反索赔

任务 7.1 建设工程施工合同管理基本知识

7.1.1 建设工程施工合同概述

1. 建设工程施工合同的概念

《中华人民共和国民法典》（以下简称《民法典》）第四百六十四条："合同是民事主体之间设立、变更、终止民事法律关系的协议。"

《民法典》第四百六十五条："依法成立的合同，受法律保护。

依法成立的合同，仅对当事人具有法律约束力，但是法律另有规定的除外。"

合同是具有平等民事主体资格的当事人，为达到一定目的，经过自愿、公平、平等、协商一致而设立、变更、终止民事权利义务关系而达成的协议。

住房和城乡建设部、原国家工商行政管理总局制定《建设工程施工合同（示范文本）》GF—2017—0201，对合同的定义："是指根据法律规定和合同当事人约定具有约束力的文件，构成合同的文件包括合同协议书、中标通知书（如果有）、投标函及其附录（如果有）、专用合同条款及其附件、通用合同条款、技术标准和要求、图纸、已标价工程量清单或预算书以及其他合同文件。"

建设工程施工合同，即建筑安装工程承包合同，是发包人与承包人之间为完成商定的建设工程项目明确双方权利义务的协议。建设工程施工合同是承包人进行工程建设，发包人支付价款的合同。建设工程施工合同包括工程勘察、设计、施工合同。

2. 建设工程施工合同的特点

（1）建设工程施工合同主体的严格性

建设工程施工合同主体是发包人与承包人。发包人应具有组织工程项目建设与管理的能力，支付工程款的能力，其建设行为符合国家相关规定（见学习情境1中1.2.1发包人资格）。承包人应具有与工程类别和规模相适应的资质条件和承担任务的能力，具有法人资格，其行为过程与行为结果符合国家规定。

（2）建设工程施工合同标的的特殊性

建设工程施工合同的标的与其他合同相比较，有着特殊性和不可替代性，即建设工程施工合同的标的是不动产。

（3）建设工程施工合同履行期限的长期性

由于建设工程的结构复杂、体积大、建筑材料类型多、工作量大，实施周期较长，且国家又在建筑产品的质量保修期中规定了较长的期限，因此决定了建设工程施工合同履行期限的长期性。

（4）建设工程施工合同条款的复杂性

建设工程施工合同涉及的法律、法规较多，工程合同的条款通常包括通用条款、专用条款，招标投标文件及补充文件也是合同的重要组成部分，涉及双方权利义务的内容较多而且十分复杂。

7.1.2 建设工程施工合同分类

1. 按承发包的范围划分

建设工程施工合同按承包范围可分为建设工程施工总承包合同、建设工程施工承包合同和建设工程施工分包合同。

（1）建设工程施工总承包合同，是指发包人将建设工程的设计、施工、设备材料供应等任务发包给一家承包商所签订的合同。

（2）建设工程施工承包合同，是指发包人将建设项目施工任务发包给承包商所签订的合同。通常建设工程施工承包合同包括专业承包合同。

（3）建设工程施工分包合同，是指建设工程的总承包人、工程施工承包人根据承包合同的约定或取得发包人的同意，将其承包工程除主体工程外的一部分任务发包给有相应资质的专业承包商所签订的合同。

建设工程施工分包合同分为建设工程施工专业工程分包合同和建设工程施工劳务分包合同。

2. 按承包合同价款确定方式划分

根据工程施工合同价款确定方式，可分为总价合同、单价合同和成本加酬金合同。

《建筑工程施工发包与承包计价管理办法》（住房和城乡建设部令第 16 号，自 2014 年 2 月 1 日起施行）第十三条规定："发承包双方在确定合同价款时，应当考虑市场环境和生产要素价格变化对合同价款的影响。

实行工程量清单计价的建筑工程，鼓励发承包双方采用单价方式确定合同价款。

建设规模较小、技术难度较低、工期较短的建筑工程，发承包双方可以采用总价方式确定合同价款。

紧急抢险、救灾以及施工技术特别复杂的建筑工程，发承包双方可以采用成本加酬金方式确定合同价款。"

7.1.3　建设工程施工合同订立的原则

施工合同订立，是指发包人与承包人之间为了建立发承包合同关系，通过对工程施工合同具体内容进行协商而形成一致意见的过程。合同订立应遵循以下原则：

1. 平等、自愿原则

所谓平等，是指当事人在合同订立、履行和承担责任等方面都处于平等的法律地位，彼此的权利、义务对等；所谓自愿，是指是否订立合同、与谁订立合同、订立合同内容以及变更合同等都由当事人依法自愿决定。

2. 公平原则

所谓公平，是指当事人在订立合同过程中以利益均衡作为谈判标准，要求发包人与承包人的合同权利、义务、承担责任对等。

3. 诚实信用原则

所谓诚实信用，是指当事人在缔约时诚实并不欺不诈，在缔约后守信自觉履行。

4. 合法原则

所谓合法，是指在合同法律关系中，合同主体、合同订立的形式、合同订立的程序、合同的内容、履行合同的方式，对变更或解除合同权利的行使都必须符合我国的法律行政法规。

7.1.4 建设工程施工合同订立的形式与订立程序

1. 建设工程施工合同订立的形式

《民法典》第七百八十九条规定:"建设工程合同应当采用书面形式。"

关于"书面形式",《民法典》第四百六十九条规定:"书面形式是合同书、信件、电报、电传、传真等可以有形地表现所载内容的形式。

以电子数据交换、电子邮件等方式能够有形地表现所载内容,并可以随时调取查用的数据电文,视为书面形式。"

2. 建设工程施工合同订立的程序

合同成立要经要约与承诺两个阶段。要约是订立合同的意思表示,承诺是受要约人同意要约的意思表示。

《民法典》第四百八十三条规定:"承诺生效时合同成立,但是法律另有规定或者当事人另有约定的除外。"

工程项目施工合同订立的一般程序是要约—承诺。

(1) 要约

要约是希望和他人订立合同的意思表示。该意思表示应当符合下列规定:

1) 内容具体确定,表明经受要约人承诺,要约人即受到该意思表示约束。

2) 要约邀请不同于要约,要约邀请是希望他人向自己发出要约的意思表示。如寄送的价目表、拍卖公告、招标公告、招股说明书、商业广告等为要约邀请。

(2) 承诺

承诺是受要约人同意要约的意思表示。承诺应该具备以下条件:

1) 承诺必须由受要约人或其代理人作出;

2) 承诺的内容与要约内容应当一致;

3) 承诺要在要约有效期作出;

4) 承诺要送达要约人。

承诺可以撤回,但不得撤销。承诺送达受要约人时生效;不需要通知的,根据交易习惯或者要约的要求作出承诺的行为时生效。承诺生效时合同成立。

7.1.5 建设工程施工合同内容

《民法典》第七百九十五条规定:"施工合同的内容一般包括工程范围、建设工期、中间交工工程的开工和竣工时间、工程质量、工程造价、技术资料交付时间、材料和设备供应责任、拨款和结算、竣工验收、质量保修范围和质量保证期、相互协作等条款。"

7.1.6 《建设工程施工合同（示范文本）》简介

为了指导建设工程施工合同当事人的签约行为，维护合同当事人的合法权益，依据我国相关法律法规，住房和城乡建设部、原国家工商行政管理总局对《建设工程施工合同（示范文本）》GF—2013—0201 进行了修订，制定了《建设工程施工合同（示范文本）》GF—2017—0201（以下简称《示范文本》）。

1.《示范文本》的组成

（1）合同协议书

《示范文本》合同协议书共计13条，主要包括：工程概况、合同工期、质量标准、签约合同价和合同价格形式、项目经理、合同文件构成、承诺以及合同生效条件等重要内容，集中约定了合同当事人基本的合同权利义务。

合同协议书条款内容：

1）工程概况：包含工程名称、工程地点、工程立项批准文号、资金来源、工程内容、群体工程应附《承包人承揽工程一览表》、工程承包范围。

2）合同工期：包含计划开、竣工日期，工期总日历天数。

3）质量标准：包含工程质量符合的标准。

4）合同价款与合同价格形式：包含签约合同价、安全文明施工费、材料和工程设备暂估价金额、专业工程暂估价金额、暂列金额以及合同价款形式。

5）项目经理：承包人项目经理。

6）合同文件构成：包含中标通知书（如果有）、投标函及其附录（如果有）、专用合同条款及其附件、通用合同条款、技术标准和要求、图纸、已标价工程量清单或预算书、其他合同文件。

在合同订立及履行过程中形成的与合同有关的文件均构成合同文件组成部分。

上述各项合同文件包括合同当事人就该项合同文件所作出的补充和修改，属于同一类内容的文件，应以最新签署的为准。专用合同条款及其附件须经合同当事人签字或盖章。

7）承诺：

①发包人承诺按照法律规定履行项目审批手续、筹集工程建设资金并按照合同约定的期限和方式支付合同价款。

②承包人承诺按照法律规定及合同约定组织完成工程施工，确保工程质量和安全，不进行转包及违法分包，并在缺陷责任期及保修期内承担相应的工程维修责任。

③发包人和承包人通过招标投标形式签订合同的，双方理解并承诺不再就同一工程另行签订与合同实质性内容相背离的协议。

8）词语含义：本协议书中词语含义与第二部分通用合同条款中赋予的含义相同。

9）签订时间：本合同于××年××月××日签订。

10）签订地点：本合同在××（地点）签订。

11）补充协议：合同未尽事宜，合同当事人另行签订补充协议，补充协议是合同的组成部分。

12）合同生效：生效时间。

13）合同份数：包含本合同一式×份，均具有同等法律效力。

（2）通用合同条款

通用合同条款是合同当事人根据《中华人民共和国建筑法》《民法典》等法律法规的规定，就工程建设的实施及相关事项，对合同当事人的权利义务作出的原则性约定。

通用合同条款共计20条，具体条款分别为：一般约定、发包人、承包人、监理人、工程质量、安全文明施工与环境保护、工期和进度、材料与设备、试验与检验、变更、价格调整、合同价格、计量与支付、验收和工程试车、竣工结算、缺陷责任与保修、违约、不可抗力、保险、索赔和争议解决。前述条款安排既考虑了现行法律法规对工程建设的有关要求，也考虑了建设工程施工管理的特殊需要。

注：合同签约时，通用条款部分全文引用，不作删改。对某一条款有内容修改或增减，在对应的专用条款中双方再行约定。

（3）专用合同条款

专用合同条款是对通用合同条款原则性约定的细化、完善、补充、修改或另行约定的条款。合同当事人可以根据不同建设工程的特点及具体情况，通过双方的谈判、协商对相应的专用合同条款进行修改补充。在使用专用合同条款时，应注意以下事项：

1）专用合同条款的编号应与相应的通用合同条款的编号一致；

2）合同当事人可以通过对专用合同条款的修改，满足具体建设工程的特殊要求，避免直接修改通用合同条款；

3）在专用合同条款中有横道线的地方，合同当事人可针对相应的通用合同条款进行细化、完善、补充、修改或另行约定；如无细化、完善、补充、修改或另行约定，则填写"无"或画"/"。

2.《示范文本》的性质

《示范文本》为非强制性使用文本。合同当事人可结合建设工程的具体情况，根据《示范文本》订立合同，并按照法律法规和合同约定承担相应的法律责任及合同权利义务。

建设工程承发包合同也可由合同双方主体依法本着平等、自愿、公平、诚实信用的原则协商一致拟定合同条款。

3. 适用范围

《示范文本》适用于房屋建筑工程、土木工程、线路管道和设备安装工程、装修工程等建设工程的施工承发包活动。

任务 7.2　建设工程施工合同管理

7.2.1　建设工程施工合同管理概念

建设工程施工合同管理是对工程项目施工过程中所发生的或所涉及的一切经济、技术合同的签订、履行、变更、索赔、解除、解决争议、终止与评价的全过程进行的管理工作。

施工合同管理的任务是根据法律、政策的要求,运用指导、组织、检查、考核、监督等手段,促使当事人依法签订合同,全面实际地履行合同,及时妥善地处理合同争议和纠纷,不失时机地进行合理索赔,预防发生违约行为,避免造成经济损失,保证合同目标顺利实现,从而提高企业的信誉和竞争能力。

7.2.2　建设工程施工合同管理内容

建设工程施工合同管理主要工作一般是指合同签约的管理工作和合同履行的管理工作,主要有如下几个方面内容,但不限于此。

1. 合同签约的管理工作

对于招标发包的工程,签约时合同管理工作主要是针对招标时所有的未能解决的遗留问题进行洽商,并在相应的专用条款中进行约定。《招标投标法》第四十六条规定:"招标人和中标人不得再行订立背离合同实质性内容的其他协议。"

对于直接发包的工程,合同签约的管理工作主要是发包人与承包人本着守法、平等、自愿、公平、诚信的原则,就发包工程建设实施及相关事项,对合同当事人的责任、权利、义务等条款进行协商,并最终取得一致意见。

2. 合同履行的管理工作

(1)业主(发包人)和其委托的监理人合同履行的管理工作

1)关于开工前的管理工作,主要是开工前的许可或批准、施工现场、施工条件以及基础资料的准备等方面的管理工作。

2)施工过程中的主要管理工作:

①关于指令、答复和确认等管理工作;

②关于向承包人提供设备或材料的管理工作;

③关于应付的工程款项和费用的管理工作;

④关于工程质量的管理工作;

⑤关于工程进度的管理工作;

⑥关于安全生产的管理工作;

⑦其他管理工作。

3）工程竣工阶段的主要管理工作

①关于验收的管理工作；

②关于质量的管理工作；

③关于竣工档案的管理工作；

④关于工程款结算的管理工作；

⑤关于保修的管理工作。

（2）承包人的合同履行管理工作

承包人对合同履行的管理工作的核心是保证合同目标的实现，即保证实现质量目标、安全目标、进度目标、成本目标、文明施工目标及环保目标。

1）施工准备阶段的主要管理工作有：

①制定总体目标计划，即质量计划、安全计划、进度计划、成本与造价管理计划、文明施工与环境保护目标计划；

②制定生产要素计划，即劳动力需用计划、机械设备计划、材料计划、技术准备、施工现场布置计划、资金计划等。

2）施工过程的管理工作有：

①检查、督促、指导各项计划的实施情况；

②对各项工作产生的偏差分析原因、制定并落实整改措施；

③对各项计划的作出的必要的调整与补充等。

3）竣工验收阶段主要管理工作有：

①质量验收及竣工资料管理工作；

②编制与上报竣工结算与决算等管理工作；

③工程移交及保修管理工作；

④清场等管理工作。

（3）合同变更发包人、承包人、监理人的管理工作

1）发包人关于合同变更管理

发包人具有合同变更权。发包人有提出设计变更、工程范围变更和施工方案变更的权利。

发包人具有因工程变更涉及的与设计人、监理人、承包人之间的协调管理工作，以及变更后合同工期、合同价款的调整、采购计划的调整等管理工作。

2）监理人关于合同变更的管理

在履行合同过程中，经发包人同意监理人可按合同约定的变更程序向承包人作出变更指示，审查承包人针对变更部分所采取的方案与技术措施，审查进度计划修改方案，

以及工程价款调整申请。

3）承包人关于合同变更的管理

①执行发包人监理工程师关于合同变更指令；向监理工程师提交因合同变更而补充的方案与措施，调整进度计划、调整各项资源计划，提交工程价款调整申请。

②向发包人提出合理的变更建议。

详见本教材 7.2.8 节。

7.2.3 建设工程施工合同管理方法

建设工程施工合同管理的主要方法是对合同的跟踪与控制，即：

（1）发包人按合同约定对质量、安全、进度和投资的跟踪与控制；

（2）承包质量、安全、进度和成本跟踪与控制；

（3）监理人依据监理委托合同对质量、安全、进度和投资的跟踪与控制。

7.2.4 建设工程施工合同的质量跟踪与控制

建筑工程质量是指在国家现行的有关法律、法规、技术标准、设计文件和合同中，对工程的安全、适用、经济、环保及美观等特性的综合要求。

1. 对建设工程质量管理的有关法律规定

《民法典》第八百零一条规定："因施工人的原因致使建设工程质量不符合约定的，发包人有权请求施工人在合理期限内无偿修理或者返工、改建。经过修理或者返工、改建后，造成逾期交付的，施工人应当承担违约责任。"

《建设工程质量管理条例》（国务院令第 279 号）第二条规定："建设单位、勘察单位、设计单位、施工单位、工程监理单位依法对建设工程质量负责。"

《建设工程质量管理条例》第二十六条规定："施工单位对建设工程的施工质量负责。

施工单位应当建立质量责任制，确定工程项目的项目经理、技术负责人和施工管理负责人。

建设工程实行总承包的，总承包单位应当对全部建设工程质量负责；建设工程勘察、设计、施工、设备采购的一项或者多项实行总承包的，总承包单位应当对其承包的建设工程或者采购的设备的质量负责。"

《建设工程质量管理条例》第三十六条规定："工程监理单位应当依照法律、法规以及有关技术标准、设计文件和建设工程承包合同，代表建设单位对施工质量实施监理，并对施工质量承担监理责任。"

《建设工程质量管理条例》第三十七条规定："工程监理单位应当选派具备相应资格的总监理工程师和监理工程师进驻施工现场。

未经监理工程师签字,建筑材料、建筑构配件和设备不得在工程上使用或者安装,施工单位不得进行下一道工序的施工。未经总监理工程师签字,建设单位不拨付工程款,不进行竣工验收。"

《建设工程质量管理条例》第三十八条规定:"监理工程师应当按照工程监理规范的要求,采取旁站、巡视和平行检验等形式,对建设工程实施监理。"

2.《示范文本》对质量的要求

《示范文本》第5.1条 质量要求

5.1.1 工程质量标准必须符合现行国家有关工程施工质量验收规范和标准的要求。有关工程质量的特殊标准或要求由合同当事人在专用合同条款中约定。

5.1.2 因发包人原因造成工程质量未达到合同约定标准的,由发包人承担由此增加的费用和(或)延误的工期,并支付承包人合理的利润。

5.1.3 因承包人原因造成工程质量未达到合同约定标准的,发包人有权要求承包人返工直至工程质量达到合同约定的标准为止,并由承包人承担由此增加的费用和(或)延误的工期。

3. 工程质量跟踪

(1)发包人按合同约定对工程设计文件、采购的工程设备和材料质量进行跟踪。

(2)承包人项目组织机构对工作质量、工序质量、分部分项工程质量、单位工程质量及单项工程质量的自检跟踪。

(3)监理人依据监理委托合同对材料、工程设备及工程质量进行跟踪。

4. 质量控制

(1)发包人对质量的控制

1)发包人应当将工程发包给具有相应资质等级的单位。

2)按照合同约定,由发包人采购建筑材料、建筑构配件和建筑设备的,建设单位应当保证建筑材料、建筑构配件和建筑设备符合设计文件及合同要求;不得明示或者暗示施工单位使用不合格的建筑材料、建筑构配件和设备。

3)发包人收到建设工程竣工报告后,应当组织设计、施工、工程监理等有关单位进行竣工验收。

4)发包人严格按照国家有关档案管理的规定,及时收集、整理建设项目各环节的文件资料,建立、健全建设项目档案,并在建设工程竣工验收后,及时向建设行政主管部门或者其他有关部门移交建设项目档案。

5)发包人应按照法律规定及合同约定完成与工程质量有关的其他管理工作。

(2)承包人对质量的控制

1)承包人按照施工组织设计约定向发包人和监理人提交工程质量保证体系及措施文件,建立完善的质量检查制度,并提交相应的工程质量文件。

2）承包人应当建立质量责任制，确定工程项目的项目经理、技术负责人和施工管理负责人。

3）承包人必须按照工程设计图纸和施工技术标准施工，不得擅自修改工程设计，不得偷工减料。应当对其承包的建设工程或者采购的设备的质量负责。对于发包人和监理人违反法律规定和合同约定的错误指示，承包人有权拒绝实施。

4）承包人必须建立、健全施工质量的检验制度，严格工序管理；必须依据法律规定、施工技术标准、工程设计要求及合同约定，对材料、建筑构配件、商品混凝土、工程设备、工程的所有部位及其施工工艺进行全过程的质量检查和检验，并做详细记录，编制工程质量报表，报送监理人审查。未经检验或者检验不合格的，不得使用或继续施工。承包人还应按照合同约定，进行施工现场取样试验、工程复核测量和设备性能检测，提供试验样品、提交试验报告和测量成果以及其他工作。

5）施工单位对施工中出现质量问题的分部分项工程或者竣工验收不合格的建设工程，应当负责返修。

6）承包人应建立、健全教育培训制度，对施工人员进行质量教育和技术培训，定期考核施工人员的劳动技能，考核不合格的人员，不得上岗作业。

（3）监理人对质量的控制

1）工程监理单位应当选派具备相应资格的总监理工程师和监理工程师进驻施工现场。

2）监理工程师应当按照工程监理规范的要求，采取旁站、巡视和平行检验等形式，对建设工程实施监理。

3）监理人按照法律规定和发包人授权对工程的所有部位及其施工工艺、材料和工程设备进行检查和检验。承包人应为监理人的检查和检验提供方便，包括监理人到施工现场或制作加工地点，或合同约定的其他地方进行查看和查阅施工原始记录。监理人为此进行的检查和检验，不免除或减轻承包人按照合同约定应当承担的责任。未经监理工程师签字，建筑材料、建筑构配件和建筑设备不得在工程上使用或者安装，施工单位不得进行下一道工序的施工。未经总监理工程师签字，不得进行竣工验收。

4）监理人的检查和检验不应影响施工正常进行。监理人的检查和检验影响施工正常进行的，且经检查和检验不合格的，影响正常施工的费用由承包人承担，工期不予顺延；经检查和检验合格的，由此增加的费用和（或）延误的工期由发包人承担。

（4）对隐蔽工程质量的控制

1）承包人对隐蔽工程质量的控制。承包人应当对工程隐蔽部位进行自检，并经自检确认是否具备覆盖条件。

2）监理人对隐蔽工程质量的控制。监理人应按时到场并对隐蔽工程及其施工工艺、材料和工程设备进行检查。经监理人检查确认质量符合隐蔽要求，并在验收记录上签字后,承包人才能进行覆盖。经监理人检查质量不合格的,承包人应在监理人指示的时间内完成修复,并由监理人重新检查,由此增加的费用和(或)延误的工期由承包人承担。

监理人不能按时进行检查的,应在检查前24小时向承包人提交书面延期要求,但延期不能超过48小时,由此导致工期延误的,工期应予以顺延。监理人未按时进行检查,也未提出延期要求的,视为隐蔽工程检查合格,承包人可自行完成覆盖工作,并做相应记录报送监理人,监理人应签字确认。监理人事后对检查记录有疑问的,可按重新检查的约定重新检查。

3)隐蔽工程重新检验。承包人覆盖工程隐蔽部位后,发包人或监理人对质量有疑问的,可要求承包人对已覆盖的部位进行钻孔探测或揭开重新检查,承包人应遵照执行,并在检查后重新覆盖恢复原状。经检查证明工程质量符合合同要求的,由发包人承担由此增加的费用和(或)延误的工期,并支付承包人合理的利润;经检查证明工程质量不符合合同要求的,由此增加的费用和(或)延误的工期由承包人承担。

4)承包人私自覆盖。承包人未通知监理人到场检查,私自将工程隐蔽部位覆盖的,监理人有权指示承包人钻孔探测或揭开检查,无论工程隐蔽部位质量是否合格,由此增加的费用和(或)延误的工期均由承包人承担。

(5)不合格工程的处理

1)因承包人原因造成工程不合格的,发包人有权随时要求承包人采取补救措施,直至达到合同要求的质量标准,由此增加的费用和(或)延误的工期由承包人承担。无法补救的,按照拒绝接受全部或部分工程约定执行。

2)因发包人原因造成工程不合格的,由此增加的费用和(或)延误的工期由发包人承担,并支付承包人合理的利润。

(6)质量争议检测

合同当事人对工程质量有争议的,由双方协商确定的工程质量检测机构鉴定,由此产生的费用及因此造成的损失,由责任方承担。

合同当事人均有责任的,由双方根据其责任分别承担。合同当事人无法达成一致的,按照商定或确定执行。

(7)建设工程质量保修

建设工程承包单位在向建设单位提交工程竣工验收报告时,应当向建设单位出具质量保修书。质量保修书中应当明确建设工程的保修范围、保修期限和保修责任等。建设工程在保修范围和保修期限内发生质量问题的,施工单位应当履行保修义务,并对造成的损失承担赔偿责任。

7.2.5 建设工程施工合同的安全跟踪与控制

1. 对工程安全生产管理的有关法律规定

《建设工程安全生产管理条例》第三条规定:"建设工程安全生产管理,坚持安全第一、预防为主的方针。"

《建设工程安全生产管理条例》第四条规定:"建设单位、勘察单位、设计单位、施工单位、工程监理单位及其他与建设工程安全生产有关的单位,必须遵守安全生产法律、法规的规定,保证建设工程安全生产,依法承担建设工程安全生产责任。"

2. 安全施工跟踪

(1)发包人按照《建设工程安全生产管理条例》、合同文件以及本单位的安全管理规程对施工现场安全生产与安全管理工作进行跟踪。

(2)承包人依据安全生产管理体系、安全生产专项方案对施工现场安全防护措施、施工设施运行情况以及员工作业是否违反安全操作规程进行自检跟踪。

(3)监理人依据监理委托合同对施工现场安全设施、安全隐患进行跟踪。

3. 安全控制

(1)发包人安全控制

1)建设单位应当向建筑施工企业提供与施工现场相关的地下管线资料,建筑施工企业应当采取措施加以保护。

2)发包人不得明示或者暗示施工单位购买、租赁、使用不符合安全施工要求的安全防护用具、机械设备、施工机具及配件、消防设施和器材。

(2)承包人生产安全控制

1)施工单位主要负责人依法对本单位的安全生产工作全面负责。施工单位应当建立健全安全生产责任制度和安全生产教育培训制度,制定安全生产规章制度和操作规程,保证本单位安全生产条件所需资金的投入,对所承担的建设工程进行定期和专项安全检查,并做好安全检查记录。

施工单位的项目负责人应当由取得相应执业资格的人员担任,对建设工程项目的安全施工负责,落实安全生产责任制度、安全生产规章制度和操作规程,确保安全生产费用的有效使用,并根据工程的特点组织制定安全施工措施,消除安全事故隐患,及时、如实报告生产安全事故。

2)在编制施工组织设计时,应当根据建筑工程的特点制定相应的安全技术措施;对专业性较强的工程项目,应当编制专项安全施工组织设计,并采取安全技术措施。

3)应当在施工现场采取维护安全、防范危险、预防火灾等措施;有条件的,应当对施工现场实行封闭管理。

4)认真做好人员进场的三级安全教育,认真贯彻《建设工程安全生产管理条例》及相关法律法规，安全教育考核不合格者不得上岗。

5）在施工过程中，应当遵守有关安全生产的法律法规和建筑行业安全规章、规程，不得违章指挥或者违章作业。对影响健康的作业程序和作业条件进行改进，为作业人员提供安全生产所需的防护用品。

6）在施工现场安装、拆卸施工起重机械和整体提升脚手架、模板等自升式架设设施，必须由具有相应资质的单位承担。应当编制拆装方案、制定安全施工措施，并由专业技术人员现场监督。

7）垂直运输机械作业人员、安装拆卸工、爆破作业人员、起重信号工、登高架设作业人员等特种作业人员，必须按照国家有关规定经过专门的安全作业培训，并取得特种作业操作资格证书后，方可上岗作业。

8）施工现场对毗邻的建筑物、构筑物和特殊作业环境可能造成损害的，建筑施工企业应当采取安全防护措施。

9）施工中发生事故时，建筑施工企业应当采取紧急措施减少人员伤亡和事故损失，并按照国家有关规定及时向有关部门报告。

（3）工程监理安全生产控制

1）工程监理单位和监理工程师应当按照法律、法规和工程建设强制性标准实施监理，承担建设工程安全生产监理责任。

2）工程监理单位应当审查施工组织设计中的安全技术措施或者专项施工方案是否符合工程建设强制性标准。

3）检查施工承包人安全生产管理制度及组织机构中专职安全生产管理人员的配备情况。

4）工程监理单位在实施监理过程中，发现存在安全事故隐患的，应当要求施工单位整改；情况严重的，应当要求施工单位暂时停止施工，并及时报告建设单位。施工单位拒不整改或者不停止施工的，工程监理单位应当及时向有关主管部门报告。

7.2.6 建设工程施工合同的工期跟踪与控制

1. 对工程工期管理的有关法律规定

《民法典》第八百零三条规定："发包人未按照约定的时间和要求提供原材料、设备、场地、资金、技术资料的，承包人可以顺延工程日期，并有权请求赔偿停工、窝工等损失。"

《民法典》第八百零四条规定："因发包人的原因致使工程中途停建、缓建的，发包人应当采取措施弥补或者减少损失，赔偿承包人因此造成的停工、窝工、倒运、机械设备调迁、材料和构件积压等损失和实际费用。"

《建设工程安全生产管理条例》第七条规定："建设单位不得对勘察、设计、施工、工程监理等单位提出不符合建设工程安全生产法律、法规和强制性标准规定的要求,不得压缩合同约定的工期。"

2. 对合同工期的跟踪

(1) 发包人对工期的跟踪。依据合同工期,以及中间验收的有关约定的,分析是否在预期内完成施工,工期有无延长,以及分析延长的原因,跟踪责任方整改情况。

(2) 承包人对工期的跟踪。依据总体进度计划、阶段性进度计划,对比实际进度与计划进度的偏差,分析产生偏差的主观和客观因素,制定与落实整改措施。

(3) 监理对工期的跟踪。依据承包人的施工组织设计工期计划及阶段性的进度计划,对承包人落实工期整改监理指令执行情况进行跟踪。

3. 对合同工期的控制

(1) 发包人对工期的控制

1) 发包人及时按合同约定提供施工现场、施工条件、基础资料、许可及批准等开工条件。

2) 按合同约定提供工程施工图纸及相关技术资料。

3) 按合同提供测量基准点、基准线和水准点及其书面资料。

4) 发包人按合同及时发出开工通知。

5) 发包人对承包人的施工进度进行审批,并按照施工进度计划检查工程进度情况。

6) 发包人按合同约定日期支付工程预付款、进度款以保证工程顺利进行。

(2) 承包人对工期的控制

1) 进度计划编制与修改。承包人应按照施工组织设计的总体计划编制并提交详细的施工进度计划,施工进度计划经发包人批准后实施。

施工进度计划不符合合同要求或与工程的实际进度不一致的,承包人应向监理人提交修订的施工进度计划,并附有关措施和相关资料,由监理人报送发包人。除专用合同条款另有约定外,发包人和监理人应在收到修订的施工进度计划后7天内完成审核和批准或提出修改意见。发包人和监理人对承包人提交的施工进度计划的确认,不能减轻或免除承包人根据法律规定和合同约定应承担的任何责任或义务。

2) 承包人应按照施工组织设计约定的期限,向监理人提交工程开工报审表,经监理人报发包人批准后执行。开工报审表要详细说明按施工进度计划正常施工所需的施工道路、临时设施、材料、工程设备、施工设备、施工人员等落实情况以及工程的进度安排。

3) 承包人认真落实劳动力计划,确保各个施工段、作业面的相关工种的数量。

4) 确保施工机械状态良好运行稳定。

5) 落实材料进场计划,做好材料报验工作,杜绝因材料不合格而导致的任何返修或返工。

6）对工人进行技术考核及质量教育，严禁因工作质量不合格而导致的返修或返工。

（3）监理人对工期的控制

1）按时审查承包人提交的施工进度计划和承包人进度调整计划，依据进度计划检查工程进度情况。

2）按合同约定发出指示、批准等文件。

3）及时下达因承包人原因导致的工程进度滞后的整改指令。

4）把好材料、设备报验关，避免因材料设备原因导致工期延误。

4. 对不利物质条件影响工期的处理

不利物质条件是指承包人在施工现场遇到的不可预见的自然物质条件、非自然的物质障碍和污染物，包括地表以下物质条件和水文条件以及合同条款约定的其他情形，但不包括气候条件。

承包人遇到不利物质条件时，应采取克服不利物质条件的合理措施继续施工，并及时通知发包人和监理人。通知应载明不利物质条件的内容以及承包人认为不可预见的理由。监理人经发包人同意后应当及时发出指示，指示构成变更的，按变更约定执行。承包人因采取合理措施而增加的费用和（或）延误的工期由发包人承担。

5. 异常恶劣的气候条件

异常恶劣的气候条件是指在施工过程中遇到的，承包人在签订合同时不可预见的，对合同履行造成实质性影响的，但尚未构成不可抗力事件的恶劣气候条件。

承包人应采取克服异常恶劣的气候条件的合理措施继续施工，并及时通知发包人和监理人。监理人经发包人同意后应当及时发出指示，指示构成变更的，按变更约定办理。承包人因采取合理措施而增加的费用和（或）延误的工期由发包人承担。

6. 暂停施工

（1）发包人原因引起的暂停施工

因发包人原因引起暂停施工的，监理人经发包人同意后，应及时下达暂停施工指示。情况紧急且监理人未及时下达暂停施工指示的，按照紧急情况下的暂停施工执行。

因发包人原因引起的暂停施工，发包人应承担由此增加的费用和（或）延误的工期，并支付承包人合理的利润。

（2）承包人原因引起的暂停施工

因承包人原因引起的暂停施工，承包人应承担由此增加的费用和（或）延误的工期，且承包人在收到监理人复工指示后84天内仍未复工的，视为"承包人违约的情形"约定的承包人无法继续履行合同的情形。

（3）指示暂停施工

监理人认为有必要时，经发包人批准后，可向承包人作出暂停施工的指示，承包人应按监理人指示暂停施工。

（4）紧急情况下的暂停施工

因紧急情况需暂停施工，且监理人未及时下达暂停施工指示的，承包人可先暂停施工，并及时通知监理人。监理人应在接到通知后 24 小时内发出指示，逾期未发出指示，视为同意承包人暂停施工。监理人不同意承包人暂停施工的，应说明理由，承包人对监理人的答复有异议的，按照争议解决约定处理。

（5）暂停施工后的复工

暂停施工后，发包人和承包人应采取有效措施积极消除暂停施工造成的影响。在工程复工前，监理人会同发包人和承包人确定因暂停施工造成的损失，并确定工程复工条件。当工程具备复工条件时，监理人应经发包人批准后向承包人发出复工通知，承包人应按照复工通知要求复工。

承包人无故拖延和拒绝复工的，承包人承担由此增加的费用和（或）延误的工期；因发包人原因无法按时复工的，按照本节中"因发包人原因导致工期延误"约定办理。

（6）持续暂停施工的处理

监理人发出暂停施工指示后 56 天内未向承包人发出复工通知，除该项停工属于承包人原因引起的暂停施工及不可抗力约定的情形外，承包人可向发包人提交书面通知，要求发包人在收到书面通知后 28 天内准许已暂停施工的部分或全部工程继续施工。发包人逾期不予批准的，则承包人可以通知发包人，将工程受影响的部分视为按"变更的范围"的可取消工作。

暂停施工持续 84 天以上不复工的，且不属于承包人原因引起的暂停施工及不可抗力约定的情形，并影响到整个工程以及合同目的实现的，承包人有权提出价格调整要求，或者解除合同。解除合同的，按照因发包人违约解除合同执行。

 知识链接

暂停施工期间，承包人应负责妥善照管工程并提供安全保障，由此增加的费用由责任方承担。

暂停施工期间，发包人和承包人均应采取必要的措施确保工程质量及安全，防止因暂停施工扩大损失。

7. 提前竣工

（1）发包人要求承包人提前竣工的，发包人应通过监理人向承包人下达提前竣工指示。承包人同意后，向发包人和监理人提交提前实施的方案包括因提前工期而增加的合同价格等内容。发包人如果接受该方案，监理人、发包人和承包人协商采取加快工程进度的措施，并修订施工进度计划，由此增加的费用由发包人承担。承包人认为提前竣工指示无法执行的，应向监理人和发包人提出书面异议，发包人和监理人应在收到异议后 7

天内予以答复。任何情况下，发包人不得压缩合理工期。

（2）发包人要求承包人提前竣工，或承包人提出提前竣工的建议能够给发包人带来效益的，合同当事人可以在专用合同条款中约定提前竣工的奖励。

7.2.7 建设工程施工合同的费用跟踪与控制

1. 合同费用的跟踪

（1）发包人对合同费用的跟踪

1）依据合同价格、投标文件，对工程施工形象进度结算、竣工结算及支付进行跟踪；

2）对合同履行过程中引起合同价款调整的因素进行跟踪；

3）对不可抗力产生的工程费用的变更进行跟踪；

4）对图纸以外的零星项目或工作引起工程费用的跟踪；

5）对因合同解除、终止后工程费用清算进行跟踪；

6）对质量保修金的使用情况进行跟踪；

7）对建筑材料、建筑构配件、建筑设备分供方货款支付的跟踪。

（2）承包人对合同费用的跟踪

除与发包人1）~7）对合同费用的跟踪内容相同，承包人还要对分包方支付的费用进行跟踪。

（3）监理人对合同费用的跟踪

同"发包人对合同费用的跟踪"。

2. 对合同费用的控制

（1）发包人对合同费用的控制

1）对直接发包的工程预算的合理性进行评审；对招标工程的工程费用把好进度结算和竣工结算审核关。

2）全面履行合同，减少违约情形，控制索赔事件发生。

3）对工程进度结算、竣工结算进行跟踪审核。

（2）承包人对工程成本、合同费用的控制

1）成本的控制

①合理优化人力资源配置，以降低管理成本和人工费用支出。

②合理优化机械设备配置，保障工期质量。

③合理计划主材、辅助材料和周转材料以及建筑设备的"采、保、用"量，有效利用可回收材料。

④加强劳动力的技能培训，提高工作效率，提升工作质量。

2）合同费用的控制

①解决招标阶段足以影响工程费用的未尽事宜。

②认真收集整理索赔事件的证据。

③依据合同及投标报价对已完工程进行进度结算，并结算同期发生设计变更、图纸以外的零星项目或工作的费用等。

④认真做好发包人供应材料及设备或承包人自购的材料及设备款的结算工作。

7.2.8　建设工程施工合同变更与管理

1. 合同变更的起因

合同变更是指合同成立以后、履行完毕以前由双方当事人依法对原合同的内容所进行的修改。合同变更一般主要有如下几方面原因：

（1）业主新的变更指令，对建筑工程提出新的要求。如业主有新的意愿，修改项目总计划，增加或削减预算等。

（2）设计的缺陷或错误，必须对设计图纸作修改。

（3）工程环境的变化，预定的工程条件不准确，要求变更实施计划或方案。

（4）新技术、新材料、新工艺、新标准、新规范推广实施与执行，有必要改变原设计、实施方案或实施计划。

（5）政府部门对工程新的要求或指令。如国家发展计划要求、城市规划要求、环境保护要求、节能要求等。

（6）合同实施出现问题。合同履行过程中因不利因素影响，必须调整合同目标，或修改合同条款。如不可抗力对合同履行的影响。

（7）合同双方当事人的变化。

2. 合同变更权

根据《标准施工招标文件》中通用合同条款的规定，在履行合同过程中，经发包人同意监理人可按合同约定的变更程序向承包人作出变更指示，承包人应遵照执行。没有监理人的变更指示，承包人不得擅自变更。

3. 合同变更范围

并非所有的合同都会产生变更。但是通常合同变更的范围比较广泛，合同中约定的工程范围、进度、工程质量要求、合同条款内容、合同双方责权利关系的变化等都属于合同变更。

（1）合同条款的变更。指合同条件及合同协议书所定义的双方责权利关系，或一些重大问题的变更。

（2）工程变更。指在工程施工过程中，监理工程师或业主代表在合同约定范围内对工程范围、质量、数量、性质、施工次序和实施方案等

示范文本
"变更"

作出变更，这是最常见和最多的合同变更。

（3）合同主体的变更。指由于特殊原因造成合同责任和权益的转让，或合同主体的变化。

4. 合同变更的处理

业主或工程师发出的变更指令应迅速、全面、系统。变更指令作出后，承包商应迅速、全面、系统地落实变更指令；修改相关的各种文件，执行变更图纸、调整施工计划和采购计划等，提出相应的措施，同时又要协调好专业工程之间或与分包人之间的各方面工作。

（1）保存原始文件。保存原始设计图纸、设计变更资料、业主书面指令，变更后发生的采购合同、发票及实物或现场照片等。

（2）进一步分析合同变更的影响。合同变更是索赔机会，应在合同规定的索赔有效期内完成索赔处理。在合同变更过程中，应记录、收集、整理所涉及的各种文件，如图纸、各种计划、技术说明、规范和业主的变更指令，以作为索赔的证据。在实际工作中，合同变更必须与提出索赔同步进行，对于重大的变更，应先进行索赔谈判，待达成一致并签订协议后，再实施变更，协议是关于合同变更的处理结果，是合同的一部分。

（3）合同变更的评审。在分析合同变更的相关因素和条件后，应及时进行变更内容的评审，评审包括合理性、合法性、可能出现的问题及措施等，并评审造成工期的拖延和费用的增加合理性。

5. 合同变更程序

合同变更应遵循合同约定的程序（图7-1），并有严格的申请、审查批准手续。

（1）对重大的合同变更，由合同双方签署变更协议确定

对于重大问题，合同双方经过会谈，对变更所涉及的问题，如工作计划、技术组织措施、工期和费用索赔等处理意见达成一致，双方签署合同变更协议（也可称之为补充协议）。双方签署的合同变更协议与合同一样有法律约束力。

（2）发包人或监理人发出工程变更指令或通知

工程施工过程中，业主（发包人）或监理人依据合同赋予的权利发出通知、指令等，在实际工程中，这种变更因素数量较多，通常表现在如下几个方面（不限于此）：

1）与变更相关的分项工程尚未开始，只需对工程设计作修改或补充。如事前发现图纸错误、业主要求增加或减少分部分项工程量以及对工程有其他新的要求等。

2）变更所涉及的工程正在施工，如在施工中发现设计错误或业主突然有新的要求。

3）对已经完工的工程进行变更，必须做返工处理。

4）增加或减少分部分项工程量，或需要追加的额外工作。

5）业主要求提前竣工。

6）停水、停电、停气以及其他原因的暂停施工通知等。

对于上述这些问题，合同双方（包括监理人）通过例会商讨问题的解决方案，由业主工程师发出指令或以《会议纪要》《技术联系单》《临时签证单》或其他形式进行工程变更，涉及承包商费用和时间的补偿，可依据合同双方协商达成一致。

（3）不可抗力引起的工程变更

因不可抗力致使工程产生变更，按合同条款约定双方责任。

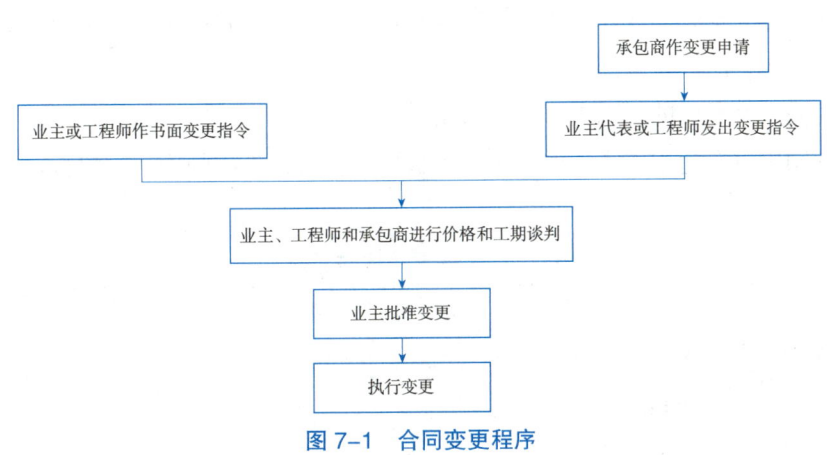

图 7-1　合同变更程序

6. 合同变更申请

在工程合同履行过程中，工程变更要经过一定的手续，如申请、审查、批准、通知、指令等。工程变更申请表可按具体工程需要设计，见表 7-1。

7. 合同价款变更的确定

《建设工程施工合同（示范文本）》GF—2017—0201（以下简称《示范文本》）作了如下规定：10.4.1　变更估价原则

除专用合同条款另有约定外，变更估价按照本款约定处理：

（1）已标价工程量清单或预算书有相同项目的，按照相同项目单价认定；

（2）已标价工程量清单或预算书中无相同项目，但有类似项目的，参照类似项目的单价认定；

（3）变更导致实际完成的变更工程量与已标价工程量清单或预算书中列明的该项目工程量的变化幅度超过 15% 的，或已标价工程量清单或预算书中无相同项目及类似项目单价的，按照合理的成本与利润构成的原则，由合同当事人按照第 4.4 款〔商定或确定〕确定变更工作的单价。

4.4　商定或确定

合同当事人进行商定或确定时，总监理工程师应当会同合同当事人尽量通过协商达成一致，不能达成一致的，由总监理工程师按照合同约定审慎做出公正的确定。

总监理工程师应将确定以书面形式通知发包人和承包人,并附详细依据。合同当事人对总监理工程师的确定没有异议的,按照总监理工程师的确定执行。任何一方合同当事人有异议,按照第 20 条〔争议解决〕约定处理。争议解决前,合同当事人暂按总监理工程师的确定执行;争议解决后,争议解决的结果与总监理工程师的确定不一致的,按照争议解决的结果执行,由此造成的损失由责任人承担。

对于非示范文本合同或非工程量清单计价模式的合同,合同价款按下列方法变更:
(1)合同中有的按原合同规定执行;
(2)合同中有类似的可以参照类似价格;
(3)合同中没有适用或类似的,承包人提出变更价,工程师确认后执行。

工程变更申请表   表 7-1

申请人		申请表编号		合同号	
工程信息	工程编号: 施工图号: 分部分项工程技术说明: 其他:				
变更依据				变更说明	
变更涉及的标准					
变更涉及的资料					
变更影响	(包括人员、材料、机械、技术、现场环境、费用、工期以及对其他工程的影响)				
批准人签字盖章	业主(发包人)		工程师	设计单位	申请人
	年 月 日		年 月 日	年 月 日	年 月 日
备注					

7.2.9 建设工程施工合同解除

1. 因发包人违约解除合同

除专用合同条款另有约定外,承包人按约定暂停施工满 28 天后,发包人仍不纠正其违约行为并致使合同目的不能实现的,或出现发包人明确表示或者以其行为表明不履行合同主要义务的违约情况,承包人有权解除合同,发包人应承担由此增加的费用,并支付承包人合理的利润。

承包人按照本款约定解除合同的,发包人应在解除合同后 28 天内支付下列款项,并解除履约担保:

(1)合同解除前所完成工作的价款;

（2）承包人为工程施工订购并已付款的材料、工程设备和其他物品的价款；

（3）承包人撤离施工现场以及遣散承包人人员的款项；

（4）按照合同约定在合同解除前应支付的违约金；

（5）按照合同约定应当支付给承包人的其他款项；

（6）按照合同约定应退还的质量保证金；

（7）因解除合同给承包人造成的损失。

合同当事人未能就解除合同后的结清达成一致的，按照争议解决的约定处理。承包人应妥善做好已完工程和与工程有关的已购材料、工程设备的保护和移交工作，并将施工设备和人员撤离施工现场，发包人应为承包人撤出提供必要条件。

2. 因承包人违约解除合同

除专用合同条款另有约定外，出现承包人明确表示或者以其行为表明不履行合同主要义务的违约情况时，或监理人发出整改通知后，承包人在指定的合理期限内仍不纠正违约行为并致使合同目的不能实现的，发包人有权解除合同。合同解除后，因继续完成工程的需要，发包人有权使用承包人在施工现场的材料、设备、临时工程、承包人文件和由承包人或以其名义编制的其他文件，合同当事人应在专用合同条款中约定相应费用的承担方式。发包人继续使用的行为不免除或减轻承包人应承担的违约责任。

因承包人原因导致合同解除的，则合同当事人应在合同解除后28天内完成估价、付款和清算，并按以下约定执行：

（1）合同解除后，按商定或确定承包人实际完成工作，核算对应的合同价款，核算承包人已提供的材料、工程设备、施工设备和临时工程等的价值；

（2）合同解除后，承包人应支付的违约金；

（3）合同解除后，因解除合同给发包人造成的损失；

（4）合同解除后，承包人应按照发包人要求和监理人的指示完成现场的清理和撤离；

（5）发包人和承包人应在合同解除后进行清算，出具最终结清付款证书，结清全部款项。

因承包人违约解除合同的，发包人有权暂停对承包人的付款，查清各项付款和已扣款项。发包人和承包人未能就合同解除后的清算和款项支付达成一致的，按照争议解决的约定处理。

3. 因不可抗力解除合同

因不可抗力导致合同无法履行连续超过84天或累计超过140天的，发包人和承包人均有权解除合同。合同解除后，由双方当事人按照商定或确定发包人应支付的款项，该款项包括：

（1）合同解除前承包人已完成工作的价款；

（2）承包人为工程订购的并已交付给承包人，或承包人有责任接收交付的材料、工程设备；

（3）发包人要求承包人退货或解除订货合同而产生的费用，或因不能退货或解除合同而产生的损失；

（4）承包人撤离施工现场以及遣散承包人人员的费用；

（5）按照合同约定在合同解除前应支付给承包人的其他款项；

（6）扣减承包人按照合同约定应向发包人支付的款项；

（7）双方商定或确定的其他款项。

除专用合同条款另有约定外，合同解除后，发包人应在商定或确定上述款项后 28 天内完成上述款项的支付。

7.2.10 建设工程施工合同争议

《最高人民法院关于适用〈中华人民共和国仲裁法〉若干问题的解释》第七条规定："当事人约定争议可以向仲裁机构申请仲裁也可以向人民法院起诉的，仲裁协议无效。但一方向仲裁机构申请仲裁，另一方未在仲裁法第二十条第二款规定期间内提出异议的除外。"

《中华人民共和国仲裁法》第二十条规定："当事人对仲裁协议的效力有异议的，可以请求仲裁委员会作出决定或者请求人民法院作出裁定。一方请求仲裁委员会作出决定，另一方请求人民法院作出裁定的，由人民法院裁定。

当事人对仲裁协议的效力有异议，应当在仲裁庭首次开庭前提出。"

《示范文本》关于争议解决的条款如下：

1. 和解

合同当事人可以就争议自行和解，自行和解达成协议的经双方签字并盖章后作为合同补充文件，双方均应遵照执行。

2. 调解

合同当事人可以就争议请求建设行政主管部门、行业协会或其他第三方进行调解，调解达成协议的，经双方签字并盖章后作为合同补充文件，双方均应遵照执行。

3. 争议评审

合同当事人在专用合同条款中约定采取争议评审方式解决争议以及评审，按下列约定执行：

（1）争议评审小组的确定。合同当事人可以共同选择一名或三名争议评审员，组成争议评审小组。除专用合同条款另有约定外，合同当事人应当自合同签订后 28 天内，或者争议发生后 14 天内，选定争议评审员。选择一名争议评审员的，由合同当事人共同确定；选择三名争议评审员的，各自选定一名，第三名成员为首席争议评审员，由合同当事人共同确定或由合同当事人委托已选定的争议评审员共同确定，或由专用合同条款约定的评审机构指定第三名首席争议评审员。

（2）争议评审小组的决定。合同当事人可在任何时间将与合同有关的任何争议共同提请争议评审小组进行评审。争议评审小组应秉持客观、公正原则，充分听取合同当事人的意见，依据相关法律、规范、标准、案例经验及商业惯例等，自收到争议评审申请报告后 14 天内作出书面决定，并说明理由。合同当事人可以在专用合同条款中对本项事项另行约定。

（3）争议评审小组决定的效力。争议评审小组作出的书面决定经合同当事人签字确认后，对双方具有约束力，双方应遵照执行。任何一方当事人不接受争议评审小组决定或不履行争议评审小组决定的，双方可选择采用其他争议解决方式。

4. 仲裁或诉讼

因合同及合同有关事项产生的争议，合同当事人可以在专用合同条款中约定以下一种方式解决争议：

（1）向约定的仲裁委员会申请仲裁；

（2）向有管辖权的人民法院起诉。

5. 争议条款独立存在

合同有关争议解决的条款独立存在，合同的变更、解除、终止、无效或者被撤销均不影响其效力。

7.2.11 FIDIC 合同条件

1. FIDIC 组织

FIDIC 是国际咨询工程师联合会的法文缩写。自 1913 年欧洲 3 个国家的咨询工程师协会组成 FIDIC 至今，成员来自全球各个地区的 60 多个国家，代表着全世界大多数私营的咨询工程师。

FIDIC 专业委员会编制了一系列规范性合同条件，构成了 FIDIC 合同条件体系。它不仅被 FIDIC 会员国在世界范围内广泛使用，也被世界银行、亚洲开发银行和非洲开发银行等世界金融组织在招标文件中使用。

FIDIC 合同条件文本主要包括两个部分，即通用条件和专用条件，在使用中可利用专用条件对通用条件的内容进行修改和补充，以满足各类项目的不同需要。

FIDIC 系列合同条件的优点是：具有国际性、通用性、公正性和严密性；合同各方职责分明，各方的合法权益可以得到保障；处理与解决问题程序严谨，易于操作。FIDIC 合同条件把与工程管理相关的技术、经济、法律三者有机地结合在一起，构成了一个较为完善的合同体系。

2. FIDIC 文件构成

为适应国际工程建筑市场的发展，在继承了以往合同条件的优点的基础上，在内容、结构和措辞等方面作了较大修改,进行了重大的调整。FIDIC 于 1999 年出版了 4 份新合同标准格式,这 4 种新版的合同条件及其适用范围如下:

(1)《施工合同条件》。《施工合同条件》(Conditions of Contract for Construction),简称"新红皮书"。该文件推荐用于由雇主或其代表(工程师)设计的建筑或工程项目,主要用于单价合同。在这种合同形式下,通常由工程师负责监理,由承包商按照雇主提供的设计施工,但也可以包含由承包商设计的土木、机械、电气和构筑物的某些部分。

(2)《生产设备和设计——施工合同条件》。《生产设备和设计——施工合同条件》(Conditions of Contract for Plant and Design-Build),简称"新黄皮书"。该文件推荐用于电气和(或)机械设备供货和建筑或工程的设计与施工,通常采用总价合同。由承包商按照雇主的要求,设计和提供生产设备和(或)其他工程,可以包括土木、机械、电气和建筑物的任何组合,进行工程总承包,但也可以对部分工程采用单价合同。

(3)《设计采购施工(EPC)/交钥匙工程合同条件》。《设计采购施工(EPC)/交钥匙工程合同条件》(Conditions of Contract for EPC/Turnkey Projects),简称"银皮书"。该文件可适用于以交钥匙方式提供工厂或类似设施的加工或动力设备、基础设施项目或其他类型的开发项目,采用总价合同。在这种合同条件下,项目的最终价格和要求的工期具有更大程度的确定性;由承包商承担项目实施的全部责任,雇主很少介入。即由承包商进行所有的设计、采购和施工,最后提供一个设施配备完善、可以投产运行的项目。

(4)《简明合同格式》。《简明合同格式》(Short Form of Contract),简称"绿皮书"。该文件适用于投资金额较小的建筑或工程项目。根据工程的类型和具体情况,这种合同格式也可用于投资金额较大的工程,特别是较简单的、重复性的或工期短的工程。在此合同格式下,一般都由承包商按照雇主或其代表(工程师)提供设计实施工程,但对于部分或完全由承包商设计的土木、机械、电气和(或)构筑物的工程,此合同也同样适用。

3. FIDIC 施工合同条件

(1)FIDIC 合同条件下的合同文件及优先解释顺序

构成合同的各个文件应被视为互为说明的,为达到解释的目的,各文件的优先次序如下:

1)合同协议书;

2)中标函;

3)投标函;

4)专用条件;

5)通用条件;

6)规范;

7)图纸;

8)资料表以及其他构成合同一部分的文件。

(2)合同履行中涉及的几个期限

1)基准日期。基准日期是指递交投标书截止前 28 天的日期。

2)开工日期。收到中标函后的 42 天内,由工程师在这个日期前 7 天通知承包商,承包商在开工日后应尽快施工。

3)合同工期。合同工期是所签合同内注明的完成全部工程或分步移交工程的时间,加上合同履行过程中非承包商责任导致变更和索赔事件发生后工程师批准顺延工期之和。合同内约定的工期指承包商在投标书附录中承诺的竣工时间。合同工期的日历天数作为衡量承包商是否按合同约定期限履行施工义务的标准。

4)施工期。施工期是指从工程师按合同约定发布的"开工令"中指明的应开之日起,至工程接收证书注明的竣工日止的日历天数。用施工期与合同工期比较,判定承包商的施工是提前竣工还是延误竣工。

5)缺陷通知期。缺陷通知期一般也叫维修期,自工程接收证书中写明的竣工日开始,至工程师颁发履约证书为止的日历天数。设置缺陷通知期的目的是检验工程在动态运行条件下是否达到了合同技术规范的要求。因此,从开工之日起至颁发履约证书日止,承包商要对工程的施工质量负责。合同工程的缺陷通知期及分阶段移交工程的缺陷通知期,应在专用条件内具体约定,次要部位工程通常为半年,主要工程及设备大多为一年,个别重要设备也可以约定为一年半。

6)合同有效期。自合同签字日起至承包商提交给业主的"结清单"生效日止,施工承包合同对业主和承包商均具有法律约束力。颁发履约证书只是表示承包商的施工义务终止,合同约定的权利义务并未完全结束,还有管理和结算等手续。结清单生效指业主已按工程师签发的最终支付证书中的金额付款,并退还承包商的履约保函。结清单一经生效,承包商在合同内享有的索赔权利也自行终止。

(3)合同价格

合同价格是指按照合同各条款的约定,承包商完成建造和保修任务后对所有合格工程有权获得的全部工程款。中标通知书中写明的合同价格仅指业主接受承包商投标书为完成全部招标范围内工程报价的金额。工程师根据现场情况发布非承包商应负责原因的变更指令后,如果导致承包商施工中发生额外费用所应给予的补偿,以及批准承包商索赔给予补偿的费用,都应增加到合同价格中去,所以签约时原定的合同价格在实施过程中会有所变化。最终结算的合同价可能与中标通知书中注明的接受的合同款额不相等。

(4)指定分包商

1)指定分包商概念。指定分包商是由业主指定和选定,完成某项特定工作内容并与承包商签订分包合同的特殊分包商。合同条款规定业主有权将部分工程项目的施工任务或涉及提供材料、设备及服务等工作内容发包给指定分包商实施。

2）合同内规定有承担施工任务的指定分包商，大多因业主在招标阶段划分合同包时，考虑到某部分施工的工作内容有较强的专业技术要求，一般承包单位不具备相应的能力，但如果以一个单独的合同对待又限于现场的施工条件或合同管理的复杂性，工程师无法合理地进行协调管理，为避免各独立合同之间的干扰，则只能将这部分工作发包给指定分包商实施。由于指定分包商是与承包商签订分包合同，因而在合同关系和管理关系方面与一般分包商处于同等地位，对其施工过程中的监督、协调工作纳入承包商的管理之中。指定分包工作内容包括部分工程的施工，供应工程所需的货物、材料、设备，设计，提供技术服务等。

指定分包商的特点。指定分包商的特点包括以下几个方面：

①选择分包单位的权利不同。承担指定分包工作任务的单位由业主或工程师选定，而一般分包商则由承包商选择。

②分包合同的工作内容不同。指定分包工作属于承包商无力完成，不属于合同约定应由承包商必须完成范围之内的工作。

③工程款的支付开支项目不同。

④业主对分包商利益的保护不同。如果承包商没有合法理由而扣押了指定分包商上个月应得的工程款，业主有权按工程师出具的证明从本月应得款内扣除这笔金额直接付给指定分包商。

⑤承包商对分包商违约行为承担责任的范围不同。除承包商向指定分包商发布了错误的指令要承担责任外，对指定分包商的任何违约行为给业主或第三者造成损害而导致索赔或诉讼，承包商都不承担责任。

⑥指定分包商的选择。要求指定分包商拥有某方面的专业技术或专门的施工设备和独特的施工方法。因此当承包商有合法理由时，有权拒绝某一单位作为指定分包商。为了保证工程施工的顺利进行，业主选择指定分包商应首先征求承包商的意见。

4. 解决合同争议的方式

任何合同争议均交由仲裁或诉讼解决。为了解决工程师的决定可能处理的不公正的情况，FIDIC通用条件中引入"争端裁决委员会"处理合同争议的程序。

（1）解决合同争议的程序

1）提交工程师决定。提交工程师决定是合同履行中建立以工程师为核心的项目管理模式，因此不论是承包商的索赔还是业主的索赔均应首先提交工程师。

2）提交争端裁决委员会决定。

3）双方协商。

4）仲裁。

（2）争端裁决委员会

1）争端裁决委员会的组成。签订合同时，业主与承包商通过协商组成裁决委员会。

裁决委员会可选定为1名或3名成员，一般由3名成员组成，合同每一方应提名1位成员，由对方批准。双方应与这两名成员共同商定第三位成员，第三人作为主席。

2）争端裁决委员会的性质。争端裁决委员会属于非强制性但具有法律效力的组织，相当于我国法律中解决合同争议的调解机构，但其性质则属于个人委托。成员应满足以下要求：

①对承包合同的履行有经验；

②在合同的解释方面有经验；

③能流利地使用合同中规定的交流语言；

④争端裁决程序。争端裁决程序：第一步：接到业主或承包商任何一方的请求后，裁决委员会确定会议的时间和地点。解决争议的地点可以在工地或其他地点进行。第二步：裁决委员会成员审阅各方提交的材料。

（3）召开听证会，充分听取各方的陈述，审阅证明材料。

（4）调解合同争议并作出决定。

5. 风险责任划分

合同履行过程中可能发生的某些风险是有经验的承包商在准备投标时无法合理预见的，就业主利益而言，不应要求承包商在其报价中计入这些不可合理预见风险的损害补偿费，以取得有竞争性的合理报价。通用条件以投标截止日期前28天定义为基准日，作为业主与承包商划分合同风险的时间点。

（1）通用条件规定的业主应承担的风险

1）战争、敌对行动（不论宣战与否）、入侵及外敌行动；

2）工程所在国发生的叛乱、革命、暴动或军事政变、篡夺政权或内战；

3）不属于承包商施工原因造成的爆炸、核废料辐射或放射性污染等；

4）超音速或亚音速飞行物产生的压力波；

5）暴乱、骚乱或混乱，但不包括承包商及分包商的雇员因执行合同而引起的上述行为；

6）因业主在合同规定以外使用或占用永久工程的某一区段或某一部分而造成的损失或伤害；

7）业主提供的设计不当造成的损失；

8）一个有经验的承包商通常无法预测和防范的任何自然力作用。

前五种风险是业主或承包商无法预测、防范和控制而保险公司又不承保的事件，损害后结果又很严重，业主应对承包商受到的实际损失（包括利润损失）给予补偿。

（2）不可预见的物质条件

不可预见指一个有经验的承包商在提交投标文件那天还不能合理预见的。

1）不可预见物质条件的范围：外界自然条件；人为干扰；招标文件、图纸均未说明的外界障碍物；污染物的影响；招标文件未提供。

2）承包商及时发出通知。遇到上述情况后，承包商递交给工程师的通知中应具体描述该外界条件，并说明原因为什么承包商认为是不可预见的。发生这类情况后承包商应继续实施工程，采取在此外界条件下合适的以及合理的措施，并且应该遵守工程师给予的任何指示。

3）工程师与承包商进行协商并作出决定：

①承包商在多大程度上对该外界条件不可预见；

②不属于承包商责任的事件影响程度，评定损害或损失的额度；

③与业主和承包商协商或决定补偿之前。

但由于工程类似部分遇到的所有外界有利条件而作出对已支付工程款的调整结果不应导致合同价格的减少。

（3）其他不能合理预见的风险

1）外币支付部分由于汇率变化的影响；

2）法律、法规及政策变化对工程成本的影响。

（4）承包商应承担的风险

在施工现场属于不包括在保险范围内的，由于承包商的施工管理等失误或违约行为，导致工程、业主人员的伤害及财产损失，承包商应承担责任。依据合同通用条款的规定：

1）承包商对业主的全部责任不应超过专用条款约定的赔偿最高限额；

2）若未约定，则不应超过中标的合同金额；

3）但对于因欺骗、有意违约或轻率的不当行为造成的损失，赔偿的责任限度不受限额的限制。

任务 7.3　施工索赔管理

7.3.1　施工索赔认知

1. 索赔概念

施工索赔是工程合同管理中的一项重要工作，而工程施工索赔是承包商在国际建筑市场上，弥补工程损失和保护自己的合法权利的重要且有效的手段。

施工索赔是指在工程项目施工过程中，由于业主（发包人）或其他原因，致使承包商增加了合同规定以外的工作和费用或造成的其他损失，承包商通过合法的途径和程序，向业主（发包人）提出经济或时间补偿要求的行为。索赔是一种权利主张，索赔是双方的法定权利，我国《建设工程施工合同（示范文本）》中的索赔就是双向的，既包括承包人向发包人的索赔,也包括发包人向承包人的索赔。

2. 索赔分类

(1)按施工索赔的合同依据分类

1)合同中明示的索赔

合同中明示的索赔是指承包商所提出的索赔要求,在该工程项目的合同文件中有文字依据,承包商可以据此提出索赔要求,并取得经济补偿。这些在合同文件中有文字规定的合同条款称为明示条款。

2)合同中默示的索赔

合同中默示的索赔,即承包商的该项索赔要求虽然在施工合同条件中没有专门的文字叙述,但可以根据该合同条件的某些条款的含义,推断出承包商有索赔权。这种索赔要求,同样有法律效力,有权得到相应的经济补偿。

3)合同外索赔

合同外索赔是指引起索赔的干扰事件已超出了合同条文的范围或合同条文中没有规定,但可从有关法律法规中找到依据进行索赔。合同外的索赔通常表现为对违约造成的间接损害和违规担保造成的损害索赔。

4)道义索赔

道义索赔是指承包商在找不到依据,业主(发包人)也未违约或触犯法律,但因损失严重,自己无法承担而向发包人提出的给予优惠或补偿的行为。

(2)按索赔有关当事人分类

1)承包人与发包人之间的索赔

这种索赔是最常见的,通常承包人向发包人提出时间或费用的索赔,发包人也向承包人提出经济的索赔。

2)总承包人与分包人之间的索赔

总承包人与分承包人之间都有向对方提出索赔的权利,分包方向总承包方提出的索赔要求,经总承包方审核后,凡属于发包人的责任范围,由总承包方向发包方提出索赔要求;凡属于总承包人的责任,则由总承包方与分包商依据分包合同或惯例解决。

3)发包人和承包人与供货人之间的索赔

依据合同约定的设备与材料的提供方式,发包人或承包人要与设备和材料生产厂家或代理商签订采购合同,如果供货人违反供货合同的规定(设备或材料的型号、规格、数量、质量标准、包装、供货时间、供货地点)使发包人或承包人受到经济损失,发包人或承包人有权向供货人提出索赔,反之亦然。

4)承包人或发包人与保险人之间的索赔

此类索赔通常是被保险人受到灾害、事故或其他损害或损失,按保险合同向其投保的保险人索赔。如不可抗力造成的工程设备和施工设备的损坏。

（3）按索赔的目的分类

1）工期索赔。一般指承包人向业主（发包人）或分包人向承包人要求延长工期。

2）费用索赔。即要求补偿经济损失，调整合同价格。

（4）按索赔事件的性质分类

1）工程延期索赔。因为发包人未按合同要求提供施工条件，或发包人指令工程暂停，或不可抗力事件等原因造成工期拖延的，承包人向发包人提出索赔；如果由于承包人原因导致工期拖延，发包人可以向承包人提出索赔；由于非分包人的原因导致工期拖延，分包人可以向承包人提出索赔。

2）工程加速索赔。通常是由于发包人或工程师指令承包人加快施工进度，缩短工期，引起承包人的人力、物力、财力的额外开支，承包人提出索赔；承包人指令分包人加快进度，分包人也可以向承包人提出索赔。

3）工程变更索赔。由于发包人或工程师指令增加或减少工程量或增加附加工程、修改设计、变更施工顺序等，造成工期延长和费用增加，承包人对此向发包人提出索赔，分包人也可以对此向承包人提出索赔。

4）工程终止索赔。由于发包人违约或发生了不可抗力事件等造成工程非正常终止，承包人和分包人因蒙受经济损失而提出索赔；如果由于承包人或者分包人的原因导致工程非正常终止，或者合同无法继续履行，发包人可以对此向承包人提出索赔。

5）不可预见的外部障碍或条件索赔。即承包商在施工现场遇到不能预见的外界障碍或条件，如地质条件与预计的不同，导致承包人损失，这类风险通常应该由发包人承担，承包人可以据此提出索赔。

6）不可抗力事件引起的索赔。

 知识链接

《示范文本》对不可抗力的责任约定

21.3.1 不可抗力造成损害的责任

除专用合同条款另有约定外，不可抗力导致的人员伤亡、财产损失、费用增加和（或）工期延误等后果，由合同双方按以下原则承担：

（一）永久工程，包括已运至施工场地的材料和工程设备的损害，以及因工程损害造成的第三者人员伤亡和财产损失由发包人承担；

（二）承包人设备的损坏由承包人承担；

（三）发包人和承包人各自承担其人员伤亡和其他财产损失及其相关费用；

（四）承包人的停工损失由承包人承担，但停工期间应监理人要求照管工程和清理、修复工程的金额由发包人承担；

（五）不能按期完工的，应合理延长工期，承包人不需支付逾期完工违约金。发包人要求赶工的，承包人应采取赶工措施，赶工费用由发包人承担。

7）其他索赔。如货币贬值、汇率变化、物价变化、政策法令变化等原因引起的索赔，其中如货币贬值、汇率变化引起的索赔主要是指涉外合同。

（5）按照处理索赔的方式分类

1）单项索赔。单项索赔只针对合同实施过程中某一干扰事件提出，干扰事件发生时或者发生后立即进行，在合同规定的索赔有效期内向业主提交索赔报告，此类索赔处理起来比较简单。

2）总索赔。又称为一揽子索赔。一般在工程竣工前，承包人将施工过程中未解决的单项索赔集中起来，提出一篇总索赔报告。合同双方在工程交付前后进行最终谈判。

通常在如下几种情况下采用一揽子索赔：

①在工程建设过程中，某些单项索赔的原因和处理比较复杂，无法立刻解决；

②发包人拖延答复单项索赔而使之得不到及时解决；

③几个干扰事件同时发生，或有一定的连贯性，或互相影响大，难以划分，则可以综合在一起提出索赔。

一揽子解决索赔问题总索赔的处理和解决比较复杂，但为了索赔的成功，承包人必须保存全部的工程资料和其他作为证据的资料，这使得工程项目的文档管理任务极为繁重。

（6）按照引起索赔的原因分类

按索赔的起因分类，索赔可分为发包人违约索赔、合同错误索赔、合同变更索赔、工程环境变化索赔、不可抗力因素索赔等。

3. 索赔起因

（1）发包人违约或发包人有新的意愿

发包人、监理人及承包人没有履行或不完全履行合同责任。发包人对工程有新的要求，如发包人要求提前工期、发包人提前占用分部分项工程，均可引起索赔。

（2）不可抗力因素

不预见因素包括可抗力和不利条件（自然事件和社会事件）。不利的物质条件通常是指承包人在施工现场遇到的不可预见的自然物质条件、非自然的物质障碍（文物、古迹、古树、名木等）和污染物。

（3）国家政策、法规的变更

国家政策、法规、地方条例或管理办法等的调整，如有关环保、低碳节能的新法令或规章，地方建设工程结算办法调整等。

（4）合同的变更与合同的缺陷

合同变更包括双方签订新的变更协议、备忘录、修正案，发包人下达工程变更指令等，表现为设计变更、施工方法变更、追加或者取消某项工作变更、合同其他规定的变更等。

合同缺陷包括合同文件规定不严谨或条款之间有矛盾、合同中的遗漏或错误。

（5）工程环境变化

工程环境变化包括工程项目本身和工程环境的不确定性，如技术环境、经济环境、政治环境、法律环境等的变化都会导致工程的计划实施过程与实际情况不一样，这些因素都会导致施工工期和费用变化。

（6）合同解除与终止

承包人将建设工程转包、违法分包的，发包人可以解除合同。

发包人提供的主要建筑材料、建筑构配件和设备不符合强制性标准或者不履行协助义务，致使承包人无法施工，经催告后在合理期限内仍未履行相应义务的，承包人可以解除合同。

除合同的权利义务全部履行终止合同外，涉及索赔的合同终止包括不可抗力因素导致合同无法履行，以及合同当事人无法继续履行合同的其他情形。

（7）其他引起索赔的因素。

4. 索赔依据

（1）合同文件

合同文件是索赔的最主要依据，包括本合同协议书，中标通知书，投标书及其附件，合同专用条款，合同通用条款，标准、规范及有关技术文件，图纸，工程量清单，工程报价单或预算书等。

合同履行中，发包人与承包人有关工程的洽商、变更等书面协议或文件应视为合同文件的组成部分。

（2）法律、法规

双方在建设工程合同文件专用条款中约定适用的国家法律和行政法规、标准、规范。

（3）工程建设索赔惯例

施工索赔是根据实际发生的具体事件按合同行使的权力，相关依据不限于上述的"（1）"和"（2）"，有些事件索赔是依据以往类似问题的处理办法和惯例进行，如有关工期的索赔就要依据经发包人同意（工程师审核同意）的进度计划及其变更指令等。

5. 索赔证据

索赔证据是当事人用来支持其索赔成立或与索赔有关的证明文件和资料。索赔证据作为索赔文件的组成部分，要具有全面性、真实性、准确性、时效性和关联性。可以作为索赔证据的通常有如下几个方面的文件：

（1）可作为施工索赔证据的材料

1）书证

书证指以其文字或数字记载的内容起证明作用的书面文书和其他载体。如合同文本、财务账册、欠据、收据、往来信函与法律文件等。

2）物证

物证指以其存在、存放的地点等外部特征及物质特性来证明事件事实真相的证据，如购销过程中封存的样品，被损坏的机械、设备，产品不符合合同要求或有质量缺陷等。

3）视听材料

视听材料是指能够证明事件真实情况的音像资料。如录音带、施工过程或检查检验过程的录像带等。

4）鉴定结论

施工索赔中所依据的鉴定结论是指合同双方就材料或分部分项工程质量或其他方面的质疑由检测鉴定机构作出鉴定结论。

（2）常见的施工索赔证据

1）各种合同文件。包括施工合同协议书及其附件、中标通知书、投标书、标准和技术规范图纸、工程量清单、工程报价单或者预算书、有关技术资料和要求、施工过程中的补充协议等。

2）工程各种往来函件、通知、答复、会谈纪要等。

3）经过发包人或者工程师批准的承包人的施工进度计划、施工方案、施工组织设计和现场实施情况记录。

4）工程各项会议纪要。

5）气象报告和资料，如有关温度、风力、雨雪的资料。

6）施工日记、施工现场记录。包括有关设计交底、设计变更、施工变更指令，工程材料和机械设备的采购、验收与使用等方面的凭证及材料供应清单、合格证书，工程现场水、电、道路等开通、封闭的记录，停水、停电等各种干扰事件的时间和影响记录等。

7）工程有关照片和录像等。

8）发包人或者工程师签认的签证。

9）发包人或者工程师发布的各种书面指令和确认书，以及承包人的要求、请求、通知书等。

10）工程中的各种检查验收报告和各种技术鉴定报告。

11）工地的交接记录（应注明交接日期，场地平整情况，水、电、路情况等），图纸和各种资料交接记录。

12）建筑材料和设备的采购、订货、运输、进场、开箱查验使用方面的记录、凭证和报表等。

13）市场行情资料。包括市场价格、官方的物价指数、工资指数、中央银行的外汇比率等公布材料。

14）投标前招标人提供的参考资料和现场资料。

15）工程结算资料、财务报告、财务凭证等。

16）国家法律、法令、政策文件。

6. 索赔期限

（1）承包人的索赔期限

承包人按约定接受了完工付款证书后，应被认为已无权再提出在合同工程完工证书颁发前所发生的任何索赔。

工程质量保修责任终止证书签发后，只限于提出合同工程完工证书颁发后发生的索赔。提出索赔的期限自接受最终结清证书时终止。

（2）发包人的索赔期限

发包人的索赔期限同上。

7. 索赔程序

（1）承包人施工索赔

承包人施工索赔一般流程如图7-2所示。

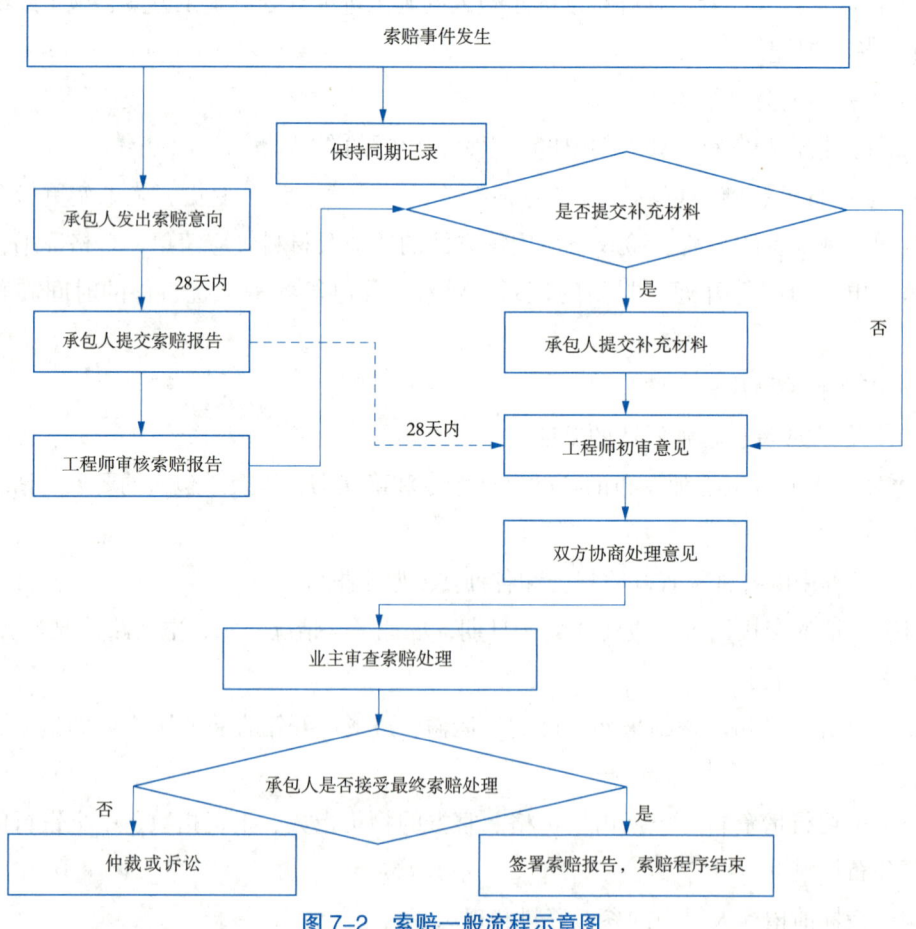

图 7-2 索赔一般流程示意图

1）索赔意向通知

承包人在索赔事件发生后应抓住索赔机会，迅速作出反应并在 28 天内向工程师递交索赔意向通知，该意向通知是承包人就具体的索赔事件向工程师和业主（发包人）表示的索赔愿望和要求。如果超过这个期限工程师和业主有权拒绝承包人的索赔要求。

当索赔事件发生后，承包人就索赔意向做好如下几个方面工作：

①损害事件原因分析。在实际工作中，一般只有非承包人责任的损害事件才有可能提出索赔，损害事件发生后要跟踪和调查事件的全面详细情况，进行责任分析，划分责任范围，按责任大小，承担损失。

②查找索赔依据。索赔依据即索赔理由，主要指合同文件。必须按合同判明这些索赔事件是否违反合同，是否在合同规定的赔偿范围之内，只有符合合同规定的索赔要求才有合法性、才能成立。

③调查损失。调查损失即索赔事件的影响分析，调查的重点是收集、分析、对比损害事件对施工进度以及工程成本和费用方面的影响，在此基础上计算索赔顺延工期和费用。

④收集证据。索赔事件发生，承包人就应迅速收集证据，并在索赔事件持续期间一直保持有完整的有效纪实记录。

⑤起草索赔报告。索赔报告是上述各项工作的结果和总括，它表达了承包人的索赔要求和支持这个要求的详细依据。

2）索赔报告递交

索赔意向通知提交后的 28 天内，或工程师可能同意的其他合理时间内，承包人应递送正式的索赔报告。索赔报告的内容应包括：事件发生的原因、对其权益影响的证据资料、索赔的依据、此项索赔要求补偿的款项和工期展延天数的详细计算等有关材料。如果索赔事件的影响持续存在，28 天内还不能算出索赔额和工期展延天数时，承包人应按工程师合理要求的时间间隔（一般为 28 天），定期陆续报出每一个时间段内的索赔证据资料和索赔要求。在该项索赔事件的影响结束后的 28 天内，报出最终的详细报告，提出索赔论证资料和累计索赔额。

3）工程师审核索赔报告

工程师判定承包人索赔成立有三个条件：

①与合同相对照，事件已造成了承包人施工成本的额外支出，或直接工期损失；

②造成费用增加或工期损失的原因，按合同约定不属于承包人的行为责任或风险责任；

③承包人按合同规定的程序提交了索赔意向通知和索赔报告。

上述 3 个条件没有先后主次之分，应当同时具备。只有工程师认定索赔成立后，才按一定程序处理。

对于承包人向发包人的索赔请求,索赔文件首先应该交由工程师审核。工程师根据发包人的委托或授权,对承包人索赔的审核工作主要是判定索赔事件是否成立和核查承包人的索赔计算是否正确、合理,并可在授权范围内作出判断;初步确定补偿额度,或要求补充证据修改索赔报告等。工程师对索赔的初步处理意见要提交发包人。

《示范文本》规定,工程师收到承包人递交的索赔报告和有关资料后,应在28天内给予答复,或要求承包人进一步补充索赔理由和证据。如果在28天内既未予答复,也未对承包人作进一步要求的话,则视为承包人提出的该项索赔要求已经认可。

4）工程师与承包人协商补偿

双方应就索赔的处理进行协商,如果协商达不成共识,承包人仅有权得到所提供的证据满足工程师认为索赔成立那部分的付款和工期延长。不论是工程师与承包人通过协商达成一致,还是工程师单方面作出的处理决定,批准给予补偿的款额和工期延长的天数如果在授权范围之内,则可将此结果通知承包商,并抄送业主。补偿款将计入下月支付工程进度款的支付证书内,延长的工期加到原合同工期中去。如果批准的额度超过工程师权限,则应报请业主批准。

对于持续影响时间超过28天的工期延误事件,当工期索赔条件成立时,对承包人每隔28天报送的阶段索赔临时报告审查后,每次均应作出批准临时延长工期的决定,并于事件影响结束后28天内承包人提出最终的索赔报告后,批准延长工期总天数。应当注意的是,最终批准的总延长天数,不应少于以前各阶段已同意延长天数之和。规定承包人在事件影响期间必须每隔28天提交一次阶段索赔报告,避免事件影响时间太长而不能准确确定索赔值。

5）工程师索赔处理决定

工程师在索赔处理决定中应该简明地叙述索赔事项、理由和建议给予补偿的金额及（或）延长的工期,索赔评价报告是工程师站在公正的立场上独立编制的。通常工程师的处理决定不是终局性的,对业主和承包人都不具有强制性的约束力。无论业主还是承包人,如果认为该处理决定不公正,都可以在合同规定的时间内提请工程师重新考虑。工程师不得无理拒绝这种要求,承包人如果持有异议,应该提供进一步的证明材料,向工程师进一步说明为什么其决定的不合理性。如果工程师仍然坚持原来的决定,或承包人对工程师的新决定仍不满,则可以按合同中的仲裁条款提交仲裁机构仲裁。

6）业主审查索赔处理

对于工程师的初步处理意见,经发包人审查和批准后,工程师才可以签发有关证书。如果索赔额度超过了工程师权限范围时,应由工程师将审查的索赔报告报请发包人审批,并与承包人谈判解决。

7）承包人是否接受最终索赔处理

承包人接受最终的索赔处理决定,索赔事件的处理即宣告结束。如果承包人不同意,就会导致合同争议。通过协商双方达到互谅互让的解决方案,是处理争议的最理想方式。如达不成谅解,承包人有权提交仲裁解决。

(2)发包人的索赔

承包人未能按合同约定履行自己的各项义务或发生错误而给发包人造成损失时,发包人也应按合同约定的承包人索赔的时限要求,向承包人提出索赔。详见本教材"7.3.3 反索赔"。

7.3.2 索赔报告

1. 索赔报告概念

索赔报告是描述索赔事件与其产生的影响,以及依据合同请求得到补偿的文件。索赔文件主要内容包括:

(1)总述部分。概要论述索赔事项发生的日期和过程;承包人为该索赔事项付出的努力附加开支;承包人的具体费用或时间索赔要求。

(2)论证部分。论证部分是索赔报告的关键部分,需要在合同中或索赔处理惯例中找到依据,其目的是说明自己有索赔权,是索赔能成立的关键。

(3)索赔款项(和/或工期)计算部分。索赔计算要依据合同专用条款相关约定进行计算,专用条款无约定的,按索赔惯例处理计算。索赔计算时,要全面计算考虑事件发生所产生的费用及事件相关其他影响的费用。

(4)证据部分。索赔证据是工程师、发包人审核确定索赔计算的重要依据,证据要全面、有效,不可伪造索赔事件及索赔证据。

在国内如果不是涉外工程,一般索赔事件发生后,承包人向发包人提出的索赔申请,不以"索赔报告"为标题,如要求工期顺延常用的是"关于附加××工作顺延工期的报告",如涉及费用补偿,通常以"临时签证+费用"的形式,并在"临时签证"的事件描述中说明请求顺延工期。

2. 索赔报告编制注意事项

(1)实事求是

在报告施工索赔中所描述的事件、索赔计算要有充分的理由和可靠的依据,既不夸大事件产生的影响,也不放弃任何索赔的机会。

(2)真实有效

报告中工期、费用补偿数据是依据事件对应的合同相应条款计算确定的,提供的证据证明文件必须能有效印证事件导致的费用(和/或)工期的延长。例如:

某工程电气开关柜由发包人提供,开关柜运至合同指定交货地点后,由发包人、工程师、供应商、承包人当场开箱验收,开箱后发现开关柜的型号与图纸不符,这种情况下由承包人在开箱记录的"验收意见"栏上注明"拒收"并写明原因,由发包人负责调换。承包人就此可以向发包人提出误工补偿（工人停工和工期顺延），在索赔报告中陈述索赔依据（即《示范文本》专用条款第 5.2.6 款　发包人提供的材料和工程设备的规格、数量或质量不符合合同要求，或由于发包人原因发生交货日期延误及交货地点变更等情况的，发包人应承担由此增加的费用和（或）工期延误，并向承包人支付合理利润），提出索赔要求。

在"证据"部分要提供如下文件：

1）合同文件。主要是专用条款关于材料设备的供应方式。

2）双方洽商文件或通知。主要证明承包人应根据合同进度计划的安排，向监理人报送要求发包人交货的日期计划。

3）进度计划。该进度计划是工程师批准的，申请设备进场时间是根据施工进度计划提出的，以及证明延误的工期。

4）开箱记录。《设备开箱记录》中的"验收意见"中的"拒收"理由要写明依据电施—××号图纸经工程师（监理）与承包人核定该设备与图纸不符。

5）电气工程劳动力计划。说明开关柜安装分部分项工程人力资源的数量，以便清算产生的误工费用补偿。

6）图片。设备图片、设备铭牌图片、内部结构图片、现场验收参与人员等图片。

（3）语言技巧

不涉外的施工索赔，在报告中的词语尽量平和，让对方在心理上容易接受，以保证索赔顺利实现。

3. 索赔计算

施工索赔报告最主要的两部分是合同论证部分和索赔计算部分，合同论证部分的任务是解决索赔权是否成立的问题，而索赔计算部分则是确定应得到多少索赔款或工期补偿，索赔的计算是索赔管理的一个重要组成部分。

（1）工期索赔计算

工期索赔的计算主要有网络图分析法和比例计算法两种。

1）网络图分析法

网络图分析法是利用进度计划的网络图，分析其关键线路。如果延误的工作为关键工作，则延误的时间为索赔的工期；如果延误的工作为非关键工作，当该工作由于延误超过时差限制而成为关键工作时，可以索赔延误时间与时差的差值；若该工作延误后仍为非关键工作，则不存在工期索赔问题。按照网络图分析法得出的工期索赔值是科学合理的，适用于各类工期索赔。

2）比例计算法

在实际工程中，干扰事件常常仅影响某些单项工程、单位工程，或分部分项工程的工期，要分析它们对总工期的影响，可以采用简单的比例分析方法，即以某个技术经济指标作为比较基础，计算工期索赔值。具体计算方法有两种，按引起延误的事件选用。

①对于已知部分工程的延期的时间：以合同价所占比例计算，计算方法为：

$$总工期索赔 = \frac{受干扰部分的合同价格}{合同总价} \times 该部分受到干扰工期拖延量$$

②对于已知额外增加工程量的价格：以合同价所占比例计算，计算方法为：

$$总工期索赔 = \frac{附加工程或新增价格}{原合同总价} \times 原合同总工期$$

比例计算法在实际工程中用得较多，因其计算简单、方便、不需作复杂的网络分析，概念上人们也容易接受。

例如：某学校电缆外网工程，原合同价格为232560.25元，工期20天，由于发包人需要增加一条回路，该增加部分工程费用21583.14元，因该项附加工程而顺延的工期为：

$$总工期索赔 = \frac{21583.14}{232560.25} \times 20 = 1.86 天$$

在索赔报告中申请顺延工期2天。

（2）费用索赔计算

索赔费用的计算方法有实际费用法、总费用法和修正的总费用法。

1）实际费用法

实际费用法是计算工程索赔时最常用的一种方法。这种方法的计算原则是以承包商为某项索赔工作所支付的实际开支为依据，向业主要求费用补偿。

用实际费用法计算时，在直接费用的额外费用部分的基础上，再加上应得的间接费用和利润，即承包商应得的索赔金额。由于实际费用法所依据的是实际发生的成本记录或单据，承包商在施工过程中，系统准确地存储记录资料是非常重要的。

【例7-1】某地区老旧小区改造工程，建设管理部门指示，为加强外墙栏板保温基底粘结力，避免抹灰层空鼓、开裂，在外墙栏板抹灰找平层施工完毕，涂一层界面剂，涂界面剂范围：沿街一侧窗台栏板 $139.138 \times 1.005 \times 6 = 893.00 m^2$，依据中标文件报价及合同条款，该项索赔费用为2583.14元，如图7-3所示为索赔证据及洽商文件（《工程签证单》）。

项目投标总价如图7-4所示，项目各工程清单计价见表7-2~表7-6。

实际费用法有时也出现用"一口价"形式来确定索赔金额，该情形一般是附加工作的费用在合同报价以及索赔惯例中找不到计价依据，根据实际发生的费用总和或发包人与承包人商定的价格作为索赔金额。如某项工作需采用特殊措施，该项费用计算时就可以按实际发生费用计算。

索赔金额 = 人工费（市场价）+ 机械费（市场价）+ 管理费

又如某施工过程中，发包人委托承包人维修某设备，该项工作无计费标准或可参考的惯例，则双方在洽商文件中就可以"一口价"的形式确定其索赔金额。

 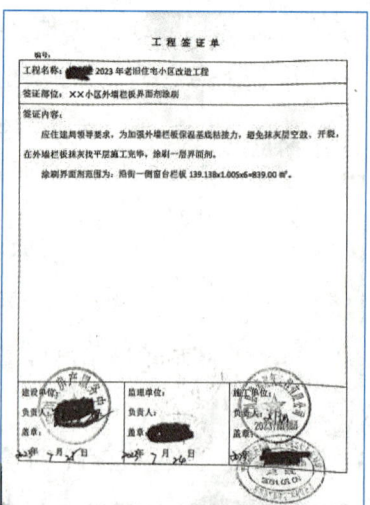

索赔证据工程　　　　　　　　　工程签证单

图 7-3　索赔证据及工程签证单

图 7-4　项目投标总价

单位工程投标报价汇总表　　　　　　　　　　表 7-2

工程名称：签证 20230722××小区　　桦川县 2023 年老旧住宅小区楼本体改造项目－签证　　第 1 页共 1 页

序号	汇总内容	金额（元）	其中：暂估价（元）
（一）	分部分项工程费	1938.09	
（二）	措施项目费	69.28	
（1）	单价措施项目费		
（2）	总价措施项目费	69.28	
①	安全文明施工费	63.57	

续表

序号	汇总内容	金额（元）	其中：暂估价（元）
②	其他措施项目费	5.71	
③	专业工程措施项目费		
（三）	其他项目费		
（1）	暂列金额		
（2）	专业工程暂估价		
（3）	计日工		
（4）	总承包服务费		
（四）	规费	362.48	
（1）	社会保险费	303.25	
①	养老保险费	189.53	
②	医疗保险费	88.84	—
③	失业保险费	5.92	—
④	工伤保险费	11.85	—
⑤	生育保险费	7.11	
（2）	住房公积金	59.23	
（3）	环境保护税		—
（五）	税金	213.29	
投标报价合计＝（一）+（二）+（三）+（四）+（五）−甲供材料费		2583.14	0

注：本表适用于单位工程招标控制价或投标报价的汇总，如无单位工程划分，单项工程也使用本表汇总。

分部分项工程和单价措施项目清单与计价表

表 7-3

工程名称：签证 20230722××小区　　老旧住宅小区楼本体改造项目－签证　　第 1 页共 1 页

序号	项目编码	项目名称	项目特征描述	计量单位	工程量	金额（元）		
						综合单价	综合合价	其中：暂估价
		整个项目						
1	011407001001	墙面喷刷涂料		m²	839	2.31	1938.09	
		分部小计					1938.09	
		措施项目						
		分部小计						
本页小计							1938.09	
合　计							1938.09	

注：为计取规费等的使用，可在表中增设"其中：定额人工费"。

综合单价分析表 表 7-4

工程名称：签证 20230722××小区　　标段：黑龙江省桦川县 2023 年老旧住宅小区楼本体改造项目－签证　　第 1 页共 1 页

项目编码	011407001001	项目名称	墙面喷刷涂料	计量单位	m²	工程量	839

清单综合单价组成明细											
定额编号	定额项目名称	定额单位	数量	单价				合价			
				人工费	材料费	机械费	管理费和利润	人工费	材料费	机械费	管理费和利润
13-320	墙面界面剂一遍	100m²	0.01	141.19	61.28	2.73	25.22	1.41	0.61	0.03	0.25
人工单价				小计				1.41	0.61	0.03	0.25
技工 137 元／工日；普工 105 元／工日				未计价材料费				0.49			
清单项目综合单价								2.31			

材料费明细	主要材料名称、规格、型号	单位	数量	单价（元）	合价（元）	暂估单价（元）	暂估合价（元）
	建筑胶	kg	0.051	2.36	0.12		
	水	m³	0.0004	5.04			
	其他材料费	元	0.003	1			
	预拌混合砂浆 M10	m³	0.0012	420.35	0.5		
	材料费小计			—	0.62	—	

注：1. 如不使用省级或行业建设主管部门发布的计价依据，可不填定额编号、名称等；
　　2. 招标文件提供了暂估单价的材料，按暂估的单价填入表内"暂估单价"栏及"暂估合价"栏。

总价措施项目清单与计价表 表 7-5

工程名称：签证 20230722××小区　　标段：黑龙江省桦川县 2023 年老旧住宅小区楼本体改造项目－签证　　第 1 页共 1 页

序号	项目编码	项目名称	基数说明	费率（％）	金额（元）	调整费率（％）	调整后金额（元）	备注
一		安全文明施工费			63.57			
1	011707001001	安全文明施工费	分部分项合计＋单价措施项目费－分部分项设备费－单价措施项目设备费	3.28	63.57			
二		其他措施项目费			5.71			
2	011707002001	夜间施工费	分部分项计费人工费＋单价措施计费人工费	0.12	1.27			
3	011707004001	二次搬运费	分部分项计费人工费＋单价措施计费人工费	0.12	1.27			
4	011707005002	冬期施工增加费	分部分项冬期施工人工预算价＋分部分项冬期施工机具预算价＋单价措施冬期施工人工预算价＋单价措施冬期施工机具预算价	0				

续表

序号	项目编码	项目名称	基数说明	费率（％）	金额（元）	调整费率（％）	调整后金额（元）	备注
5	011707005001	雨期施工增加费	分部分项计费人工费＋单价措施计费人工费	0.11	1.16			
6	011707007001	已完工程及设备保护费	分部分项计费人工费＋单价措施计费人工费	0.11	1.16			
7	01B001	工程定位复测费	分部分项计费人工费＋单价措施计费人工费	0.08	0.85			
8	01B002	专业工程措施项目费						
		合计			69.28			

编制人（造价人员）： 复核人（造价工程师）：

注：1."计算基础"中安全文明施工费可为"定额基价""定额人工费"或"定额人工费＋定额机械费"，其他项目可为"定额人工费"或"定额人工费＋定额机械费"。
2. 按施工方案计算的措施费，若无"计算基础"和"费率"的数值，也可只填"金额"数值，但应在备注栏说明施工方案出处或计算方法。

规费、税金项目清单与计价表（节选） 表7-6

工程名称：签证20230722××小区 标段：黑龙江省桦川县2023年老旧住宅小区楼本体改造项目-签证 第1页共1页

序号	项目名称	计算基础	计算基数	计算费率（％）	金额（元）
1	规费	[（A）+（B）+（C）+人工费价差]×费率			362.48
1.1	社会保险费	养老保险费＋医疗保险费＋失业保险费＋工伤保险费＋生育保险费	303.25		303.25
1.1.1	养老保险费	计费人工费＋人工价差	1184.54	16	189.53
1.1.2	医疗保险费	计费人工费＋人工价差	1184.54	7.5	88.84
1.1.3	失业保险费	计费人工费＋人工价差	1184.54	0.5	5.92
1.1.4	工伤保险费	计费人工费＋人工价差	1184.54	1	11.85
1.1.5	生育保险费	计费人工费＋人工价差	1184.54	0.6	7.11
1.2	住房公积金	计费人工费＋人工价差	1184.54	5	59.23
1.3	环境保护税	按实际发生计算			
2	税金	[（一）+（二）+（三）+（四）-（3）-（4）-甲供材料费]×税率	2369.85	9	213.29
	合计				575.77

编制人（造价人员）： 复核人（造价工程师）：

2）总费用法

总费用法就是当发生多次索赔事件以后，重新计算该工程的实际总费用，实际总费用减去投标报价时的估算总费用，即索赔金额：

索赔金额 = 实际总费用 – 投标报价估算总费用

采用总费用法的适合条件：

①工程项目实际发生的总费用计算准确，合同生成的成本符合会计原则，成本分摊的方法和基础选择合理；

②承包商的报价合理，符合实际情况；

③合同总成本超支，承包商没有任何责任；

④合同争执的性质不适合采用其他计算方法。

这种方法只有在难以采用实际费用法时才应用。

3）修正的总费用法

修正的总费用法是对总费用法的改进，即在总费用计算的原则上，去掉一些不合理的因素，使其更合理。修正的内容如下：

①将计算索赔款的时段局限于受到外界影响的时间，而不是整个施工期；

②只计算受影响时段内的某项工作所受影响的损失，而不是计算该时段内所有施工工作所受的损失；

③与该项工作无关的费用不列入总费用中；

④对投标报价费用重新进行核算，按受影响时段内该项工作的实际单价进行核算，再乘以实际完成的该项工作的工程量，得出调整后的报价费用。

按修正后的总费用计算索赔金额的公式为：

索赔金额 = 某项工作调整后的实际总费用 – 该项工作的报价费用

修正的总费用法与总费用法相比，有了实质性的改进，它的准确程度已接近于实际费用法。

7.3.3 反索赔

1. 反索赔的概念

索赔的双向性对合同双方都赋予了合理向对方索赔的权利，反索赔的概念是相对于索赔提出的。在工程实践中，一般把承包商向业主（发包人）提出的索赔叫作施工索赔或费用与工期索赔；而把业主向承包商提出的索赔叫作反索赔。反索赔与索赔一样，都必须依据合同条款和工程实际发生的情况有理有据地进行。

2. 反索赔的作用

工程建设中，干扰事件发生后，合同各方都企图推卸自己的责任，减少自己的损失，并寻找向对方提出索赔的机会，业主（发包人）有效地进行反索赔可以进一步保障合法权益。反索赔具有以下作用：

（1）减少或预防损失的发生，预防项目投资失控；

（2）有利于把握项目管理的主动权，不受承包人限制；

（3）总结管理经验，提高管理工作的水平；

（4）增强企业社会影响力，促进企业发展。

3. 反索赔内容

（1）工程质量缺陷反索赔

工程质量缺陷反索赔包括施工过程中的分部分项工程质量或使用的材料不合格的索赔与未通过竣工检验的索赔。在工程施工过程中，施工承包合同条款中规定了工程质量标准，以及执行的技术规范和要求。除业主（发包人）承担设计所造成的质量问题，以及提供的材料、设备的质量问题责任外，若承包商所使用的材料或设备不符合合同规定或工程质量不符合施工技术规范和验收规范的要求，或出现缺陷而未在缺陷责任期满之前完成修复工作，业主均有权追究承包商的责任，并提出由承包商造成的工程质量缺陷所带来的经济损失的反索赔。业主向承包商提出工程质量缺陷的反索赔要求时，不仅包括工程缺陷所产生的直接经济损失，也包括该缺陷带来的间接经济损失。

（2）拖延工期反索赔

施工合同中约定，承包商必须按合同工期、质量标准完成并移交工程图纸中的全部工程，如果由于承包商的原因造成工期延误，影响到业主对该工程的使用和运营生产计划，给业主带来了经济损失，业主依据合同可向承包商要求补偿拖期完工给业主造成的经济损失，此项业主的索赔，是承包商按签订合同时双方约定的赔偿金额以及拖延时间长短向业主支付赔偿金。

（3）经济担保的反索赔

经济担保是国际工程承包活动中不可缺少的部分，担保人要承诺在其委托人不适当履约的情况下代替委托人来承担赔偿责任或原合同所规定的权利与义务。在工程项目施工活动中，常见的经济担保有预付款担保和履约担保等。

1）预付款担保反索赔

对预付款的偿还，一般是由业主在应支付给承包商的工程进度款中直接扣还，或按承包商的工程进度款的比例在约定时间内扣完。为了保证承包商偿还业主的预付款，施工合同中都规定承包商必须对预付款提供等额的经济担保。若承包商不能按期归还预付款，业主就可以从相应的担保款额中取得补偿。

有的工程项目预付款支付的担保是以"抵押"的形式，当承包人运至施工现场的施工机械和材料估算总额与预付款相当时，支付工程预付款，如果承包人违约，业主（发包人）有权依照法律规定，以其占有的财产优先受偿。

2）履约担保反索赔

履约担保是为了保证业主（发包人）的利益不受损害承包商和担保方作出的一种承诺，担保承包商完全履行合同。

履约担保有银行担保和担保公司担保两种方法，施工合同的担保金额一般为合同价的5%~10%，担保期限为工程竣工期或缺陷责任期满。当承包商违约或不能履行施工合同时，持有履约担保文件的业主可以在承包商的担保人的银行账户中获得金钱补偿。

（4）保留金的反索赔

保留金是对履约担保的补充。一般的工程合同中有规定保留金的数额为合同价的5%~20%左右，保留金是应从支付给承包商的月工程进度款中扣下一笔合同价百分比的基金由业主保留下来，以便在承包商违约时直接补偿业主的损失，一般应在整个工程竣工验收合格后仅留下5%的质保金，最后在缺陷责任期满后全部退回。

（5）其他损失的反索赔

除上述依据合同规定业主的反索赔外，当业主因承包商原因受到经济损失时，也可以向承包商提出索赔。比如，生产工艺设备改造安装工程施工中，损坏了原有的厂房车间或其他设备，发包人即可向承包人提出索赔。

4. 反索赔的处理

根据《示范文本》约定，发包人认为有权得到赔付金额和（或）延长缺陷责任期的，监理人应向承包人发出通知并附有详细的证明。

发包人应在知道或应当知道索赔事件发生后28天内通过监理人向承包人提出索赔意向通知书，发包人未在前述28天内发出索赔意向通知书的，丧失要求赔付金额和（或）延长缺陷责任期的权利。发包人应在发出索赔意向通知书后28天内，通过监理人向承包人正式递交索赔报告。

对发包人索赔的处理如下：

（1）承包人收到发包人提交的索赔报告后，应及时审查索赔报告的内容、查验发包人证明材料。

（2）承包人应在收到索赔报告或有关索赔的进一步证明材料后28天内，将索赔处理结果答复发包人。如果承包人未在上述期限内作出答复的，则视为对发包人索赔要求的认可。

（3）承包人接受索赔处理结果的，发包人可从应支付给承包人的合同价款中扣除赔付的金额或延长缺陷责任期；发包人不接受索赔处理结果的，按《示范文本》第20条"争议解决"约定处理。

思考与练习

1. 施工合同主要内容是什么？
2. 施工合同管理有几方主体？
3. 如何进行分包合同管理？
4. 如何处理施工合同履行过程中的质量问题？
5. 承包人施工工期滞后可能有哪些原因？
6. 为什么说安全管理至关重要？
7. 发包人、承包人、监理人对工程费用管理要做好哪些工作？
8. 施工索赔起因有几个方面？
9. 发包人、承包人、监理人如何处理好索赔事宜？

附录

附录1 电子招标投标办法

（2013年2月4日，中华人民共和国国家发展和改革委员会 中华人民共和国工业和信息化部 中华人民共和国监察部 中华人民共和国住房和城乡建设部 中华人民共和国交通运输部 中华人民共和国铁道部 中华人民共和国水利部 中华人民共和国商务部令第20号公布，2013年5月1日起施行。）

第一章 总 则

第一条 为了规范电子招标投标活动，促进电子招标投标健康发展，根据《中华人民共和国招标投标法》《中华人民共和国招标投标法实施条例》（以下分别简称招标投标法、招标投标法实施条例），制定本办法。

第二条 在中华人民共和国境内进行电子招标投标活动，适用本办法。

本办法所称电子招标投标活动是指以数据电文形式，依托电子招标投标系统完成的全部或者部分招标投标交易、公共服务和行政监督活动。

数据电文形式与纸质形式的招标投标活动具有同等法律效力。

第三条 电子招标投标系统根据功能的不同，分为交易平台、公共服务平台和行政监督平台。

交易平台是以数据电文形式完成招标投标交易活动的信息平台。公共服务平台是满足交易平台之间信息交换、资源共享需要，并为市场主体、行政监督部门和社会公众提供信息服务的信息平台。行政监督平台是行政监督部门和监察机关在线监督电子招标投标活动的信息平台。

电子招标投标系统的开发、检测、认证、运营应当遵守本办法及所附《电子招标投标系统技术规范》（以下简称技术规范）。

第四条 国务院发展改革部门负责指导协调全国电子招标投标活动，各级地方人民政府发展改革部门负责指导协调本行政区域内电子招标投标活动。各级人民政府发展改革、工业和信息化、住房城乡建设、交通运输、铁道、水利、商务等部门，按照规定的职责分工，对电子招标投标活动实施监督，依法查处电子招标投标活动中的违法行为。

依法设立的招标投标交易场所的监管机构负责督促、指导招标投标交易场所推进电子招标投标工作，配合有关部门对电子招标投标活动实施监督。

省级以上人民政府有关部门对本行政区域内电子招标投标系统的建设、运营，以及相关检测、认证活动实施监督。

监察机关依法对与电子招标投标活动有关的监察对象实施监察。

第二章 电子招标投标交易平台

第五条 电子招标投标交易平台按照标准统一、互联互通、公开透明、安全高效的原则以及市场化、专业化、集约化方向建设和运营。

第六条 依法设立的招标投标交易场所、招标人、招标代理机构以及其他依法设立的法人组织可以按行业、专业类别，建设和运营电子招标投标交易平台。国家鼓励电子招标投标交易平台平等竞争。

第七条 电子招标投标交易平台应当按照本办法和技术规范规定，具备下列主要功能：

（一）在线完成招标投标全部交易过程；

（二）编辑、生成、对接、交换和发布有关招标投标数据信息；

（三）提供行政监督部门和监察机关依法实施监督和受理投诉所需的监督通道；

（四）本办法和技术规范规定的其他功能。

第八条 电子招标投标交易平台应当按照技术规范规定，执行统一的信息分类和编码标准，为各类电子招标投标信息的互联互通和交换共享开放数据接口、公布接口要求。

电子招标投标交易平台接口应当保持技术中立，与各类需要分离开发的工具软件相兼容对接，不得限制或者排斥符合技术规范规定的工具软件与其对接。

第九条 电子招标投标交易平台应当允许社会公众、市场主体免费注册登录和获取依法公开的招标投标信息，为招标投标活动当事人、行政监督部门和监察机关按各自职责和注册权限登录使用交易平台提供必要条件。

第十条 电子招标投标交易平台应当依照《中华人民共和国认证认可条例》等有关规定进行检测、认证，通过检测、认证的电子招标投标交易平台应当在省级以上电子招标投标公共服务平台上公布。

电子招标投标交易平台服务器应当设在中华人民共和国境内。

第十一条 电子招标投标交易平台运营机构应当是依法成立的法人，拥有一定数量的专职信息技术、招标专业人员。

第十二条 电子招标投标交易平台运营机构应当根据国家有关法律法规及技术规范，建立健全电子招标投标交易平台规范运行和安全管理制度，加强监控、检测，及时发现和排除隐患。

第十三条 电子招标投标交易平台运营机构应当采用可靠的身份识别、权限控制、加密、病毒防范等技术，防范非授权操作，保证交易平台的安全、稳定、可靠。

第十四条 电子招标投标交易平台运营机构应当采取有效措施，验证初始录入信息的真实性，并确保数据电文不被篡改、不遗漏和可追溯。

第十五条 电子招标投标交易平台运营机构不得以任何手段限制或者排斥潜在投标人，不得泄露依法应当保密的信息，不得弄虚作假、串通投标或者为弄虚作假、串通投标提供便利。

第三章 电子招标

第十六条 招标人或者其委托的招标代理机构应当在其使用的电子招标投标交易平台注册登记，选择使用除招标人或招标代理机构之外第三方运营的电子招标投标交易平台的，还应当与电子招标投标交易平台运营机构签订使用合同，明确服务内容、服务质量、服务费用等权利和义务，并对服务过程中相关信息的产权归属、保密责任、存档等依法作出约定。

电子招标投标交易平台运营机构不得以技术和数据接口配套为由，要求潜在投标人购买指定的工具软件。

第十七条 招标人或者其委托的招标代理机构应当在资格预审公告、招标公告或者投标邀请书中载明潜在投标人访问电子招标投标交易平台的网络地址和方法。依法必须进行公开招标项目的上述相关公告应当在电子招标投标交易平台和国家指定的招标公告媒介同步发布。

第十八条 招标人或者其委托的招标代理机构应当及时将数据电文形式的资格预审文件、招标文件加载至电子招标投标交易平台，供潜在投标人下载或者查阅。

第十九条 数据电文形式的资格预审公告、招标公告、资格预审文件、招标文件等应当标准化、格式化，并符合有关法律法规以及国家有关部门颁发的标准文本的要求。

第二十条 除本办法和技术规范规定的注册登记外，任何单位和个人不得在招标投标活动中设置注册登记、投标报名等前置条件限制潜在投标人下载资格预审文件或者招标文件。

第二十一条　在投标截止时间前，电子招标投标交易平台运营机构不得向招标人或者其委托的招标代理机构以外的任何单位和个人泄露下载资格预审文件、招标文件的潜在投标人名称、数量以及可能影响公平竞争的其他信息。

第二十二条　招标人对资格预审文件、招标文件进行澄清或者修改的，应当通过电子招标投标交易平台以醒目的方式公告澄清或者修改的内容，并以有效方式通知所有已下载资格预审文件或者招标文件的潜在投标人。

第四章　电子投标

第二十三条　电子招标投标交易平台的运营机构，以及与该机构有控股或者管理关系可能影响招标公正性的任何单位和个人，不得在该交易平台进行的招标项目中投标和代理投标。

第二十四条　投标人应当在资格预审公告、招标公告或者投标邀请书载明的电子招标投标交易平台注册登记，如实递交有关信息，并经电子招标投标交易平台运营机构验证。

第二十五条　投标人应当通过资格预审公告、招标公告或者投标邀请书载明的电子招标投标交易平台递交数据电文形式的资格预审申请文件或者投标文件。

第二十六条　电子招标投标交易平台应当允许投标人离线编制投标文件，并且具备分段或者整体加密、解密功能。

投标人应当按照招标文件和电子招标投标交易平台的要求编制并加密投标文件。

投标人未按规定加密的投标文件，电子招标投标交易平台应当拒收并提示。

第二十七条　投标人应当在投标截止时间前完成投标文件的传输递交，并可以补充、修改或者撤回投标文件。投标截止时间前未完成投标文件传输的，视为撤回投标文件。

投标截止时间后送达的投标文件，电子招标投标交易平台应当拒收。

电子招标投标交易平台收到投标人送达的投标文件，应当即时向投标人发出确认回执通知，并妥善保存投标文件。

在投标截止时间前，除投标人补充、修改或者撤回投标文件外，任何单位和个人不得解密、提取投标文件。

第二十八条　资格预审申请文件的编制、加密、递交、传输、接收确认等，适用本办法关于投标文件的规定。

第五章　电子开标、评标和中标

第二十九条　电子开标应当按照招标文件确定的时间，在电子招标投标交易平台上公开进行，所有投标人均应当准时在线参加开标。

第三十条 开标时，电子招标投标交易平台自动提取所有投标文件，提示招标人和投标人按招标文件规定方式按时在线解密。解密全部完成后，应当向所有投标人公布投标人名称、投标价格和招标文件规定的其他内容。

第三十一条 因投标人原因造成投标文件未解密的，视为撤销其投标文件；因投标人之外的原因造成投标文件未解密的，视为撤回其投标文件，投标人有权要求责任方赔偿因此遭受的直接损失。部分投标文件未解密的，其他投标文件的开标可以继续进行。

招标人可以在招标文件中明确投标文件解密失败的补救方案，投标文件应按照招标文件的要求作出响应。

第三十二条 电子招标投标交易平台应当生成开标记录并向社会公众公布，但依法应当保密的除外。

第三十三条 电子评标应当在有效监控和保密的环境下在线进行。

根据国家规定应当进入依法设立的招标投标交易场所的招标项目，评标委员会成员应当在依法设立的招标投标交易场所登录招标项目所使用的电子招标投标交易平台进行评标。

评标中需要投标人对投标文件澄清或者说明的，招标人和投标人应当通过电子招标投标交易平台交换数据电文。

第三十四条 评标委员会完成评标后，应当通过电子招标投标交易平台向招标人提交数据电文形式的评标报告。

第三十五条 依法必须进行招标的项目中标候选人和中标结果应当在电子招标投标交易平台进行公示和公布。

第三十六条 招标人确定中标人后，应当通过电子招标投标交易平台以数据电文形式向中标人发出中标通知书，并向未中标人发出中标结果通知书。

招标人应当通过电子招标投标交易平台，以数据电文形式与中标人签订合同。

第三十七条 鼓励招标人、中标人等相关主体及时通过电子招标投标交易平台递交和公布中标合同履行情况的信息。

第三十八条 资格预审申请文件的解密、开启、评审、发出结果通知书等，适用本办法关于投标文件的规定。

第三十九条 投标人或者其他利害关系人依法对资格预审文件、招标文件、开标和评标结果提出异议，以及招标人答复，均应当通过电子招标投标交易平台进行。

第四十条 招标投标活动中的下列数据电文应当按照《中华人民共和国电子签名法》和招标文件的要求进行电子签名并进行电子存档：

（一）资格预审公告、招标公告或者投标邀请书；

（二）资格预审文件、招标文件及其澄清、补充和修改；

（三）资格预审申请文件、投标文件及其澄清和说明；

（四）资格审查报告、评标报告；

（五）资格预审结果通知书和中标通知书；

（六）合同；

（七）国家规定的其他文件。

第六章　信息共享与公共服务

第四十一条　电子招标投标交易平台应当依法及时公布下列主要信息：

（一）招标人名称、地址、联系人及联系方式；

（二）招标项目名称、内容范围、规模、资金来源和主要技术要求；

（三）招标代理机构名称、资格、项目负责人及联系方式；

（四）投标人名称、资质和许可范围、项目负责人；

（五）中标人名称、中标金额、签约时间、合同期限；

（六）国家规定的公告、公示和技术规范规定公布和交换的其他信息。

鼓励招标投标活动当事人通过电子招标投标交易平台公布项目完成质量、期限、结算金额等合同履行情况。

第四十二条　各级人民政府有关部门应当按照《中华人民共和国政府信息公开条例》等规定，在本部门网站及时公布并允许下载下列信息：

（一）有关法律法规规章及规范性文件；

（二）取得相关工程、服务资质证书或货物生产、经营许可证的单位名称、营业范围及年检情况；

（三）取得有关职称、职业资格的从业人员的姓名、电子证书编号；

（四）对有关违法行为作出的行政处理决定和招标投标活动的投诉处理情况；

（五）依法公开的工商、税务、海关、金融等相关信息。

第四十三条　设区的市级以上人民政府发展改革部门会同有关部门，按照政府主导、共建共享、公益服务的原则，推动建立本地区统一的电子招标投标公共服务平台，为电子招标投标交易平台、招标投标活动当事人、社会公众和行政监督部门、监察机关提供信息服务。

第四十四条　电子招标投标公共服务平台应当按照本办法和技术规范规定，具备下列主要功能：

（一）链接各级人民政府及其部门网站，收集、整合和发布有关法律法规规章及规范性文件、行政许可、行政处理决定、市场监管和服务的相关信息；

（二）连接电子招标投标交易平台、国家规定的公告媒介，交换、整合和发布本办法

第四十一条规定的信息；

（三）连接依法设立的评标专家库，实现专家资源共享；

（四）支持不同电子认证服务机构数字证书的兼容互认；

（五）提供行政监督部门和监察机关依法实施监督、监察所需的监督通道；

（六）整合分析相关数据信息，动态反映招标投标市场运行状况、相关市场主体业绩和信用情况。

属于依法必须公开的信息，公共服务平台应当无偿提供。

公共服务平台应同时遵守本办法第八条至第十五条规定。

第四十五条 电子招标投标交易平台应当按照本办法和技术规范规定，在任一电子招标投标公共服务平台注册登记，并向电子招标投标公共服务平台及时提供本办法第四十一条规定的信息，以及双方协商确定的其他信息。

电子招标投标公共服务平台应当按照本办法和技术规范规定，开放数据接口、公布接口要求，与电子招标投标交易平台及时交换招标投标活动所必需的信息，以及双方协商确定的其他信息。

电子招标投标公共服务平台应当按照本办法和技术规范规定，开放数据接口、公布接口要求，与上一层级电子招标投标公共服务平台连接并注册登记，及时交换本办法第四十四条规定的信息，以及双方协商确定的其他信息。

电子招标投标公共服务平台应当允许社会公众、市场主体免费注册登录和获取依法公开的招标投标信息，为招标人、投标人、行政监督部门和监察机关按各自职责和注册权限登录使用公共服务平台提供必要条件。

第七章 监督管理

第四十六条 电子招标投标活动及相关主体应当自觉接受行政监督部门、监察机关依法实施的监督、监察。

第四十七条 行政监督部门、监察机关结合电子政务建设，提升电子招标投标监督能力，依法设置并公布有关法律法规规章、行政监督的依据、职责权限、监督环节、程序和时限、信息交换要求和联系方式等相关内容。

第四十八条 电子招标投标交易平台和公共服务平台应当按照本办法和技术规范规定，向行政监督平台开放数据接口、公布接口要求，按有关规定及时对接交换和公布有关招标投标信息。

行政监督平台应当开放数据接口，公布数据接口要求，不得限制和排斥已通过检测认证的电子招标投标交易平台和公共服务平台与其对接交换信息，并参照执行本办法第八条至第十五条的有关规定。

第四十九条　电子招标投标交易平台应当依法设置电子招标投标工作人员的职责权限，如实记录招标投标过程、数据信息来源，以及每一操作环节的时间、网络地址和工作人员，并具备电子归档功能。

电子招标投标公共服务平台应当记录和公布相关交换数据信息的来源、时间并进行电子归档备份。

任何单位和个人不得伪造、篡改或者损毁电子招标投标活动信息。

第五十条　行政监督部门、监察机关及其工作人员，除依法履行职责外，不得干预电子招标投标活动，并遵守有关信息保密的规定。

第五十一条　投标人或者其他利害关系人认为电子招标投标活动不符合有关规定的，通过相关行政监督平台进行投诉。

第五十二条　行政监督部门和监察机关在依法监督检查招标投标活动或者处理投诉时，通过其平台发出的行政监督或者行政监察指令，招标投标活动当事人和电子招标投标交易平台、公共服务平台的运营机构应当执行，并如实提供相关信息，协助调查处理。

第八章　法律责任

第五十三条　电子招标投标系统有下列情形的，责令改正；拒不改正的，不得交付使用，已经运营的应当停止运营。

（一）不具备本办法及技术规范规定的主要功能；
（二）不向行政监督部门和监察机关提供监督通道；
（三）不执行统一的信息分类和编码标准；
（四）不开放数据接口、不公布接口要求；
（五）不按照规定注册登记、对接、交换、公布信息；
（六）不满足规定的技术和安全保障要求；
（七）未按照规定通过检测和认证。

第五十四条　招标人或者电子招标投标系统运营机构存在以下情形的，视为限制或者排斥潜在投标人，依照招标投标法第五十一条规定处罚。

（一）利用技术手段对享有相同权限的市场主体提供有差别的信息；
（二）拒绝或者限制社会公众、市场主体免费注册并获取依法必须公开的招标投标信息；
（三）违规设置注册登记、投标报名等前置条件；
（四）故意与各类需要分离开发并符合技术规范规定的工具软件不兼容对接；
（五）故意对递交或者解密投标文件设置障碍。

第五十五条　电子招标投标交易平台运营机构有下列情形的，责令改正，并按照有关规定处罚。

（一）违反规定要求投标人注册登记、收取费用；

（二）要求投标人购买指定的工具软件；

（三）其他侵犯招标投标活动当事人合法权益的情形。

第五十六条　电子招标投标系统运营机构向他人透露已获取招标文件的潜在投标人的名称、数量、投标文件内容或者对投标文件的评审和比较以及其他可能影响公平竞争的招标投标信息，参照招标投标法第五十二条关于招标人泄密的规定予以处罚。

第五十七条　招标投标活动当事人和电子招标投标系统运营机构协助招标人、投标人串通投标的，依照招标投标法第五十三条和招标投标法实施条例第六十七条规定处罚。

第五十八条　招标投标活动当事人和电子招标投标系统运营机构伪造、篡改、损毁招标投标信息，或者以其他方式弄虚作假的，依照招标投标法第五十四条和招标投标法实施条例第六十八条规定处罚。

第五十九条　电子招标投标系统运营机构未按照本办法和技术规范规定履行初始录入信息验证义务，造成招标投标活动当事人损失的，应当承担相应的赔偿责任。

第六十条　有关行政监督部门及其工作人员不履行职责，或者利用职务便利非法干涉电子招标投标活动的，依照有关法律法规处理。

第九章　附　则

第六十一条　招标投标协会应当按照有关规定，加强电子招标投标活动的自律管理和服务。

第六十二条　电子招标投标某些环节需要同时使用纸质文件的，应当在招标文件中明确约定；当纸质文件与数据电文不一致时，除招标文件特别约定外，以数据电文为准。

第六十三条　本办法未尽事宜，按照有关法律、法规、规章执行。

第六十四条　本办法由国家发展和改革委员会会同有关部门负责解释。

第六十五条　技术规范作为本办法的附件，与本办法具有同等效力。

第六十六条　本办法自2013年5月1日起施行。

附录2　电子招标文件案例

×××教育研究中心建设项目

标准施工招标文件

（适用于评定分离项目）

招标编号：×××××××

招　标　人：×××教育研究中心
招标代理机构：×××工程咨询公司
日　　　期：2023年6月

使用说明

一、《标准施工招标文件》适用于一定规模以上,且设计和施工不是由同一承包商承担的工程施工招标。

二、《标准施工招标文件》用相同序号标示的章、节、条、款、项、目,供招标人和投标人选择使用;以空格标示的由招标人填写的内容,招标人应根据招标项目具体特点和实际需要具体化,确实没有需要填写的,在空格中用"/"标示。

三、招标人按照《标准施工招标文件》第一章的格式发布招标公告或发出投标邀请书后,将实际发布的招标公告或实际发出的投标邀请书编入出售的招标文件中,作为投标邀请。其中,招标公告应同时注明发布所在的所有媒介名称。

四、招标人可根据工程实际情况,对本范本文件进行补充或修改,但有关补充或修改的内容不得违法违规,并逐一列举在《标准施工招标文件》第三章"招标人对招标文件及合同范本的补充/修改"内。

五、《标准施工招标文件》第五章"工程量清单"由招标人根据工程量清单的国家标准、行业标准,以及行业标准施工招标文件(如有)、招标项目具体特点和实际需要编制,并与"投标人须知""通用合同条款""专用合同条款""技术标准和要求""图纸"相衔接。本章所附表格可根据有关规定作相应的调整和补充。

六、《标准施工招标文件》第六章"图纸"由招标人根据行业标准施工招标文件(如有)、招标项目具体特点和实际需要编制,并与"投标人须知""通用合同条款""专用合同条款""技术标准和要求"相衔接。

七、《标准施工招标文件》第七章"技术标准和要求"由招标人根据行业标准施工招标文件(如有)、招标项目具体特点和实际需要编制。"技术标准和要求"中的各项技术标准应符合国家强制性标准,不得要求或标明某一特定的专利、商标、名称、设计、原产地或生产供应者,不得含有倾向或者排斥潜在投标人的其他内容。如果必须引用某一生产供应者的技术标准才能准确或清楚地说明拟招标项目的技术标准时,则应当在参照后面加上"或相当于"字样。

目 录（页码略）

第一章　招标公告

第二章　投标人须知

    投标人须知前附表

    附件一：招标工程情况介绍

    附件二：招标投标分段限时投诉的规定

      附表1：异议书

      附表2：投诉书

    附件三：投标文件否决性条款

    附件四：评标与定标方法

    附件五：最高投标限价组成明细

    须知正文

      1. 总则

      2. 招标文件

      3. 投标文件

      4. 投标文件递交

      5. 资格后审

      6. 开标

      7. 评标

      8. 定标

      9. 中标通知书

      10. 合同授予

      11. 纪律和监督

      12. 重新招标

      13. 不再招标

      14. 招标投标投诉的处理

      15. 需要补充的其他内容

第三章　招标人对招标文件及合同范本的补充/修改

第四章　合同条款及格式

第五章　工程量清单

第六章　图纸

第七章　技术标准和要求

第八章　投标文件格式

第一章　招标公告

项目编码：×××

1. 招标条件

本招标项目"×××教育研究中心建设项目"，已经由上级主管部门批准建设，招标人为×××教育研究中心，资金来源为自筹资金，出资比例为100%。项目已具备招标条件，现对该项目的工程施工进行公开招标。

2. 项目概况与招标范围

2.1　项目名称：×××教育研究中心建设项目。

2.2　建设地点：×××教育研究中心院内。

2.3　建设规模：×××教育研究中心建设项目，选址为：××开发区××路1号×××教育研究中心院内。该项目总用地面积19425.9m^2，建筑面积24455.63m^2，项目总投资14100万元，地上建筑面积24455.63m^2，建筑层数5层，建筑高度23.60m，基底面积6238.98m^2，场区道路硬化。建筑物的有关土建、给水排水、暖通空调、通风及排烟工程、建筑电气、新建用地范围内道路硬化、绿化、室外外网管线、场区照明、高级装饰工程、消防工程、监控系统、智能化、会议系统、洁净实验室、楼体亮化、楼体内外的装修等清单范围内全部内容的施工。

2.4　资金来源：自筹资金。

2.5　计划工期：2023年8月1日—2024年12月31日，总工期519日历天（具体工作时限以及工程开竣工时间由建设单位按照项目实际情况安排，投标人在投标过程中应充分考虑并随时做好准备）。

2.6　招标范围：完成项目施工图纸及工程量清单范围内，自项目实施、调试、竣工验收、交付使用至后期维保等所包含的所有工作内容。具体包括：土建（基础、地上、室内装饰、幕墙、石材等）、安装[含给水排水、电气、消防（包含标识标牌）、暖通、空调设备（含冷媒管安装）、智能化、气体灭火系统、抗震支架、泛光照明、太阳能系统、通风橱等]、室外（指本项目红线范围内室外景观、绿化、室外道路、围墙、给排雨水、消防、电气、智能化等）等工程、场地平整及原场地内的建筑物、围墙、垃圾等拆除并清理外运，不包括电梯及五方对讲（含系统线路）、仪器设备等甲方招标内容。具体内容详见招标文件、图纸及工程量清单。

2.7　质量标准：合格。

2.8　定标方法：票决定标法（详见招标文件）。

2.9　标段划分：不划分标段。

2.10　最高投标限价为：111293895.51元。

3. 投标人资格要求

3.1 本次招标要求投标人须具备建设行政主管部门核发的建筑工程施工总承包三级及其以上资质，有效的营业执照和安全生产许可证，并在人员、设备、资金等方面具有相应的施工能力。

3.2 本次招标要求投标人拟派项目经理须具备建筑工程专业二级及其以上建造师注册执业证书和有效的安全生产考核合格证书（B证）；且未担任其他在施建设工程项目。项目负责人为本单位在职人员，提供投标近三个月（2023年2月—2023年4月）企业为其连续缴纳社会保险的有效证明（注：中华人民共和国住房和城乡建设部办公厅颁发的《住房和城乡建设部办公厅关于做好工程建设领域专业技术人员职业资格"挂证"等违法违规行为专项整治工作的补充通知》（建办市函〔2019〕92号）的"六类人员"除外，须提供证明材料）。

3.3 拟派项目管理机构人员应按照《×××省房屋建筑和市政基础设施工程项目管理机构人员配置管理暂行办法》（黑建规范〔2020〕8号）文件规定，以不低于上述文件规定的标准数量配备项目管理机构人员。投标人也可以根据项目管理需要增加岗位或人员。

3.4 本次招标不接受联合体投标。

3.5 与招标人存在利害关系可能影响招标公正性的法人、其他组织或者个人，不得参加投标；单位负责人为同一人或者存在控股、管理关系的不同单位，不得同时参加同一标段投标或者未划分标段的同一招标项目投标，否则，相关投标均将被否决。

3.6 参加投标活动的投标人代表必须是企业法定代表人或授权委托代理人，投标人委托代理人参加投标活动的，被授权的委托代理人必须是投标项目负责人本人（拟派项目经理）。投标代表必须按照招标文件要求参加所需招标投标活动（包含但不限于网上开标、澄清、答疑等招标投标活动）。投标人不得委派其他人以授权委托代理人的名义代替投标项目负责人投标，否则其投标将被否决。

3.7 本工程采取资格后审方式，主要资格审查标准、内容等详见招标文件。

4. 招标文件的获取

4.1 潜在投标人应先在"××公共资源交易网"进行用户注册、办理数字证书，使用数字证书登录"××公共资源交易网"上的"交易平台"，下载招标文件、工程量清单及图纸等资料。下载时间为2023年6月20日17时00分至2023年6月28日17时00分（北京时间，下同）。

4.2 有关手续请查看"××公共资源交易网"中的《关于××公共资源交易平台用户注册及办理数字证书的说明》。

4.3 投标人注意需在发售截止时间内至少下载一次招标文件，下载一次后可不受时间限制进行下载招标文件或答疑文件，否决导致的无法下载招标文件或答疑文件，后果自负。

5. 投标文件的递交

5.1 投标文件递交方式为网上递交，递交投标文件截止时间为 2023 年 7 月 13 日 9 时 30 分。投标人应在截止时间前通过"××公共资源交易网"上的"交易平台"递交电子投标文件。

5.2 递交投标文件截止时间后递交的投标文件，系统不予接收，其投标将被否决。

6. 踏勘现场和答疑安排

6.1 不组织踏勘现场。

6.2 投标人提问、质疑以及招标人对招标文件的澄清均通过网上进行。

7. 开标方式

7.1 该项目为线上开标，投标人无需到达开标现场。各投标人在开标时间前，安装好数字证书驱动程序，提前登录交易平台，在线上开标页面，按照《服务指南》中开标操作手册完成开标程序。

7.2 开标时间：2023 年 7 月 13 日 9 时 30 分，开标地点为××公共资源交易中心（××市××区××路 100 号市民大厦）四楼开标室。

7.3 其他事项（具体交易平台操作以实际发生为准）

（1）本工程采取网上招标、网上投标。各投标单位在"××公共资源交易网"中的《服务指南》下载新点投标文件制作软件（××公共资源版）进行投标文件制作、电子签章、标书生成、标书加密。

（2）开标期间投标人须使用 CA 锁进行线上解密。

（3）电子投标工具"×××公共资源交易网"中的《服务指南》下载。

8. 评标、定标方式

8.1 执行新区的"评定分离"评标办法，采取商务标、技术标定性评审原则，由评标专家根据招标文件要求评选出合格的投标人，招标人采用招标文件载明的定标方式确定中标人。

9. 发布公告的媒介

本次招标公告同时在××公共资源交易网；

×××公共资源交易网–建设工程；

×××公共资源交易中心电子大屏幕上发布。

10. 其他

10.1 投标人及其法定代表人、拟派项目负责人在近三年内没有行贿犯罪记录，以中国裁判文书网网站公布的判决结果为准，如有行贿犯罪记录的，其投标将被否决（本条"行贿犯罪记录"是指存在行贿行为并被判有行贿罪的记录，时间从投标截止日起算前三年）。

10.2 投标人及其法定代表人、拟派项目负责人没有被列入失信被执行人名单，以投标截止日信用中国网站公布的结果为准，对属于失信被执行人的，其投标将被否决。

10.3 投标期间，投标人及其法定代表人、拟派项目负责人不得存在因不良行为，或被列入黑名单记录，或被列为失信联合惩戒的记录，否则其投标将被否决（以全国建筑市场监管公共服务平台网站查询结果为准）。

10.4 按照《关于建立建设领域欠薪企业网上通报机制的通知》文件规定，如投标人被列入欠薪企业名单被通报，且未整改完成的，其投标将被否决（以投标截止日×××市政府网站公布的数据为准）。

10.5 按照×××市住房和城乡建设局《关于2021年度×××市建筑企业综合信用评价有关情况的通报》文件执行，"105家企业（含外埠企业64家）因连续两年被评价为不合格企业，按照相关规定清出×××市建筑市场"列入上述名录内的企业参加本项目投标的，其投标将被否决（执行最新相关信用评价文件的截止日期同评标之日，评标之日后更新的信用评价文件不适用于本项目）。

10.6 本项目将按×××新区管理委员会住房和城乡建设局"关于对×××公司等6家企业串通投标违法行为的通报"文件执行，列入上述名录内的企业参加本项目投标的，其投标将被否决。

10.7 本项目将按×××新区管理委员会住房和城乡建设局"关于对×××防水工程有限公司等2家企业串通投标违法行为的通报（×××新管住建发〔202×〕×××号）"文件执行，列入上述名录内的企业参加本项目投标的，其投标将被否决。

10.8 本项目将按××区住房和城乡建设局"关于××区在建项目责任单位违反《保障农民工工资支付条例》、建筑工人违反《信访条例》的警示公告"文件执行，且对拒不配合行业主管部门协调处理的首批×××公司等9家施工（总包）单位和劳务单位作出两年内不得在××区参与招投标活动及直发包登记备案，列入上述名录内的企业参加本项目投标的，其投标将被否决。

10.9 本项目将按×××新区管理委员会住房和城乡建设局"关于责令×××公司等143家企业限期整改的通知（×××新管住建发〔202×〕××号）"文件执行，×××建筑工程有限公司等143家企业无注册建造师不满足资质标准要求，现责令×××建筑工程有限公司等143家企业2个月内整改到位，整改期间，企业不得申请建筑业企业资质的升级、增项，不得承揽新的工程，列入上述名录内的企业参加本项目投标的，其投标将被否决。

10.10 根据《中华人民共和国招标投标法实施条例》有关规定，潜在投标人或者其他利害关系人对本招标公告有异议的，应当在获取招标文件期间以书面形式向招标人提出，书面异议材料应由法定代表人或其委托代理人签字并加盖单位公章，招标人将在收到异议之日起 3 日内作出答复。潜在投标人或者其他利害关系人捏造事实、伪造材料进行异议和恶意缠诉的，将严格按照国家及省市有关规定严肃处理，给他人造成损失的，依法承担赔偿责任。

10.11 按照在招标投标领域开展扫黑除恶斗争的工作要求，招投标活动中各利害关系人和人民群众发现有强揽工程、恶意竞标等问题线索的，请及时进行举报。×××市举报受理中心举报电话：×××；×××市住房和城乡建设局举报电话：×××。

10.12 项目招标投标监督部门与受理投诉单位：×××市××区住房和城乡建设局

地址：×××市×××区×××路×××号

联系人：王先生

电话：×××

11. 联系方式

招标人：×××教育研究中心

地址：×××市×××区××路××号

联系人：丁先生

电话：×××××

招标代理机构：×××工程咨询公司

地址：×××市××区××路××号

邮编：123456

联系人：陈先生

电话：×××

电子邮箱：×××.com

第二章 投标人须知

投标人须知前附表

条款号	条款名称	编列内容
1.1.2	招标人	招标人：×××教育研究中心 地址：×××市×××区××路××号 联系人：丁先生 电话：×××
1.1.3	招标代理机构	招标代理机构：×××工程咨询公司 地址：×××市××区××路××号 邮编：123456 联系人：陈先生 电话：××× 电子邮箱：×××.com
1.1.4	项目名称	×××教育研究中心建设项目 建设地点：×××教育研究中心院内
1.1.5	建设地点	×××市×××区××路1号×××教育研究中心院内
1.2.1	资金来源	自筹资金
1.2.2	出资比例	100%
1.2.3	资金落实情况	已落实
1.3.1	招标范围	完成项目施工图纸及工程量清单范围内，自项目实施、调试、竣工验收、交付使用至后期维保等所包含的所有工作内容。具体包括：土建（基础、地上、室内装饰、幕墙、石材等）、安装[含给水排水、电气、消防（包含标识标牌）、暖通、空调设备（含冷媒管安装）、智能化、气体灭火系统、抗震支架、泛光照明、太阳能系统、通风橱等]、室外（指本项目红线范围内室外景观、绿化、室外道路、围墙、给排雨水、消防、电气、智能化等）等工程、场地平整及原场地内的建筑物、围墙、垃圾等拆除并清理外运，不包括电梯及五方对讲（含系统线路）、仪器设备等甲方招标内容。具体内容详见招标文件、图纸及工程量清单
1.3.2	计划工期	计划工期：519日历天 计划开工日期：2023年8月1日 计划竣工日期：2024年12月31日
1.3.3	质量要求	合格
1.4.1	投标人资质条件、能力和信誉	资质条件：须具备建设行政主管部门核发的建筑工程施工总承包三级及其以上资质、有效的营业执照和安全生产许可证，并在人员、设备、资金等方面具有相应的施工能力。 财务要求：/ 信誉要求：/ 其他： 1.投标人及其法定代表人、拟派项目负责人在近三年内没有行贿犯罪记录，以中国裁判文书网网站公布的判决结果为准，如有行贿犯罪记录的，其投标将被否决（本条"行贿犯罪记录"是指存在行贿行为并被判有行贿罪的记录，时间从投标截止日起算前三年）。 2.投标人及其法定代表人、拟派项目负责人没有被列入失信被执行人名单，以投标截止日信用中国网站公布的结果为准，对属于失信被执行人的，其投标将被否决。

续表

条款号	条款名称	编列内容
1.4.1	投标人资质条件、能力和信誉	3. 投标期间，投标人及其法定代表人、拟派项目负责人不得存在因不良行为，或被列入黑名单记录，或被列为失信联合惩戒的记录，否则其投标将被否决（以全国建筑市场监管公共服务平台网站查询结果为准）。 4. 按照《关于建立建设领域欠薪企业网上通报机制的通知》文件规定，如投标人被列入欠薪企业名单被通报，且未整改完成的，其投标将被否决（以投标截止日×××市政府网站×××公布的数据为准）。 5. 按照×××市住房和城乡建设局《关于202×年度×××市建筑企业综合信用评价有关情况的通报》文件执行，"105家企业（含外埠企业64家）因连续两年被评价为不合格企业，按照相关规定清出×××市建筑市场"列入上述名录内的企业参加本项目投标的，其投标将被否决（执行最新相关信用评价文件的截止日期同评标之日，评标之日后更新的信用评价文件不适用于本项目）。 6. 本项目将按×××新区管理委员会住房和城乡建设局"关于对×××公司等6家企业串通投标违法行为的通报"文件执行，列入上述名录内的企业参加本项目投标的，其投标将被否决。 7. 本项目将按×××新区管理委员会住房和城乡建设局"关于对×××公司等2家企业串通投标违法行为的通报（××住建发〔202×〕××号）"文件执行，列入上述名录内的企业参加本项目投标的，其投标将被否决。 8. 本项目将按××区住房和城乡建设局"关于××区在建项目责任单位违反《保障农民工工资支付条例》、建筑工人违反《信访条例》的警示公告"文件执行，且对拒不配合行业主管部门协调处理的首批×××公司等9家施工（总包）单位和劳务单位作出两年内不得在××区参与招投标活动及直发包登记备案，列入上述名录内的企业参加本项目投标的，其投标将被否决。 9. 本项目将按×××新区管理委员会住房和城乡建设局"关于责令×××公司等143家企业限期整改的通知（×××住建发〔202×〕××号）"文件执行，×××公司等143家企业无注册建造师不满足资质标准要求，现责令×××建筑工程有限公司等143家企业2个月内整改到位，整改期间，企业不得申请建筑业企业资质的升级、增项，不得承揽新的工程，列入上述名录内的企业参加本项目投标的，其投标将被否决。 项目组织机构配置要求： 1. 本次招标要求投标人拟派项目经理须具备建筑工程专业二级及其以上建造师注册执业证书和有效的安全生产考核合格证书（B证）；且未担任其他在施建设工程项目。项目负责人为本单位在职人员，提供投标近三个月（2023年2月—2023年4月）企业为其连续缴纳社会保险的有效证明（注：中华人民共和国住房和城乡建设部办公厅颁发的《住房和城乡建设部办公厅关于做好工程建设领域专业技术人员职业资格"挂证"等违法违规行为专项整治工作的补充通知》(××函〔201×〕××号）的"六类人员"除外，须提供证明材料）。 2. 拟派项目管理机构人员应按照《×××省房屋建筑和市政基础设施工程项目管理机构人员配置管理暂行办法》(×××规范〔202×〕××号）文件规定，以不低于上述文件规定的标准数量配备项目管理机构人员，填报项目管理机构人员配置表，对中标人的项目管理机构人员进行施工现场系统管理。投标人也可以根据项目管理需要增加岗位或人员。 其他要求： 1. 本次招标不接受联合体投标。 2. 与招标人存在利害关系可能影响招标公正性的法人、其他组织或者个人，不得参加投标；单位负责人为同一人或者存在控股、管理关系的不同单位，不得同时参加同一标段投标或者未划分标段的同一招标项目投标，否则，相关投标均将被否决。 3. 参加投标活动的投标人代表必须是企业法定代表人或授权委托代理人，投标人委托代理人参加投标活动的，被授权的委托代理人必须是投标项目负责人本人（项目建造师）。投标代表必须按照招标文件要求参加所需招标投标活动（包含但不限于网上开标、澄清、答疑等招标投标活动）。投标人不得委派其他人以授权委托代理人的名义代替投标项目负责人投标，否则其投标将被否决。 4. 本工程采取资格后审方式，主要资格审查标准、内容等详见招标文件。

续表

条款号	条款名称	编列内容
1.4.2	是否接受联合体投标	☑不接受 □接受，应满足下列要求：
1.9.1	踏勘现场	☑不组织，投标人自行踏勘现场 □组织，踏勘时间： 年 月 日 时 分 踏勘地点：
1.10.1	最高投标限价	□不设最高投标限价 ☑设最高投标限价，最高投标限价总价为：111293895.51元，最高投标限价组成明细见附件五：最高投标限价组成明细 注：投标人的投标报价不得超过招标文件给定的最高投标限价（不含等于），否则，按无效标处理。
1.11.1	投标预备会	☑不召开 □召开，召开时间： 召开地点：
1.11.2	投标人要求澄清招标文件的截止时间	投标截止时间10日前
1.12.1	分包	☑不允许 □允许 分包内容要求： 分包金额要求： 接受分包的第三人资质要求：
1.13.1	偏离	☑不允许 □允许，可偏离的项目和范围见第七章"技术标准和要求"： 允许偏离最高项数： 偏差调整方法：
2.1.1	构成招标文件的其他材料	招标人在"×××公共资源交易网"发布的招标文件、工程量清单、图纸等资料，以及招标文件的澄清、修改，均是招标文件的组成部分，对招标人投标人起约束作用。 本项目工程量清单与招标文件一同上传"×××公共资源交易网"，投标人须自行下载工程量清单并完成电子报价文件编制、上传"交易平台"等程序，具体操作方法详见"×××公共资源交易网"
2.2.1	投标人提出问题的截止时间	投标截止时间10日前（超出规定时间提出的问题，招标人将不再予以澄清）
2.2.2	招标人对招标文件的澄清	投标截止时间15日前； 对招标文件的澄清将在"×××公共资源交易网"统一发布。招标人在"×××公共资源交易网"发布澄清，即视为投标人已确认并完全接受招标文件、招标澄清文件的全部内容。 投标人应注意及时浏览网上发出的澄清，因投标人自身原因未及时获知澄清内容而导致的任何后果将由投标人自行承担
2.3.1	招标人对招标文件的修改	投标截止时间15日前； 对招标文件的修改将在"×××公共资源交易网"统一发布。招标人在"×××公共资源交易网"发布招标文件修改且投标人未提出问题的，即视为投标人已确认并完全接受招标文件、招标文件修改的全部内容。 投标人应注意及时浏览网上发出的澄清，因投标人自身原因未及时获知澄清内容而导致的任何后果将由投标人自行承担
3.1.1	构成投标文件的其他材料	所有投标相关的资料

续表

条款号	条款名称	编列内容
3.3.1	投标文件的签署	投标人必须使用 CA 数字证书对第八章 "投标文件格式"部分要求加公章或电子印章处进行电子签章；第八章 "投标文件格式"部分要求法定代表人或其委托代理人签字处，应由投标人的法定代表人或其委托代理人签字或进行电子签章，由委托代理人签字的，投标文件应附法定代表人签署的授权委托书，否则将否决投标
3.4.1	工程量的确定方法	《建设工程工程量清单计价规范》GB 50500—2013
	工程计价方法	工程量清单计价
3.5.1	投标有效期	自投标截止之日起 90 日历天
3.6.1	投标保证金	是否要求投标人递交投标保证金： □不要求 ■要求 投标保证金的金额（人民币）：40 万元 递交截止时间：同投标文件递交截止时间 （一）《关于公布重点培育建筑企业的公告》中的企业，在参与投标活动时，按项目应计取投标保证金下浮 50% 额度收取工程投标保证金，投标保证金可以是现金或各类电子函、保单等形式。 （二）重点培育建筑企业按下浮 50% 的标准提交投标保证金的，评标委员会在评标时，应视为足额交纳保证金，不得作为未足额交纳投标保证金而否决其投标。 投标保证金方式： 投标保证金具体递交方式详见"×××公共资源交易网"； 投标保证金的退还：中标公示结束后，如未收到投标人或行政主管部门关于项目存在投诉的书面通知，由招标人/招标代理机构在交易平台点击保证金退回申请。如收到书面通知，应当暂停投标保证金退还。 招标人与中标人签订合同后，应于 5 日内将合同的主要内容在"×××公共资源交易网"登记，并及时退还中标人的投标保证金。 保证金缴纳及退还时发生的跨行手续费，由投标人承担。 交易保证金必须从投标人基本账户拨出，且投标保证金的付款单位与投标单位的名称必须一致。 如投标人未按上述任一要求办理而产生的投标被否决等一切后果由投标人自行承担
3.7.1	是否允许递交备选投标方案	☑不允许 □允许
3.9.1	采用的币种	人民币，投标报价单位为"元"
4.1	投标截止时间	网上递交投标文件截止时间：2023 年 7 月 13 日 9 时 30 分 投标人应在上述截止时间前通过"×××公共资源交易网"上的"交易平台"递交电子投标文件。逾期未在"交易平台"递交电子投标文件的，电子招标投标交易平台将予以拒收
5.1	资格审查方式	资格后审
6.1.1	开标时间和地点	开标时间：<u>2023</u> 年 <u>7</u> 月 <u>13</u> 日 <u>9</u> 时 <u>30</u> 分 该项目电子开标为线上开标，投标人无需到达开标现场解密（各投标人开标时间起在本单位远程解密即可）。 开标地点：×××公共资源交易中心（×××市××区××路×××号）四楼开标室，具体标室安排请于开标当日查询交易中心电子公示屏。招标人将在开标现场和交易平台同步公开开标
6.2.2	开标程序	1. 该项目电子投标为线上开标，投标人无需到达开标现场解密（各投标人开标时间起在本单位远程解密即可）。投标人须在开标时提前登录"×××公共资源交易网"中的"交易平台"，在线上开标页面，按照远程开标操作手册完成开标程序

续表

条款号	条款名称	编列内容
6.2.2	开标程序	2. 因投标人原因造成投标文件未按时解密的,视为其撤销投标文件;因投标人之外的原因造成投标文件未按时解密的,视为其撤回投标文件。部分投标文件未按时解密的,其他投标文件的开标可以继续进行
6.2.4	淘汰过多投标人	/
7.1.1	评标委员会的组建	由招标人依法组建。 评标委员会构成:5 人 其中招标人代表 0 人,专家 5 人 评标专家确定方式:自×××省综合评标评审专家库中随机抽取
7.5.1	评标方法及标准	定性评审法
8.1.1	定标方法(中标人确定方法)	□直接抽签定标 ☑票决定标(☑直接票决定标 □逐轮票决定标) □票决抽签定标(票决名) □集体议事法 □价格法,确定中标人价格的方式:
8.2.5	定标委员会的组建	定标委员会构成:7 人 定标专家确定方式:依照《××××× 一体发展区政府投资建设工程"评定分离"招标投标改革若干规定》文件规定组建
8.2.8	定标会地点及时间	定标时间:自评标结束后 10 个工作日内定标,不能按时定标的,将及时公示延期原因和最终定标时间。 定标地点:×××市公共资源交易中心四楼
9.2.1	发出中标通知书	投标有效期满 30 日前
10.2.1	签订合同	收到中标通知书 30 日内
10.3.1	履约保证金	履约担保的形式:银行汇票、支票、现钞、保险机构出具的保证保险合同或保险单、保函(如×××省公共资源交易网综合金融服务平台×××等符合开具保函条件的平台申请履约保函)。 履约保证金的提交时间:确定中标人并签订承包合同前 履约担保的金额:新区信用评价等级为 A 级、B 级企业履约保证金比例为中标价的 5%,信用评价等级为 C 级、D 级企业履约保证金比例为中标价的 10%;双方合同另有约定的,执行合同约定。中标人拒绝提交履约担保金的,视为放弃中标项目
13.1	重新招标	有下列情形之一的,招标人将依法组织重新招标: 1. 资格预审合格的投标人不足 3 名; 2. 至投标截止时间提交投标文件的投标人少于 3 名; 3. 在投标有效期内同意延长投标有效期的投标人少于 3 名的; 4. 所有投标均被作否决投标处理的; 5. 招标人编制的招标文件的内容违反法律、行政法规的强制性规定,违反公开、公平、公正和诚实信用原则,影响资格预审结果或者潜在投标人投标的,招标人应当在修改资格预审文件或者招标文件后依法重新招标; 6. 依法必须进行招标项目的招标投标活动违反国家法律、法规的规定,对中标结果造成实质性影响,且不能采取补救措施予以纠正的,或本次招标被有关行政监督部门确认无效的; 7. 中标人放弃中标、因不可抗力不能履行合同、不按照招标文件要求提交履约保证金,或者被查实存在影响中标结果的违法行为等情形,不符合中标条件的,招标人可以依法重新招标; 8. 评标委员会做出无效标或者否决投标处理后,合格投标人数量不足 3 名的,招标人可以依法重新招标

续表

条款号	条款名称	编列内容
14.2	不再招标	重新招标的项目，评标委员会做出无效标或者否决投标处理后合格投标人数量仍不足3名的，评标委员会应当将对合格投标人的评审意见提交招标人，招标人可以按照原招标文件的定标程序和方法从合格投标人中确定中标人，或者将上述情况在"×××公共资源交易网"公示3个工作日后直接发包
15		需要补充的其他内容
15.1	对投标报价的补充规定	1.暂估价及暂列金应按招标人给定金额，全额计入投标总价中。 2.报价方式 （1）本工程采取固定综合单价的报价方式，工程量清单计价标准执行《建设工程工程量清单计价规范》GB 50500—2013以及投标期间国家及省市造价管理部门发布的相关工程计价文件； （2）本次招标，招标人将设定最高投标限价，投标人的投标总价不得高于（不含等于）最高投标限价，招标文件规定的不可竞争费用应全额计入投标总报价。本项目以招标人给定的工程量清单为准进行投标报价（含税价格）。 （3）投标人应充分考虑在施工组织、劳动力安排、材料运输、机械设备的使用及现场安全措施、工期、质量、昼夜施工等方面将受到的各种不利因素的影响及应承担的风险，并计入投标总报价中。 （4）投标人可自行了解工程所在地相关地质、地坪材料、工程位置及周边道路、存储空间、运输条件、装卸限制、交通管制及其他任何足以影响投标人报价的情况，并将处理上述不利情况的相关费用计入投标总报价中。任何因忽视或误解现场情况而导致工程成本增加或工期延长而提出的索赔或工期延长申请将会被拒绝。 （5）投标人填报的工程量清单综合单价应包括：人工费、材料费、机械费、企业管理费、利润、有关工程计价规范规定的一定范围内的风险费用等项目全过程实施的报价内容，投标人应充分考虑后进行报价。 （6）本项目不接受以总价优惠或百分比优惠的方式进行的投标报价，也不接受投标备选方案或有选择的报价。 （7）最终结算金额不得超出中标合同价。 （8）预付款及支付合同约定。暂定合同价款（扣除专业工程暂估价、暂估材料（设备）、暂列金额和代扣代缴费用）的30%，开具施工发票，施工方提供等额度保函。合同约定开工日期前7天内预付。在形象进度达到合同价款的40%的进度时，开始按月支付承包人当月已完形象进度（不含签证）工程款的70%（在第一次形象进度付款时一次性扣除预付款），竣工支付总额不超合同价款的70%。在配合发包人办理完所有竣工手续后再付10%（付款金额为工程形象进度款总额的10%）。竣工结算经审计处审定后再付17%（支付至审计后审定的工程总价款的97%），余下3%作为质量保证金，在质保期满后无息支付。支付工程款时承包人需开具正规的建安增值税发票。 3.招标人不保证投标总报价最低的投标人中标。 中标后，招标人如发现中标的投标报价中有不平衡综合单价及与招标文件报价要求有较大偏差的，有权在合同总价不变的情况下对中标的综合单价进行调整。中标人拒绝调整的，招标人有权取消中标人的中标资格（报价中所涉及的相关文件、规范、规定均执行最新版本）
15.2	施工组织设计是否采用"暗标"评审方式	☑不采用 □采用，投标人应严格按照第八章"投标文件格式"中施工组织设计（技术暗标）编制及装订要求"编制和装订施工组织设计
15.3	是否电子招标	□否 ☑是
15.4	投标人代表出席开标会	/

续表

条款号	条款名称	编列内容
15.5	重新评标	依法必须进行招标的工程建设项目的招标投标活动违反国家法律、法规的规定，对中标结果造成实质性影响，但能采取补救措施予以纠正且存在下列情形之一的，招标人应当依法组织重新评标： 1. 评标委员会的组建、更换及人员组成不符合法定要求的； 2. 评标委员会成员有国家法律法规明令禁止的违法违规行为，且在中标通知书发出前发现并被查实的； 3. 评标委员会成员存在评审有误、未能按照同一标准评审等不客观、不公正履行职务的行为，且在中标通知书发出前发现并被查实的； 4. 中标候选人的经营、财务状况发生较大变化，招标人认为可能影响其履约能力的，将在发出中标通知书前由原评标委员会按照招标文件规定的标准和方法审查确认
15.6	词语定义	类似项目是指：与招标项目结构形式、建筑规模、建筑性质、运作模式类似的工程项目
15.7	同义词语	构成招标文件组成部分的"协议书""通用合同条款""专用合同条款""合同附件""技术标准和要求"和"工程量清单"等章节中出现的措辞"发包人"和"承包人"，在招标投标阶段应当分别按"招标人"和"投标人"进行理解
15.8	知识产权	构成本招标文件各个组成部分的文件，未经招标人书面同意，投标人不得擅自复印和用于非本招标项目所需的其他目的。招标人全部或者部分使用未中标人投标文件中的技术成果或技术方案时，需征得其书面同意，并不得擅自复印或提供给第三人
15.9	解释权	构成本招标文件的各个组成文件应互为解释，互为说明；如有不明确或不一致，构成合同文件组成内容的，以合同文件约定内容为准，且以专用合同条款约定的合同文件优先顺序解释；除招标文件中有特别规定外，仅适用于招标投标阶段的规定，按招标公告（投标邀请书）、投标人须知、评标办法、投标文件格式的先后顺序解释；同一组成文件中就同一事项的规定或约定不一致的，以编排顺序在后者为准；同一组成文件不同版本之间有不一致的，以形成时间在后者为准。按本款前述规定仍不能形成结论的，由招标人负责解释（招标文件的最终解释权归招标人）。 评标时，评标委员会对招标文件有关内容理解不一致时，应提请招标人解释，招标人应做好书面记录
15.10	监督	1. 本项目的招标投标活动及其相关当事人应当接受有管辖权的建设工程招标投标行政监督部门依法实施的行政监督。 2. 定标过程的见证监督由招标人组建的监督小组负责实施监督
15.11	代理服务费用	本项目招标代理服务费按照计价格〔2002〕1980号及发改办价格〔2003〕857号规定的代理服务费标准70%收取，由中标人支付
15.12	特别注意	1. 请投标人务必详细阅读本招标文件的全部条款，并及时关注相关网站发布的与本项目招标投标有关的一切信息，以减少不必要的失误，否则，由此引起的任何损失或风险均由投标人自行承担； 2. 投标人获取招标文件后应认真审阅招标文件中的所有事项、格式、条款和规范要求等实质性要求和条件，如认为有关内容使自身权益受到损害的，应依法在规定时限内，在"×××公共资源交易网"以不记名方式向招标人提出。其他形式或逾期提出的，招标人将不予受理，并视为对本招标文件要求无异议
15.13	其他	中标单位确定后，次日需施工单位委托人代表到建设单位商洽合同和入场事宜，做好合同签署的全部准备，质疑期结束后第二天必须完成合同签署

附件一：招标工程情况介绍

招标工程情况介绍

一、工程概况、工程规模、结构形式的介绍

1. 工程名称：×××教育研究中心建设项目

2. 工程地址：×××教育研究中心院内

3. 工程规模：×××教育研究中心建设项目，选址为：×××市×××开发区×××路×××号×××教育研究中心院内。该项目总用地面积19425.9m^2，建筑面积24455.63m^2，项目总投资14100万元，地上建筑面积24455.63m^2，建筑层数5层，建筑高度23.60m，基底面积6238.98m^2，场区道路硬化。建筑物的有关土建、给水排水、暖通空调、通风及排烟工程、建筑电气、新建用地范围内道路硬化、绿化、室外外网管线、场区照明、人防工程、高级装饰工程、消防工程、监控系统、智能化、会议系统、洁净实验室、楼体亮化、楼体内外的装修等清单范围内全部内容的施工。

4. 工期要求：2023年8月1日—2024年12月31日，总工期519日历天（具体工作时限以及工程开竣工时间由建设单位按照项目实际情况安排，投标人在投标过程中应充分考虑并随时做好准备）。

5. 质量要求：合格。

6. 结构型式及层数：框架/建筑层数5层。

二、与《招标文件》示范文本有较大变动的评标方法及主要条款的介绍

/

三、建议的评标要点

/

附件二：招标投标分段限时投诉的规定

招标投标分段限时投诉的规定

建设项目招标投标实行招标人负责制。招标人应当依法处理异议，配合行政监督部门处理投诉。投标人或者其他利害关系人认为招标投标活动不符合法律、法规和规章规定的，可以依法向招标人提出异议，或者向有关行政监督部门投诉，但就《中华人民共和国招标投标法实施条例》第二十二条、第四十四条、第五十四条规定事项进行投诉的，应当依法先向招标人提出异议。

异议和投诉分别按照"书面、限时、实名"的原则进行处理。

异议提出的期限规定如下：

（一）对资格预审文件有异议的，潜在投标人或者其他利害关系人应当在提交资格预审申请文件截止时间 2 日前提出；

（二）对招标文件有异议的，潜在投标人或者其他利害关系人应当在提交投标文件截止时间 10 日前提出；

（三）对招标人公布的最高投标限价有异议的，应当在提交投标文件截止时间 3 日前提出；

（四）对提交投标文件的截标时间、开标程序、投标文件密封检查和开封、唱标内容、开标记录、唱标次序等开标有异议的，投标人应当在开标期间提出；

（五）对评标报告、定标结果有异议的，投标人或者其他利害关系人应当分别在评标报告和中标候选人的公示期间提出。

异议提起人提出异议应当提交异议书（附件 1），但异议仅涉及开标的除外。

投标人或者其他利害关系人认为招标投标活动不符合法律、法规和规章规定的，自知道或者应当知道之日起 10 日内，实名向监管该工程建设项目的行政监督部门书面提出投诉。依法应当先提出异议的，异议答复期间不计入规定期限。

投诉人提出投诉应当提交投诉书（附件 2）。投诉书应当包括下列内容：

（一）投诉人的名称、地址及有效联系方式；

（二）被投诉人的名称、地址及有效联系方式；

（三）投诉事项的基本事实；

（四）相关请求及主张；

（五）有效线索和相关证明材料。

对依法应当在投诉前提出异议的事项，投诉时应当同时附上异议签收书、不予受理通知书或者异议答复函等可证明投诉人已提出异议的材料；已向其他行政监督部门投诉的，应当予以说明。

附表 1：异议书

异议书

项目名称：_____

工程编号：_____

异 议 人：_____

住 所 地：_____ 邮　　编：_____

法定代表人：_____ 联系电话：_____

异议人授权代表：_____ 性别：_____ 年龄：_____

住　　址：_____ 联系电话：_____

提起异议事项的基本事实：

_____

_____

相关请求及主张：

_____

有效线索和相关证明材料：_____

异议人与提起项目有利害关系的证明材料：_____

此致

　　（招标人）

异议人（公章）：_____

法定代表人或授权代表（签字）：_____

　　　　　　　　　　　　　　　____年____月____日

说明：

1. 异议提起人是法人的，异议书必须由其法定代表人或者授权代表签字并盖章；其他组织或者自然人提出异议的，异议书必须由其主要负责人或者异议提起人本人签字，并附有效身份证明复印件。

2. 异议书有关材料是外文的，异议提起人应当同时提供其中文译本。

3. 异议提起人可以自己直接提交异议书，也可以委托代理人办理异议事务。代理人办理异议事务时，应当将授权委托书连同异议书一并提交给招标人。授权委托书应当明确有关委托代理权限和事项。

附表2：投诉书

关于（项目名称）项目投诉书

就所投诉事项，依法（不）属于应当先向招标人提出异议的，投诉人于＿＿年＿月＿日向招标人提出异议，并于＿＿年＿月＿日收到招标人书面答复（后附异议书及答复材料）。

投 诉 人：＿＿＿＿＿＿＿＿＿＿

住 所 地：＿＿＿＿＿＿＿＿＿＿　　邮　　编：＿＿＿＿＿＿

法定代表人：＿＿＿＿＿＿＿　　　联系电话：＿＿＿＿＿＿

投诉人授权代表：＿＿＿＿　住址：＿＿＿　联系电话：＿＿＿

被投诉人：＿＿＿＿＿＿＿＿＿＿

通讯地址：＿＿＿＿＿＿＿＿＿＿

投诉事项的基本事实：

＿＿＿＿＿＿＿＿＿＿＿＿＿＿＿＿＿＿＿＿＿＿＿＿＿＿

相关请求及主张：

＿＿＿＿＿＿＿＿＿＿＿＿＿＿＿＿＿＿＿＿＿＿＿＿＿＿

有效线索和相关证明材料：

＿＿＿＿＿＿＿＿＿＿＿＿＿＿＿＿＿＿＿＿＿＿＿＿＿＿

投诉人与投诉项目有利害关系的证明材料：

＿＿＿＿＿＿＿＿＿＿＿＿＿＿＿＿＿＿＿＿＿＿＿＿＿＿

投诉人保证投诉内容及相应证明材料的真实性及来源的合法性，愿承担相应的法律责任。

此致

（投诉受理机关）

投诉人（公章）：＿＿＿＿＿＿＿＿

法定代表人或授权代表/主要负责人（签字）：＿＿＿＿＿＿

＿＿年＿月＿日

说明：

1.投诉人是法人的，投诉书必须由其法定代表人或者授权代表签字并盖章；其他组织提出投诉的，投诉书必须由其主要负责人签字，并附有效身份证明复印件。

2.投诉书有关材料是外文的,投诉人应当同时提供其中文译本。

3.投诉人可以自己直接投诉,也可以委托代理人办理投诉事务。代理人办理投诉事务时,授权委托书和投诉书应当一并提交。授权委托书应当明确有关委托代理权限和事项。

4.为证明与投诉项目有利害关系,投标人和招标人以外的其他投诉人应当提供相应证明材料:

(1)属潜在投标人的,提交符合公告有关资格要求的证明文件;

(2)属特定分包人或者供应商的,提交证明其与该项目投标人绑定投标的附条件生效协议以及能证明其能履行该协议项下的合同义务的能力的证明文件。

附件三：投标文件否决性条款

投标文件否决性条款

【提示招标人】如招标文件的澄清、答疑、补充文件中增加否决性条款的，招标人应当重新编写本章节内容，将新增否决性条款摘要列入本章节，并发布新的完整的《投标文件否决性条款》。否则，增加的否决性条款无效。

【提示投标人和评标委员会】本章节是本工程招标文件（含招标文件的澄清、补充文件等）中涉及的所有否决性条款的摘要，否决性条款包括：投标文件不予受理（开标阶段）、无效投标文件（初步评审）、否决投标（详细评审）、违法违规条款。除出现以下情形外，投标文件的其他任何情形均不得作否决处理。招标文件中有关否决性条款的阐述与本章节不一致的，以本章节内容为准。

一、开标阶段不予受理的情形（由招标人或其委派人员负责判定）

1.1 未按招标文件规定在"×××公共资源交易网"递交投标文件的或发送电子版投标文件的；

1.2 未能按招标文件要求或未在"×××公共资源交易网"规定时限进行投标确认的，或因自身原因未能在"×××公共资源交易网"规定时限完成开标过程解密的；

1.3 未按招标文件要求时间递交投标保证金的；

1.4 依法应当拒绝投标的其他情形。

二、资格审查不合格的按否决投标处理，资格审查内容详见须知正文第5.9条"资格审查表"（由招标人组建的资格后审委员会负责判定）

三、初步评审阶段有关无效投标文件的情形（由评标委员会负责判定）

3.1 与招标人存在利害关系可能影响招标公正性的法人、其他组织或者个人，参加投标的；单位负责人为同一人或者存在控股、管理关系的不同单位，同时参加同一标段投标或者未划分标段的同一招标项目投标的；

3.2 联合体各方在同一招标项目中以自己名义单独投标或者参加其他联合体投标的；

3.3 未从其基本账户递交投标保证金的；

3.4 投标人名称或组织结构与招标文件要求在相关网站录入的投标信息不一致，且不能提供有效证明的；

3.5 采用暗标方式的，投标人在暗标部分投标文件内标注名称、印章、商标等标记符号，使得能够辨认出投标人或其专业技术人员身份的；

3.6 未按照招标文件规定对投标文件进行签章的；

3.7 投标文件中所列计划工期与招标文件规定不符的；

3.8 投标文件中所列工程质量未达到招标文件规定的；

3.9 投标文件中所列投标有效期与招标文件规定不符的。

3.10 投标人有下列情形之一的，其投标作否决投标处理：

（1）为招标人不具有独立法人资格的附属机构（单位）；

（2）与招标人存在利害关系且可能影响招标公正性；

（3）与本招标项目的其他投标人为同一个单位负责人；

（4）与本招标项目的其他投标人存在控股、管理关系；

（5）为本招标项目的代建人；

（6）为本招标项目的招标代理机构；

（7）与本招标项目的代建人或招标代理机构同为一个法定代表人；

（8）与本招标项目的代建人或招标代理机构存在控股或参股关系；

（9）与本招标项目的施工承包人以及建筑材料、建筑构配件和设备供应商有隶属关系或者其他利害关系；

（10）被责令停产停业、暂扣或者吊销许可证、暂扣或者吊销执照；

（11）进入清算程序，或被宣告破产，或其他丧失履约能力的情形；

（12）在最近三年内发生重大勘察质量问题（以相关行业主管部门的行政处罚决定或司法机关出具的有关法律文书为准）；

（13）法律法规或投标人须知前附表规定的其他情形。

四、详细评审阶段有关否决投标的情形（由评标委员会负责判定）

4.1 投标人的投标报价超出（不含等于）本项目最高投标限价的；

4.2 安全文明施工费、规费、税金、暂列金额、总承包服务费（如有）等不可竞争费用未按招标文件或省市相关文件的规定计取的或计入总报价的；

4.3 投标人不按评标委员会要求澄清、说明或补正的；或无正当理由，拒不接受评标委员会的修正结果的；

4.4 投标文件中存在明显不符合技术规范、技术标准、工程量清单计价规范强制性条文的内容；

4.5 在招标文件未允许递交备选投标方案的情况下，投标人递交两份或多份内容不同的投标文件，或在同一投标文件中对同一招标项目报有两个或多个报价，且未声明哪个有效的；

4.6 投标文件中工程量清单与招标文件中所提供的工程量清单不一致的；

4.7 评标委员会三分之二及以上成员认为应当否决的其他情形。

五、投标人有下列情形之一的，属投标人串通投标、违法违规情形，其投标文件将按否决投标处理（采用清标系统进行清标）

5.1 不同投标人的电子投标文件出自同一台电脑（计算机网卡 MAC 地址、CPU 序列号和硬盘序列号相同的）；

5.2 不同投标人的投标文件由同一投标人的附属设备打印的；

5.3 不同投标人的投标报价使用同一个预算编制软件密码锁制作或者出自同一电子文档的；

5.4 采用电子招投标的，从同一个投标单位或者同一个自然人的 IP 地址下载招标文件或者上传投标文件；

5.5 不同投标人的投标文件载明的项目管理成员为同一人的；

5.6 投标文件中工程量清单与招标文件中所提供的工程量清单不一致且清单更改内容一致的；

5.7 投标人投标过程中存在其他的违法违规行为的。

（招标人对上述内容有修改或补充的，以下述条款为准）

六、招标人修改或补充的投标文件不予受理的情形

七、招标人修改或补充的无效标情形

八、招标人修改或补充的否决投标情形

附件四：评标与定标方法

评标与定标方法（招标人需根据具体的评标定标方式填写）

一、评标方法：定性评审法

1.1 招标人应按照"投标文件否决性条款"中规定的"开标阶段"不予受理情形的规定，将应当受理的投标文件提交评标委员会评审；

1.2 评标委员会分别根据招标文件无效标情形的规定，对所有进入评审环节的投标文件进行初步评审；

1.3 评标委员会对通过初步评审的各投标人的技术标及商务标同时进行详细评审。评标委员会各成员须对投标文件独立进行评审并提出评审意见，经讨论汇总后形成综合评审意见，内容主要包括：对各投标文件是否满足招标文件所有要求提出意见，指出各投标文件中存在的缺陷和问题，签订合同前应注意和澄清的事项；

1.4 评标委员会将综合评审意见整理成评标报告后，提交给招标人，所有递交的投标文件不被判定为否决投标或无效标的投标人均进入定标程序。

二、定标方法：票决定标法（直接票决定标）

定标委员会在进入投票范围的投标人中，依据定标辅助资料，按照招标文件确定的定标原则，以每人投票支持一个投标人的方式，得票最多且过半数的投标人为中标人。当没有投标人得票超过半数时，选择得票较多的 2 个投标人（按上一轮得票多少的顺序选择，在选择第 2 个投标人时出现同票的投标人时，所有同票投标人一并纳入下一轮的投票范围）作为二次投票的范围，直至出现得票过半数的投标人为止。

三、定标环节

项目所有合格投标人均进入定标范围。

定标委员会全体成员以记名方式投票票决，遵循先择优后竞价原则，投票应参考定标因素并注明投票理由。

定标因素主要考虑（择优因素）：企业综合实力、财务状况、信用、综合履约情况、拟投入项目人员经验与能力、人员信誉、相关技术方案、投标报价的经济合理性、资信业绩情况、评标委员会的定性评审意见情况。

四、选票范本

直接票决定标选票

招标项目名称：

支持的投标人	支持理由
…	…

定标委员签名：　　　　　　　　　　　　　　　时间：

附件五：最高投标限价组成明细

最高投标限价明细表

工程名称：×××教育研究中心建设项目　　　　　　　　　　　　　　第1页　共2页

序号	名称	单项工程造价	其中	
			暂列金额	专业工程暂估价
1	×××教育研究中心建设项目－建筑装饰工程	75460160.54	3765774.98	12171725.30
1.1	×××教育研究中心建设项目－土方工程	670984.1	52072	
1.2	×××教育研究中心建设项目－桩基工程	3941969.24	298853.52	
1.3	×××教育研究中心建设项目－建筑工程	39567192.34	2346728.56	
1.4	×××教育研究中心建设项目－装饰工程	14193203.55	1068120.9	
1.5	×××教育研究中心建设项目－二次装饰（专业工程暂估）	3000000		3000000
1.6	×××教育研究中心建设项目－窗工程（综合单价暂估）	2764484.98		
1.7	×××教育研究中心建设项目－门工程（综合单价暂估）	1404147.32		
1.8	×××教育研究中心建设项目－固定边台工程（综合单价暂估）	746453.71		
1.9	×××教育研究中心建设项目－粘滞阻尼器（专业工程暂估）	1826000		1826000
1.10	×××教育研究中心建设项目－无菌操作室及超净间工程（专业工程暂估）	1560000		1560000
1.11	×××教育研究中心建设项目－幕墙工程（专业工程暂估）	346920		346920
1.12	×××教育研究中心建设项目－干挂石材工程（专业工程暂估）	3756660		3756660
1.13	×××教育研究中心建设项目－真石漆工程（专业工程暂估）	1482145.3		1482145.3
1.14	×××教育研究中心建设项目－越冬防护工程（专业工程暂估）	200000		200000
2	×××教育研究中心建设项目－电气工程	9953426.6	421897.92	1831900
2.1	×××教育研究中心建设项目－强电工程	6132529.93	314057.48	
2.2	×××教育研究中心建设项目－弱电工程	1988996.67	107840.44	
2.3	×××教育研究中心建设项目－弱电控制系统（专业工程暂估）	845400		845400
2.4	×××教育研究中心建设项目－门禁自控系统（专业工程暂估）	986500		986500
3	×××教育研究中心建设项目－水暖工程	4217137.88	321443.05	
3.1	×××教育研究中心建设项目－室内给排水工程	1449580.2	108486.66	
3.2	×××教育研究中心建设项目－室内采暖工程	2767557.68	212956.39	

续表

序号	名称	单项工程造价	其中	
			暂列金额	专业工程暂估价
4	×××教育研究中心建设项目-消防工程	5746677.42	398673.93	
4.1	×××教育研究中心建设项目-消防火灾自动报警	1076899.11	73436.24	
4.2	×××教育研究中心建设项目-应急照明工程	372212.98	24159.97	
4.3	×××教育研究中心建设项目-消火栓工程	546819.47	41357.38	
4.4	×××教育研究中心建设项目-喷淋工程	1201037.19	86393.58	
4.5	×××教育研究中心建设项目-气体灭火工程	2549708.67	173326.76	
5	×××教育研究中心建设项目-通风及空调	9471355.11	314743.53	
5.1	×××教育研究中心建设项目-空调水系统	2584157.9	63830.84	
5.2	×××教育研究中心建设项目-空调新风系统	303929.73	13550.71	
5.3	×××教育研究中心建设项目-排风系统	107015.37	5916.7	
5.4	×××教育研究中心建设项目-排烟防火系统	1171344.73	84945.96	
5.5	×××教育研究中心建设项目-实验室新风系统	1128695.55	44383.31	
5.6	×××教育研究中心建设项目-实验室排风系统	4176211.83	102116.01	
6	×××教育研究中心建设项目-场区工程	5885137.96	360328.91	1280000
6.1	×××教育研究中心建设项目-道路及铺装工程	2172078.82	172269.67	
6.2	×××教育研究中心建设项目-绿化工程（专业工程暂估）	1030000		1030000
6.3	×××教育研究中心建设项目-楼体亮化及场区照明（专业工程暂估）	250000		250000
6.4	×××教育研究中心建设项目-室外采暖工程（室外地沟内）	78648.07	6155.67	
6.5	×××教育研究中心建设项目-室外给水工程（室外地沟内）	3478.88	271.42	
6.6	×××教育研究中心建设项目-室外排水工程	541967.87	38854.73	
6.7	×××教育研究中心建设项目-室外消防工程（室外地沟内）	39676.81	3063.5	
6.8	×××教育研究中心建设项目-室外电气工程	1473686.1	117515.87	
6.9	×××教育研究中心建设项目-室外地沟	295601.41	22198.05	
7	×××教育研究中心建设项目-抗震支架	350000		350000
7.1	×××教育研究中心建设项目-抗震支架（专业工程暂估）	350000		350000
8	×××教育研究中心建设项目-安全生产责任险	210000		210000
8.1	×××教育研究中心建设项目-安全生产责任险	210000		210000
	项目独立费合计			
	合计	111293895.51	5582862.32	15843625.30

注：1. 投标总价不能超出给定的总价。
    2. 单项工程价格及单位工程价格不能超出给定的价格。
    3. 暂列金额、专业工程暂估价按给定的金额计入。
    4. 材料暂估按给定的工程量清单 Excel 版中《材料（工程设备）暂估单价及调整表》填写。
    5. 投标人未按以上标准进行投标的按无效标处理。

须知正文

1. 总则

1.1 项目概况

1.1.1 根据《中华人民共和国招标投标法》等有关法律、法规和规章的规定，本招标项目已具备招标条件，现对本标段施工进行招标。

1.1.2 本招标项目招标人：见投标人须知前附表。

1.1.3 本标段招标代理机构：见投标人须知前附表。

1.1.4 本招标项目名称：见投标人须知前附表。

1.1.5 本标段建设地点：见投标人须知前附表。

1.2 资金来源和落实情况

1.2.1 本招标项目的资金来源：见投标人须知前附表。

1.2.2 本招标项目的出资比例：见投标人须知前附表。

1.2.3 本招标项目的资金落实情况：见投标人须知前附表。

1.3 招标范围、计划工期和质量要求

1.3.1 本次招标范围：见投标人须知前附表。

1.3.2 本标段的计划工期：见投标人须知前附表。

1.3.3 本标段的质量要求：见投标人须知前附表。

1.4 投标人资格要求

1.4.1 投标人应具备承担本标段施工的资质条件、能力和信誉。

（1）资质条件：见投标人须知前附表；

（2）财务要求：见投标人须知前附表；

（3）业绩要求：见投标人须知前附表；

（4）信誉要求：见投标人须知前附表；

（5）项目组织机构配置要求：见投标人须知前附表；

（6）其他要求：见投标人须知前附表。

1.4.2 投标人须知前附表规定接受联合体投标的，除应符合本章第1.4.1项和投标人须知前附表的要求外，还应遵守以下规定：

（1）由两个或两个以上法人组成一个联合体以一个投标人的身份共同投标时，应符合招标项目资质及其他相关要求；

（2）投标人的投标文件及中标后签署的合同协议书对联合体每一成员均具法律约束力；

（3）联合体的各成员应当签订共同投标协议，明确约定各方拟承担的工作和责任，并将该共同投标协议随投标文件一并递交给招标人；

（4）联合体中标后，联合体各方应当共同与招标人签订合同，为履行合同向招标人承担连带责任；

（5）由联合体的各成员提交一份授权书，证明联合体代表资格，该授权书作为投标文件的组成部分一并提交给招标人；

（6）联合体代表应被授权作为联合体所有成员的代表承担责任和接受指令，并负责整个合同的全面履行；

（7）参加联合体的各成员不得再以自己的名义单独投标，也不得同时参加两个或两个以上的联合体投标。出现上述情况者，其投标和与其有关的联合体的投标均做无效标处理；

（8）除非另有规定或说明，本须知（本款）中"投标人"一词亦指联合体各成员。

1.4.3　投标人不得存在的情形：详见附件三：投标文件否决性条款。

1.5　费用承担

投标人应承担其编制投标文件与递交投标文件所涉及的一切费用。不论投标结果如何，招标人在任何情况下无义务也无责任承担这些费用。

1.6　保密

参与招标投标活动的各方应对招标文件和投标文件中的商业和技术等秘密保密，违者应对由此造成的后果承担法律责任。

1.7　语言文字

除专用术语外，与招标投标有关的语言均使用中文。必要时专用术语应附有中文注释。

1.8　计量单位

所有计量均采用中华人民共和国法定计量单位。

1.9　踏勘现场

1.9.1　投标人须知前附表规定组织踏勘现场的，招标人按投标人须知前附表规定的时间、地点组织投标人踏勘项目现场。

1.9.2　投标人踏勘现场发生的费用自理。

1.9.3　除招标人的原因外，投标人自行负责在踏勘现场中所发生的人员伤亡和财产损失。

1.9.4　招标人在踏勘现场中介绍的工程场地和相关的周边环境情况，供投标人在编制投标文件时参考，招标人不对投标人据此作出的判断和决策负责。

1.10　最高投标限价的编制和公布

1.10.1　投标报价的最高投标限价见投标人须知前附表。

1.11　投标预备会

1.11.1　投标人须知前附表规定召开投标预备会的，招标人按投标人须知前附表规定的时间和地点召开投标预备会，澄清投标人提出的问题。

1.11.2 投标人应在投标人须知前附表规定的时间前提出问题，以便招标人在会议期间澄清。

1.11.3 投标预备会后，招标人在投标人须知前附表规定的时间内，将对投标人所提问题的澄清，以书面方式通知所有获取招标文件的投标人。该澄清内容为招标文件的组成部分。

1.12 分包

1.12.1 投标人拟在中标后将中标项目的部分非主体、非关键性工作进行分包的，应符合投标人须知前附表规定的分包内容、分包金额和接受分包的第三人资质要求等限制性条件。

1.13 偏离

1.13.1 投标人须知前附表允许投标文件偏离招标文件某些要求的，偏离应当符合招标文件规定的偏离范围和幅度。

2. 招标文件

2.1 招标文件的组成

2.1.1 本招标文件包括：

（1）招标公告；

（2）投标人须知；

（3）招标人对招标文件及合同范本的补充/修改；

（4）合同条款及格式；

（5）工程量清单；

（6）图纸；

（7）技术标准和要求；

（8）投标文件格式。

2.1.2 除第2.1.1款内容外，招标人按前附表的规定时限在"×××公共资源交易网"发布的招标文件的澄清、修改，均是招标文件的组成部分，对招标人投标人起约束作用。

2.1.3 投标人获取招标文件后，应仔细检查招标文件的所有内容。投标人同时应认真审阅招标文件中所有的事项、条款、格式和标准要求等，如果投标人的投标文件没有按照招标文件要求提交全部资料或者投标文件没有对招标文件做出实质性响应，其风险应由投标人自行承担，并且根据有关条款规定，其投标有可能被拒绝。

2.2 招标文件的澄清

2.2.1 投标人应仔细阅读和检查招标文件的全部内容。如发现缺页或附件不全，应及时向招标人提出，以便补齐。如有疑问，应在投标截止时间10日前通过"×××公共资源交易网"提出澄清申请，要求招标人对招标文件予以澄清。

2.2.2　招标文件的澄清将在投标截止时间 15 日前，通过"×××公共资源交易网"发出，投标人应上网查看澄清通知，澄清问题不指明来源。澄清发出的时间距本章第 4.1 项规定的投标截止时间不足 15 日的，并且澄清内容可能影响投标文件编制的，将相应延长投标截止时间。

2.2.3　除非招标人认为确有必要答复，否则，招标人有权拒绝回复投标人在本章第 2.2.1 项规定的时间后的任何澄清要求。

2.3　招标文件的修改

2.3.1　在投标截止时间 15 日前，招标人确需要变更招标文件内容的，招标人可主动或在解答投标人提出的澄清问题时对招标文件进行修改。招标人无论作出何种变更，都要发布补遗文件进行说明。

2.3.2　招标文件的修改将在"×××公共资源交易网"发布，招标文件的修改作为招标文件的组成部分，并具有约束力。投标人应在截标时间前随时查看"×××公共资源交易网"中有关该工程招标文件的答疑、补遗内容。否则，由此引起的投标损失自负。

2.3.3　招标文件、招标文件澄清（答疑）纪要、招标文件修改（补充）文件内容均以网上发布的为准。当招标文件、澄清（答疑）纪要、修改（补充）函件内容相互矛盾时，以最后发出的为准。但是澄清（答疑）纪要、修改（补充）函件中存在否决性条款时，须由招标人重新编写《投标文件否决性条款》，将所增加的否决性条款列入附件三《投标文件否决性条款》中。否则，仍应以先前发出的《投标文件否决性条款》为准，新增加的否决性条款无效。

2.3.4　招标人保证招标文件澄清（答疑）纪要、招标文件修改（补充）文件在投标截止时间前于"×××公共资源交易网"上发布。如招标文件澄清（答疑）纪要、招标文件修改（补充）文件确实影响投标文件编制的，为使投标人在编写投标文件时有充分时间对招标文件的修改（补充）部分进行研究，招标人将顺延递交投标文件的截止日期 15 日，具体时间将在修改（补充）文件中明确。

2.3.5　在招标文件确定的提交投标文件截止时间后，招标人不得再变更或修改招标文件确定的评标及定标方法。

3. 投标文件

3.1　投标文件的组成

3.1.1　投标文件全部采用电子文档（关于投标文件电子文档的具体要求详见"×××公共资源交易网"）。网上提交投标文件时，直接通过"×××公共资源交易网"上传一份投标文件。

3.1.2 投标文件应包括下列内容：

（1）投标函及投标函附录；

（2）法定代表人身份证明或法定代表人授权委托书；

（3）联合体共同投标协议书（本项目不适用）；

（4）投标保证金；

（5）已标价工程量清单；

（6）施工组织设计；

（7）项目管理机构；

（8）资格审查资料；

（9）其他材料。

3.2 投标文件的格式要求

详见招标文件第八章"投标文件格式"（表格可以按同样格式扩展）。

3.3 投标文件的签署

3.3.1 投标人必须使用CA数字证书对第八章"投标文件格式"部分要求加公章或电子印章处进行电子签章；第八章"投标文件格式"部分要求法定代表人或其委托代理人盖章或签字处，应由投标人的法定代表人或其委托代理人签字或电子签章，由委托代理人签字的，投标文件应附法定代表人签署的授权委托书。

3.3.2 投标文件中的工程量清单报价表部分，投标人只需在"投标总价封面"和"投标总价扉页"中加盖投标人电子印章、法定代表人或其授权人签字或盖章、造价工程师签字并盖专业印章。

3.3.3 采用个人签名的项目经理（建造师）、造价工程师对签署部分的投标文件的真实性、合法性承担个人执业责任（但并不因此免除投标人应承担的法律责任）。

3.4 投标报价

3.4.1 本工程的工程量采用前附表所规定的方式确定，投标单价采用前附表所规定的方法进行报价。

3.4.2 投标报价为投标人在投标文件中提出的各项支付金额的总和。

3.4.3 投标人在投标截止时间前修改投标函中的投标总报价，应同时修改第五章"工程量清单"中的相应报价。

3.4.4 投标人的投标报价，应是本项目招标范围和合同条件上所列的各项内容中所述的全部，不得以任何理由予以重复，并以投标人在工程量清单中提出的综合单价或总价为依据。

3.4.5 投标人应按工程量清单中列出的工程项目填报综合单价和合价。任何有选择的报价将不予接受，每一项目只允许有一个报价。投标人未填综合单价或合价的工程项目，将被视为该项费用已包括在其他有价款的综合单价或合价内，任何与此有关的工程价款，招标人将不另行支付。

3.4.6 工程建设标准和技术规范要求的费用应包括在投标报价中。

3.4.7 投标人应先到工地踏勘以充分了解工地位置、道路、储存空间、装卸限制及任何其他足以影响投标报价的情况，任何因忽视或误解工地情况而导致的索赔或工期延长申请将不获批准。

3.4.8 除非招标人通过修改招标文件予以更正，否则，投标人应按工程量清单中的项目和数量进行报价。

3.4.9 "安全文明施工措施费"应当作为非竞争性费用，在投标报价中单列（但应计入投标总价）。"安全文明施工措施费"包括临时设施费、安全施工费、文明施工费、环境保护费。

3.5 投标有效期

3.5.1 在投标人须知前附表规定的投标有效期内，投标人不得要求撤销或修改其投标文件。

3.5.2 出现特殊情况需要延长投标有效期的，招标人以书面形式通知所有投标人延长投标有效期。投标人同意延长的，应相应延长其投标保证金的有效期，但不得要求或被允许修改或撤销其投标文件；投标人拒绝延长的，其投标失效，但投标人有权收回其投标保证金。同意延长投标有效期的投标人不能要求也不允许修改其投标文件，但需要相应延长投标保证金的有效期，在延长的投标有效期内本须知第3.6条关于投标保证金或投标保函的退还与没收的规定仍然适用。

3.6 投标保证金

3.6.1 投标人在递交投标文件的同时，应按投标人须知前附表规定的金额、投标保证金的形式和第八章"投标文件格式"规定的投标保证金格式递交投标保证金，并作为其投标文件的组成部分。联合体投标的，其投标保证金由牵头人递交，并应符合投标人须知前附表的规定。投标保证金是为了避免招标人因投标人的行为而蒙受损失，招标人可根据本须知第3.6.6条规定的条件没收投标保证金。

3.6.2 投标人不按本章第3.6.1款要求提交投标保证金的，其投标文件作否决投标处理。

3.6.3 投标人应将投标保证金缴纳凭证，以扫描件形式作为资格审查文件的组成部分。

3.6.4 对于未能按要求提交投标保证金的，投标文件将按有关条款不予受理或作无效标处理。

3.6.5 出现下列情形之一时，招标人应当在5个工作日内退还投标人的投标保证金：

（1）中标通知书发出，中标人签订了工程承包合同；

（2）招标过程中招标活动因正当理由被招标人宣布终止；

（3）招标失败需重新组织招标；

（4）投标有效期满而投标人不同意作出延长。

3.6.6 投标人有下列任何情况发生时，投标保证金将被没收。给招标人造成的损失超过投标保证金金额的，投标人还应当对超过部分给予赔偿。

（1）投标人有弄虚作假或串通投标等违法违规行为；

（2）投标人在投标有效期内撤回其投标文件；

（3）在规定期限内中标人拒绝与招标人签订合同或不提交履约担保的；

（4）投标人资质证书或安全生产许可证被暂扣或吊销，但仍参与投标的。

3.7 备选投标方案

3.7.1 除投标人须知前附表另有规定外，投标人不得递交备选投标方案。允许投标人递交备选投标方案的，只有中标人所递交的备选投标方案方可予以考虑。评标委员会认为中标人的备选投标方案优于其按照招标文件要求编制的投标方案的，招标人可以接受该备选投标方案。

3.8 投标文件的编制

3.8.1 投标文件应按第八章"投标文件格式"进行编写，如有必要，可以增加附页，作为投标文件的组成部分。其中，投标函附录在满足招标文件实质性要求的基础上，可以提出比招标文件要求更有利于招标人的承诺。

3.8.2 投标文件应当对招标文件有关工期、投标有效期、质量要求、技术标准和要求、招标范围等实质性内容作出响应。

3.9 投标货币

3.9.1 本工程投标报价采用的币种见前附表。

4. 投标文件递交

4.1 投标人递交投标文件的投标截止时间及地点：见投标人须知前附表。

5. 资格后审

资格后审活动按以下规定进行：

5.1 资格审查由招标人组建的资格后审委员会负责，在截标后资格后审委员会登录"×××公共资源交易网"对各投标人资格进行审查。

5.2 由招标人进行资格后审的，资格后审委员会由3名以上单数的招标人代表组成，招标代理人员参与资格审查的，其人员不得超过总人数的1/3。

5.3 资格后审委员严格对照招标公告中要求的投标人资格条件，逐个审查投标人递交的资格审查文件，审核判断投标人是否满足该资格条件。

5.4 审查过程中如出现疑问，资格后审委员可要求投标人进行澄清说明，并根据招标公告设置的条件要求进行判断；如出现投标人资格不符合招标公告设置条件的，应当向投标人说明情况，并允许投标人答辩，记录有关情况。

5.5 投标人应将所需要的证件及相关证明材料的复印件或扫描件清晰完整地置于投标文件中，投标人自行承担由于遗漏所导致投标失败的后果。

5.6 拟进行资格后审澄清、答辩的代表由资格后审委员会核对身份。

5.7 资格后审委员会要求投标人进行澄清、答辩，但投标人在招标人规定时间内未派出人员及时作出澄清、答辩的，资格后审委员会将可能作出不利于投标人的判定。

5.8 全部投标人的资格审查材料审查完毕后，资格后审委员会出具资格审查报告，并按规定将审查结果进行公示。资格审查合格投标人少于3家的，招标人可以宣布本次招标失败，重新招标，也可以在合格的投标人中进行定标。

5.9 资格审查表：

资格审查表

序号	评审因素	评审标准
1	营业执照	具备有效的营业执照。 审查方式：以投标文件中载明的扫描件或复印件为准
2	资质等级证书	须具备建设行政主管部门核发的建筑工程施工总承包三级及其以上资质 审查方式：以投标文件中载明的扫描件或复印件为准
3	安全生产许可证	具备有效的安全生产许可证。 审查方式：以投标文件中载明的扫描件或复印件为准
4	项目经理	拟派项目经理须具备建筑工程专业二级及其以上建造师注册执业证书和有效的安全生产考核合格证书（B证）；且未担任其他在施建设工程项目。项目负责人为本单位在职人员，提供投标近三个月（2023年2月—2023年4月）企业为其连续缴纳社会保险的有效证明（注：中华人民共和国住房和城乡建设部办公厅颁发的《住房和城乡建设部办公厅关于做好工程建设领域专业技术人员职业资格"挂证"等违法违规行为专项整治工作的补充通知》（××函〔201×〕××号）的"六类人员"除外，须提供证明材料）。 审查方式：以投标文件中载明的扫描件或复印件为准
5	信誉（存在信誉问题将按否决投标处理）	1. 投标人及其法定代表人、拟派项目负责人在近三年内没有行贿犯罪记录，以中国裁判文书网网站公布的判决结果为准，如有行贿犯罪记录的，其投标将被否决（本条"行贿犯罪记录"是指存在行贿行为并被判有行贿罪的记录，时间从投标截止日起算前三年）。 2. 投标人及其法定代表人、拟派项目负责人没有被列入失信被执行人名单，以投标截止日信用中国网站公布的结果为准，对属于失信被执行人的，其投标将被否决。 3. 投标期间，投标人及其法定代表人、拟派项目负责人不得存在因不良行为，或列入黑名单记录，或被列为失信联合惩戒的记录，否则其投标将被否决（以全国建筑市场监管公共服务平台网站查询结果为准）。 4. 按照《关于建立建设领域欠薪企业网上通报机制的通知》文件规定，如投标人被列入欠薪企业名单被通报，且未整改完成的，其投标将被否决（以投标截止日×××市政府网站公布的数据为准）。 5. 按照×××市住房和城乡建设局《关于2021年度×××市建筑企业综合信用评价有关情况的通报》文件执行，"105家企业（含外埠企业64家）因连续两年被评价为不合格企业，按照相关规定清出'×××市建筑市场'"列入上述名录内的企业参加本项目投标的，其投标将被否决（执行最新相关信用评价文件的截止日期同评标之日，评标之日后更新的信用评价文件不适用于本项目）。

续表

序号	评审因素	评审标准
5	信誉（存在信誉问题将按否决投标处理）	6. 本项目将按×××新区管理委员会住房和城乡建设局"关于对×××公司等6家企业串通投标违法行为的通报"文件执行，列入上述名录内的企业参加本项目投标的，其投标将被否决。 7. 本项目将按×××新区管理委员会住房和城乡建设局"关于对×××公司等2家企业串通投标违法行为的通报（×××发〔202×〕××号）"文件执行，列入上述名录内的企业参加本项目投标的，其投标将被否决。 8. 本项目将按××区住房和城乡建设局"关于××区在建项目责任单位违反《保障农民工工资支付条例》、建筑工人违反《信访条例》的警示公告"文件执行，且对拒不配合行业主管部门协调处理的首批×××公司等9家施工（总包）单位和劳务单位作出两年内不得在××区参与招投标活动及直发包登记备案，列入上述名录内的企业参加本项目投标的，其投标将被否决。 9. 本项目将按×××住房和城乡建设局"关于责令×××公司等143家企业限期整改的通知（××发〔202×〕××号）"文件执行，×××公司等143家企业无注册建造师不满足资质标准要求，现责令×××公司等143家企业2个月内整改到位，整改期间，企业不得申请建筑业企业资质的升级、增项，不得承揽新的工程，列入上述名录内的企业参加本项目投标的，其投标将被否决。 审查方式：(1-9)项评审时以投标文件中载明的承诺（加盖公章）为准

注：1. 投标人提供的佐证材料应与原件一致，并对投标文件中全部内容的真实性完整性负责，提供材料如有虚假，一经查实即取消其投标资格，并承担相应的法律责任。

2. 如果投标申请人不能提供"资格评审标准"中规定的相关证明材料，则必须在投标文件中出具相关主管部门的书面证明材料，否则视为资格审查不合格。

3. 投标文件中载明的佐证材料应保证内容清晰可辨识，资格后审委员会认为无法辨识的资格审查不合格。

6. 开标

6.1 开标时间和地点

详见投标人须知前附表。

6.2 开标程序

6.2.1 招标人在招标文件投标人须知前附表规定的时间、地点组织公开开标。

6.2.2 本项目采用线上开标（具体要求详见投标人须知前附表）。在开标时间前，投标人安装好数字证书驱动程序，提前登录交易平台，在线上开标页面，按照远程开标操作手册完成开标程序。

6.2.3 资格后审不合格的投标人不进入下一阶段评审程序。

6.2.4 淘汰过多投标人：详见本章"投标人须知前附表"6.2.4条。

6.2.5 按附件三"投标文件否决性条款"规定为不予受理情形的投标文件，不进入下一阶段评审。

6.2.6 招标人应对开标过程进行记录，以存档备查。

7. 评标

7.1 评标委员会

7.1.1 评标由招标人依法组建的评标委员会负责。评标委员会由招标人或其委托的招标代理机构熟悉相关业务的代表,以及有关技术、经济等方面的专家组成。评标委员会成员人数以及技术、经济等方面专家的确定方式见投标人须知前附表。

7.1.2 评标委员会成员有下列情形之一的,应当回避:

(1)招标人或投标人的主要负责人的近亲属;

(2)项目主管部门或者行政监督部门的人员;

(3)与投标人有经济利益关系,可能影响对投标公正评审的;

(4)曾因在招标、评标以及其他与招标投标有关活动中从事违法行为而受过行政处罚或刑事处罚的。

7.2 评标原则

7.2.1 评标活动遵循公平、公正、科学和择优的原则。

7.3 评标

7.3.1 开标结束后,开始评标。

7.3.2 招标人将向评标委员会提供以下资料,供评标使用:

(1)招标文件,包括送审最高投标限价电子文档、补遗文件、答疑会纪要、工程量清单等;

(2)供评标使用的主要施工图纸、地质勘探报告等工程技术资料;

(3)工程概况和评标重点的书面介绍。包括工程规模、结构型式、工程特点、技术要求、施工重点和难点以及施工采用的新方法、新工艺和新材料等工程情况介绍;

(4)其他评标必需的资料。

7.4 投标文件的初步评审

7.4.1 初步评审不合格的,应作否决投标处理,且否决原因应与附件二"投标文件否决性条款"内否决的条件相对应。

7.4.2 初步评审表:

初步评审表

序号	评审因素	评审标准
1	投标人之间的管理、控股	与招标人存在利害关系可能影响招标公正性的法人、其他组织或者个人,参加投标的;单位负责人为同一人或者存在控股、管理关系的不同单位,同时参加同一标段投标或者未划分标段的同一招标项目投标的
2	联合体投标	本次招标不接受联合体投标
3	投标保证金	投标人未按招标文件要求递交投标保证金的,或未从其基本账户递交投标保证金的
4	投标文件的编制和签章	未按照招标文件规定编制投标文件的,或未按照招标文件规定对投标文件进行签章的
5	计划工期	投标文件中所列计划工期与招标文件规定不符的
6	工程质量	投标文件中所列工程质量未达到招标文件规定的
7	投标有效期	投标文件中所列投标有效期与招标文件规定不符的
8	其他应作否决投标处理的情形	投标人不得存在的情形:详见附件三:投标文件否决性条款

7.5 投标文件的详细评审

7.5.1 评标委员会按照"定性评审表"规定的方法、评审因素、标准和程序对投标文件进行评审。"定性评审表"中没有规定的方法、评审因素和标准，不作为评标依据。

7.6 投标文件的重大偏差

7.6.1 投标文件存在重大偏差的，应作否决投标处理。重大偏差情形指：投标文件中存在明显不符合技术规范、技术标准、工程量清单计价规范强制性条文的内容。

7.7 投标文件的细微偏差

7.7.1 细微偏差是指投标文件在实质上响应招标文件要求，提供了不完整的技术信息和数据等情况，细微偏差不影响投标文件的有效性。

7.7.2 在评审过程中，评标委员会可以以书面形式要求投标人就投标文件中含义不明确的内容进行说明并提供相关材料。

7.8 投标文件的澄清

7.8.1 为有助于投标文件的审查、评价和比较，评标委员会可以要求投标人对投标文件含义不明确的内容作必要的澄清或说明，投标人应当进行澄清或说明，但不得超出投标文件的范围或改变投标报价和其他实质性内容。

7.9 无效标和否决投标的处理

7.9.1 除法律、法规、规章、规范性文件规定以及本招标文件否决性条款单列的无效标或者否决投标情形外，评标委员会不得对投标文件作无效标或者否决投标处理。评标委员会对投标文件应坚持谨慎确定无效标和否决投标的原则。

7.9.2 除"投标文件否决性条款"第一条所列情形外，评标委员会在作出任何一项无效标和否决投标决定前，都应当严格遵循以下程序：

（1）向当事投标人作相应的澄清；

（2）将澄清记录送招标文件规定的当事投标人的澄清人员签字确认；

（3）在充分讨论的基础上集体表决；

（4）若表决通过无效标或否决投标决定，应在评标报告中详细载明无效标或否决投标的理由、依据、答辩的情况和集体表决的情况（同意无效标或否决投标和不同意无效标或否决投标的评标委员会成员均应当注明）；

（5）评标委员会在否决所有投标文件前，应当向招标人核实有关情况，听取招标人意见；

（6）评标委员会委员判定投标人的投标文件为无效标或否决投标的，应详细说明该投标文件为无效标或否决投标的原因，列举出投标文件中存在的问题并署名。

7.10 投标人的推荐

7.10.1 评标委员会实行少数服从多数的原则，评标结果经评标委员会全体成员过半数通过有效。

7.10.2 评标委员会经过对投标文件进行评审和比较后，向招标人递交评标报告，推荐合格投标人名单（排名不分先后）。

7.10.3 评标委员会作出无效标或否决投标处理后，合格投标人数量不足3名的，招标人可以宣布本次招标失败，重新招标，也可以在合格投标人中进行定标。

7.10.4 采用批量招标或者预选招标方式的，评标委员会作出无效标或否决投标处理后，合格投标人数量不足拟定中标人数量或者预选企业数量加上2名的，招标人不得再采用批量招标或者预选招标方式。

7.10.5 重新招标的项目，评标委员会作出无效标或否决投标处理后合格投标人数量仍不足3名的，评标委员会应当将对合格投标人的评审意见提交招标人，招标人可以按照原招标文件的定标程序和方法从合格投标人中确定中标人，或者将上述情况在"×××公共资源交易网"公示3个工作日后直接发包。

7.10.6 如招投标过程中出现严重异常情况，经主管部门批准，招标人可以不接受本次招标结果，应当重新招标。

7.11 保密规定

7.11.1 在投标文件的评审和比较、投标人推荐以及授予合同的过程中，投标人不得有向招标人和评标委员会施加影响的任何行为。

7.12 其他规定

7.12.1 评标过程中，若评标委员依据招标文件的规定要求招标人重新招标，招标人不承担因招标失败给投标人造成的损失。

7.13 评标表格（定性评审表）

7.13.1 商务标定性评审表（招标人可根据招标项目实际情况调整"商务标定性评审表"中内容）。

商务标定性评审表

序号	投标报价情况	评审内容	
		优点	存在缺陷或签订合同前应注意和澄清事项
1	报价合理性		
2	单价合理性		
3	数据或计算错误		

7.13.2 技术标定性评审表：

技术标定性评审表

标段名称：　　　　　　　　　　　　　　　　　　投标单位：

序号	评审项目	评审内容	优点	存在缺陷或签订合同前应注意和澄清事项
1	施工准备	对项目涉及的施工机械设备、主要材料、劳动力、大型工具、施工技术准备计划等情况的理解阐述		
2	施工总平面布置	对项目施工总平面布置图的编制，应包括主要机械设备堆场、材料堆场、加工场、出入临时道路、临时供水供电、临时排水排污设施、暂设房等布局		
3	施工工期管理策划	对项目进度目标响应情况；工序安排、关键线路的管理策划情况；进度表及保证措施等情况的阐述		
4	方案保证措施	结合现场情况和施工图纸编制施工组织保证措施；施工方案；质量保证措施；对施工方案的重点、难点、关键节点；方案深化设计措施等方面的阐述		
5	安全文明措施	施工及场地安全保障措施；文明施工保障措施；风雨冬季保障措施；施工及管理人员出入工地的管理；农民工工资发放管理措施；施工人员不干扰学生的安全管理措施；疫情防范方案；环境保护措施等方面的理解阐述		
6	方案优化措施	根据提供的资料和专业经验，对项目设计方案的优化意见和建议；对降低工程造价的意见建议；对优化施工组织设计其他建议		
7	服务保障措施	后期技术服务保障措施；后续服务人员和联系方式；后期回访保修方案和承诺的阐述		
综合评价等级		□合格　　　　□不合格		
评标专家			评标日期	年　月　日

注：1. 本表适用于专家独立评审使用。
　　2. 指出各评审项的优点、存在缺陷或签订合同前应注意和澄清事项。
　　3. 综合评价等级仅分为合格或不合格两个等级，不合格仅限于符合招标文件"投标文件否决性条款"情形以及投标文件违反国家强制性条文标准的情形。
　　4. 投标文件技术标内容应涵盖定性评审表的全部评审项目，投标文件技术标编制顺序应尽量与定性评审表评审项目一致。
　　5. 定性评审表中未作要求的，不可作为评审依据。

8. 定标

8.1 定标方法

8.1.1 招标人在定标过程中，应当坚持择优与竞价相结合，择优为主。招标人应选用附件四"评标与定标方法"中的一种定标方法，在评标委员会推荐的合格投标人中确定中标人。

8.2 定标程序

8.2.1 在开展定标前,招标人可以自行或委托专业机构开展清标工作。清标工作包括对投标人及拟派项目负责人进行考察、质询,对投标文件或方案进行澄清与复核,对项目后期可能遇到的风险和问题进行评估等。清标工作完成后,招标人应当形成清标报告,作为定标的辅助。清标报告内容应当客观公正、真实有效。

8.2.2 招标人应当事先制定定标工作规则,对不同类别项目择优竞价结合方式、择优因素、竞价方法予以明确,并报招标人内设的纪检监察人员(或督查机构)备案。定标时必须严格遵守定标工作规则,不得临时改变规则。

8.2.3 在招标公告发布前,招标人应当结合项目实际,根据定标工作规则,制定项目定标方案,并报招标人内设的纪检监察人员(或督查机构)备案。项目定标方案应当对清标内容、定标操作细则、择优要素及优先级别等内容予以明确。

8.2.4 定标委员会由招标人的法定代表人或者主要负责人组建。定标委员会成员原则上从招标人、项目业主或者使用单位的领导班子成员、经营管理人员中产生,成员数量为7人以上单数。确有需要的,财政性资金投资工程的招标人可以从本系统上下级主管部门或者系统外相关部门工作人员中确定成员;非财政性国有资金投资工程的招标人可以从与其有利益关系的母公司、子公司人员中确定成员。

8.2.5 定标委员会成员应当由招标人从2倍以上符合条件的备选人员名单中随机抽取确定。招标人法定代表人可以从本单位直接指定部分定标委员会成员,但总数不得超过定标委员会成员总数的三分之一。

8.2.6 定标委员会应当在定标会上推荐定标组长,招标人的法定代表人或者主要负责人参加定标委员会的,由其直接担任定标委员会组长。招标人应同时组建3人以上的监督小组,对定标全过程进行监督。

8.2.7 采用票决定标法、集体议事法或者票决抽签定标法的,招标人应当自评标结束后10个工作日内进行定标。不能按时定标的,应当通过"×××公共资源交易网"公示延期原因和最终定标时间。

8.2.8 定标委员会成员在提交选票时须说明推荐理由,并选票签名确认,定标过程公开、公平、公正。定标委员会按有关规定及招标文件约定的定标方法确定一名中标人。

8.2.9 招标人应在定标结束后将定标记录、定标报告交由交易中心归档并同时公示定标结果和中标结果。定标记录应包括定标委员会会议过程、正式成员名单。定标报告应包括定标委员会的产生过程、定标程序及定标结果等内容。招标人提交中标信息确认时,应认真核对中标公示信息,无误后再签名确认。

8.2.10 招标人应当向定标委员会提供定标方案、清标报告作为定标辅助材料。定标结束后,定标方案、清标报告及定标委员投票结果等定标过程资料应当留存备查。

8.2.11 投标人对定标结果有异议的可以向监督小组反映。

8.3 定标后有下列情形之一的,招标人可以从评审合格的其他投标人中采用原招标文件规定的定标方法,由原定标委员会确定中标人。原采用票决抽签定标法的项目,票决进入抽签环节的其他投标人数量不足3名的,应当票决补足:

8.3.1 中标人放弃中标资格或者拒不签订合同的;

8.3.2 中标人不按照招标文件要求提交履约担保的;

8.3.3 被查实存在影响中标结果违法行为的。

8.4 招标人拒绝投标等权利

8.4.1 招标人不承诺将合同授予报价最低的投标人。

8.4.2 中标人确定后,招标人无义务向未中标的投标人就其未中标的原因作出解释。未中标的投标人不得向评标委员会组成人员或招标人询问评标过程的情况或索要相关材料。

8.5 资信标表格

8.5.1 招标人可以结合项目实际要求投标人提供资信标作为定标参考因素之一。

资信标要求一览表(如有)

序号	资信要素名称	有关要求或说明
1	企业业绩要求	2018年1月1日起至投标截止日前[以工程竣(交)工验收记录(报告)上的时间为准]完成过单个工程建筑面积20000m² 及以上的公共建筑工程施工总承包或工程总承包(EPC)业绩;业绩证明材料:施工合同和工程竣(交)工验收记录(报告),如业绩证明材料所能承载的证明内容不能完全体现业绩要求的具体表述,需同时提供其他相关的竣(交)工验收资料,其他相关的竣(交)工验收资料仅指竣(交)工验收阶段及之后签署的工程资料,如竣工图、工程价款最终结算凭证等;多个证明材料就同一内容存在不一致的按其他相关的竣(交)工验收资料、竣(交)工验收记录(报告)、合同的顺序认定。以联合体方式共同承接的施工总承包项目业绩仅认可为该联合体牵头人的业绩,工程总承包(EPC)项目业绩仅认可为该项目承包人中施工方的业绩,本项目不接受分包合同业绩[注:公共建筑指居住建筑以外的民用建筑,包含科教文卫建筑(包括文化、教育、科研、医疗、卫生、体育建筑等),办公建筑(包括写字楼、政府部门办公室等),商业建筑(如商场、金融建筑等),旅游建筑(如酒店、娱乐场所等),通信建筑(如邮电、通信、广播用房)以及交通运输类建筑(如机场、高铁站、火车站、汽车站等),但不包括住宅、商住楼、厂房;下同]
2	建造师业绩要求	2018年1月1日起至投标截止日前[以工程竣(交)工验收记录(报告)上的时间为准]以项目负责人(或工程总承包项目中的施工负责人)身份完成过单个工程建筑面积20000m² 及以上的公共建筑工程施工总承包或工程总承包(EPC)业绩;业绩证明材料:施工合同和工程竣(交)工验收记录(报告),如业绩证明材料所能承载的证明内容不能完全体现业绩要求的具体表述,需同时提供其他相关的竣(交)工验收资料,其他相关的竣(交)工验收资料仅指竣(交)工验收阶段及之后签署的工程资料,如竣工图、工程价款最终结算凭证等;多个证明材料就同一内容存在不一致的按其他相关的竣(交)工验收资料、竣(交)工验收记录(报告)、合同的顺序认定;但合同和竣(交)工验收记录(报告)载明的项目负责人信息需一致,否则不予认可。本项目不接受分包合同业绩

注:1. 凡不能通过后续增加资金、人力、物力投入改变的要素视为资信要素,如投标人业绩、过往认证情况、财务状况、营业额、从业人员学历、注册资格、资历等情况。

2. 资信要素不得有规模、数量等下限要求;如投标人业绩的描述可以为:提供近××年投标人自认为最具代表性的类似工程业绩(不超过××项)。

3. 资信要素不进行评审,真实性通过公示予以监督。

9. 中标通知书

9.1 招标人拒绝投标等权利

9.1.1 招标人不承诺将合同授予报价最低的投标人。

9.1.2 本次招标如已确定中标人，该中标人失去中标资格后，招标人可能选择以下方式任意一种：（1）在本次招标中不再接受另外的中标人，除非重新组织招标；（2）重新按照招标文件规定定标。

9.1.3 中标人确定后，招标人无义务向未中标的投标人就其未中标的原因作出解释。未中标的投标人不得向评标委员会组成人员或招标人询问评标过程的情况或索要相关材料。

9.2 中标通知书

9.2.1 在规定的公示期内未收到对中标结果的异议的，招标人将在公示期满后30日内向中标人发出中标通知书。如接到有关投诉的，招标人将可能暂停发出中标通知书。

9.2.2 招标人以书面形式向中标人发出中标通知书，同时将中标结果在"×××公共资源交易网"上予以公示。

9.2.3 中标人应在收到中标通知书后15日内，向招标人提交可实施的施工组织设计，招标人应当会同监理单位对施工组织设计进行审核。

10. 合同授予

10.1 合同授予标准

10.1.1 本工程的施工合同将授予按本须知第8条所确定的中标人。

10.2 合同协议书的签订

10.2.1 招标人和中标人应当自中标通知书发出之日起30日内，根据招标文件和中标人的投标文件签订建设工程施工合同，合同价为中标人的投标报价（因计算错误，评标委员会修正中标价的除外）。

10.2.2 招标人与中标人签订的施工合同必须遵守本招标文件的合同条件，并且不得更改合同条件。

10.2.3 中标人不按本须知第10.2.1款和第10.2.2款的规定与招标人签订合同，招标人有权废除中标，并没收其投标保证金或投标保函，给招标人造成的损失超过投标保证金数额的，还应当对超过部分予以赔偿，同时依法承担相应法律责任。

10.2.4 发出中标通知书后，招标人无正当理由拒签合同的，招标人向中标人退还投标保证金；给中标人造成损失的，还应当赔偿损失。

10.2.5 中标人应当按照合同约定履行义务，完成中标工程施工，不得将中标工程转让（转包）给他人施工。

10.3 履约保证金

10.3.1 在签订合同前,中标人应按投标人须知前附表规定的形式、金额和招标文件第四章"合同条款及格式"规定的或者事先经过招标人书面认可的履约保证金格式向招标人提交履约保证金。除投标人须知前附表另有规定外,履约保证金为中标合同金额的5%。联合体中标的,其履约保证金以联合体各方或者联合体中牵头人的名义提交。

10.3.2 中标人不能按本章第10.3.1款要求提交履约保证金的,视为放弃中标,其投标保证金不予退还,给招标人造成的损失超过投标保证金数额的,中标人还应当对超过部分予以赔偿。

10.3.3 承包商履约担保和业主支付担保都必须采用经对方认可的银行、专业担保公司出具的不可撤销的保函。双方均不得在工程担保有效期内解除担保。

11. 纪律和监督

11.1 对招标人的纪律要求

11.1.1 招标人不得泄露招标投标活动中应当保密的情况和资料,不得与投标人串通损害国家利益、社会公共利益或者他人合法权益。

11.2 对投标人的纪律要求

11.2.1 投标人不得相互串通投标或者与招标人串通投标,不得向招标人或者评标委员会成员行贿谋取中标,不得以他人名义投标或者以其他方式弄虚作假骗取中标;投标人不得以任何方式干扰、影响评标工作。

11.3 对评标委员会成员的纪律要求

11.3.1 评标委员会成员不得收受他人的财物或者其他好处,不得向他人透漏对投标文件的评审和比较、中标候选人的推荐情况以及评标有关的其他情况。在评标活动中,评标委员会成员不得擅离职守,影响评标程序正常进行,不得使用第三章"评标办法"没有规定的评审因素和标准进行评标。

11.4 对与评标活动有关的工作人员的纪律要求

11.4.1 与评标活动有关的工作人员不得收受他人的财物或者其他好处,不得向他人透漏对投标文件的评审和比较、中标候选人的推荐情况以及评标有关的其他情况。在评标活动中,与评标活动有关的工作人员不得擅离职守,影响评标程序正常进行。

12. 重新招标

12.1 重新招标的情形详见投标人须知前附表。

13. 不再招标

13.1 不再招标的情形详见投标人须知前附表。

14. 招标投标投诉的处理

14.1 招标投标实际招标人负责制，招标人应当依法处理异议，配合行政监督部门处理投诉。

14.2 投标人或者其他利害关系人认为招标投标活动不符合法律、法规和规章规定的，可以依法向招标人提出异议，或者向有关行政监督部门投诉，但就《中华人民共和国招标投标法实施条例》第二十二条、第四十四条、第五十四条规定事项进行投诉的，应当依法先向招标人提出异议。

14.3 异议和投诉分别按照"书面、限时、实名"的原则进行处理。

14.4 招标投标活动异议和投诉的相关规定，详见附件二。

15. 需要补充的其他内容

15.1 需要补充的其他内容：见投标人须知前附表。

第三章 招标人对招标文件及合同范本的补充/修改

（暂无，及时关注发布公告的媒介）

第四章 合同条款及格式

合同备案编号：
（GF—2017—0201）

建设工程施工合同

（示范文本）

住 房 城 乡 建 设 部
国家工商行政管理总局　制定

说　明

为了指导建设工程施工合同当事人的签约行为，维护合同当事人的合法权益，依据《中华人民共和国民法典》《中华人民共和国建筑法》《中华人民共和国招标投标法》以及相关法律法规，住房城乡建设部、国家工商行政管理总局（现国家市场监督管理总局）对《建设工程施工合同（示范文本）》（GF—2013—0201）进行了修订，制定了《建设工程施工合同（示范文本）》（GF—2017—0201）（以下简称《示范文本》）。为了便于合同当事人使用《示范文本》，现就有关问题说明如下：

一、《示范文本》的组成

《示范文本》由合同协议书、通用合同条款和专用合同条款三部分组成。

（一）合同协议书

《示范文本》合同协议书共计13条，主要包括：工程概况、合同工期、质量标准、签约合同价和合同价格形式、项目经理、合同文件构成、承诺以及合同生效条件等重要内容，集中约定了合同当事人基本的合同权利义务。

（二）通用合同条款

通用合同条款是合同当事人根据《中华人民共和国建筑法》《中华人民共和国民法典》等法律法规的规定，就工程建设的实施及相关事项，对合同当事人的权利义务作出的原则性约定。

通用合同条款共计20条，具体条款分别为：一般约定、发包人、承包人、监理人、工程质量、安全文明施工与环境保护、工期和进度、材料与设备、试验与检验、变更、价格调整、合同价格、计量与支付、验收和工程试车、竣工结算、缺陷责任与保修、违约、不可抗力、保险、索赔和争议解决。前述条款安排既考虑了现行法律法规对工程建设的有关要求，也考虑了建设工程施工管理的特殊需要。

（三）专用合同条款

专用合同条款是对通用合同条款原则性约定的细化、完善、补充、修改或另行约定的条款。合同当事人可以根据不同建设工程的特点及具体情况，通过双方的谈判、协商对相应的专用合同条款进行修改补充。在使用专用合同条款时，应注意以下事项：

1. 专用合同条款的编号应与相应的通用合同条款的编号一致；

2. 合同当事人可以通过对专用合同条款的修改，满足具体建设工程的特殊要求，避免直接修改通用合同条款；

3. 在专用合同条款中有横道线的地方，合同当事人可针对相应的通用合同条款进行细化、完善、补充、修改或另行约定；如无细化、完善、补充、修改或另行约定，则填写"无"或画"/"。

二、《示范文本》的性质和适用范围

《示范文本》为非强制性使用文本。《示范文本》适用于房屋建筑工程、土木工程、线路管道和设备安装工程、装修工程等建设工程的施工承发包活动，合同当事人可结合建设工程具体情况，根据《示范文本》订立合同，并按照法律法规规定和合同约定承担相应的法律责任及合同权。

第一部分　合同协议书

（略）

第二部分　通用合同条款

（略）

第三部分　专用合同条款

（略）

附件

协议书附件：
附件1：承包人承揽工程项目一览表
专用合同条款附件：
附件2：发包人供应材料设备一览表
附件3：工程质量保修书
附件4：主要建设工程文件目录
附件5：承包人用于本工程施工的机械设备表
附件6：承包人主要施工管理人员表
附件7：分包人主要施工管理人员表
附件8：履约担保
附件9：预付款担保
附件10：支付担保
附件11：暂估价一览表

附件1：

承包人承揽工程项目一览表

单位工程名称	建设规模	建筑面积（平方米）	结构形式	层数	生产能力	设备安装内容	合同价格（元）	开工日期	竣工日期

附件2：

发包人供应材料设备一览表

序号	材料、设备品种	规格型号	单位	数量	单价（元）	质量等级	供应时间	送达地点	备注

附件 3：

工程质量保修书

发包人（全称）：

承包人（全称）：

发包人和承包人根据《中华人民共和国建筑法》和《建设工程质量管理条例》，经协商一致就 _____（工程全称）签订工程质量保修书。

一、工程质量保修范围和内容

承包人在质量保修期内，按照有关法律规定和合同约定，承担工程质量保修责任。

质量保修范围包括地基基础工程，主体结构工程，屋面防水工程，有防水要求的卫生间、房间和外墙面的防渗漏，供热与供冷系统，电气管线、给排水管道、设备安装和装修工程，以及双方约定的其他项目。具体保修的内容，双方约定如下：

_____

_____ 。

二、质量保修期

根据《建设工程质量管理条例》及有关规定，工程的质量保修期如下：

1. 地基基础工程和主体结构工程为设计文件规定的工程合理使用年限；
2. 屋面防水工程和有防水要求的卫生间、房间和外墙面的防渗漏为 5 年；
3. 装修工程为 2 年；
4. 电气管线、给排水管道、设备安装工程为 2 年；
5. 供热与供冷系统为 2 个采暖期、供冷期；
6. 住宅小区内的给排水设施、道路等配套工程为 2 年；
7. 其他项目保修期限约定如下：
幕墙 5 年，真石漆 5 年，防水 5 年，高级装修 5 年，门窗 5 年。
质量保修期自工程竣工验收合格之日起计算。

三、缺陷责任期

工程缺陷责任期为 24 个月，缺陷责任期自工程通过竣工验收之日起计算。单位工程先于全部工程进行验收，单位工程缺陷责任期自单位工程验收合格之日起算。

缺陷责任期终止后，发包人应退还剩余的质量保证金。

四、质量保修责任

1. 属于保修范围、内容的项目，承包人应当在接到保修通知之日起 7 天内派人保修。承包人不在约定期限内派人保修的，发包人可以委托他人修理。

2. 发生紧急事故需抢修的，承包人在接到事故通知后，应当立即到达事故现场抢修。

3. 对于涉及结构安全的质量问题，应当按照《建设工程质量管理条例》的规定，立即向当地建设行政主管部门和有关部门报告，采取安全防范措施，并由原设计人或者具有相应资质等级的设计人提出保修方案，承包人实施保修。

4. 质量保修完成后，由发包人组织验收。

五、保修费用

保修费用由造成质量缺陷的责任方承担。

六、双方约定的其他工程质量保修事项

工程质量保修书由发包人、承包人在工程竣工验收前共同签署，作为施工合同附件，其有效期限至保修期满。

发包人（公章）：_____	承包人（公章）：_____
地　　址：_____	地　　址：_____
法定代表人（签字）：_____	法定代表人（签字）：_____
委托代理人（签字）：_____	委托代理人（签字）：_____
电　　话：_____	电　　话：_____
传　　真：_____	传　　真：_____
开户银行：_____	开户银行：_____
账　　号：_____	账　　号：_____
邮政编码：_____	邮政编码：_____

附件4：

主要建设工程文件目录

文件名称	套数	费用（元）	质量	移交时间	责任人

附件 5:

承包人用于本工程施工的机械设备表

序号	机械或设备名称	规格型号	数量	产地	制造年份	额定功率（kW）	生产能力	备注

附件6：

承包人主要施工管理人员表

一、总部人员			
项目主管			
其他人员			
二、现场人员			
项目经理			
项目副经理			
技术负责人			
造价管理			
质量管理			
材料管理			
计划管理			
安全管理			
其他人员			

附件7：

分包人主要施工管理人员表

一、总部人员				
项目主管				
其他人员				
二、现场人员				
项目经理				
项目副经理				
技术负责人				
造价管理				
质量管理				
材料管理				
计划管理				
安全管理				
其他人员				

附件8：

履约担保

　　_____（发包人名称）：

　　鉴于_____（发包人名称，以下简称"发包人"）与_____（承包人名称）（以下简称"承包人"）于____年____月____日就_____（工程名称）施工及有关事项协商一致共同签订《建设工程施工合同》。我方愿意无条件地、不可撤销地就承包人履行与你方签订的合同，向你方提供连带责任担保。

　　1. 担保金额人民币（大写）_____元（¥_____）。

　　2. 担保有效期自你方与承包人签订的合同生效之日起至你方签发或应签发工程接收证书之日止。

　　3. 在本担保有效期内，因承包人违反合同约定的义务给你方造成经济损失时，我方在收到你方以书面形式提出的在担保金额内的赔偿要求后，在7天内无条件支付。

　　4. 你方和承包人按合同约定变更合同时，我方承担本担保规定的义务不变。

　　5. 因本保函发生的纠纷，可由双方协商解决，协商不成的，任何一方均可提请_____仲裁委员会仲裁。

　　6. 本保函自我方法定代表人（或其授权代理人）签字并加盖公章之日起生效。

　　担　保　人：_____（盖单位章）
　　法定代表人或其委托代理人：_____（签字）
　　地　　　址：_____
　　邮政编码：_____
　　电　　话：_____
　　传　　真：_____

　　　　　　　　　　　　　　　　____年____月____日

附件9:

预付款担保

　　_____（发包人名称）:

　　根据_____（承包人名称）（以下简称"承包人"）与_____（发包人名称）（以下简称"发包人"）于____年____月____日签订的_____（工程名称）《建设工程施工合同》，承包人按约定的金额向你方提交一份预付款担保，即有权得到你方支付相等金额的预付款。我方愿意就你方提供给承包人的预付款为承包人提供连带责任担保。

　　1. 担保金额人民币（大写）_____元（¥_____）。

　　2. 担保有效期自预付款支付给承包人起生效，至你方签发的进度款支付证书说明已完全扣清止。

　　3. 在本保函有效期内，因承包人违反合同约定的义务而要求收回预付款时，我方在收到你方的书面通知后，在7天内无条件支付。但本保函的担保金额，在任何时候不应超过预付款金额减去你方按合同约定在向承包人签发的进度款支付证书中扣除的金额。

　　4. 你方和承包人按合同约定变更合同时，我方承担本保函规定的义务不变。

　　5. 因本保函发生的纠纷，可由双方协商解决，协商不成的，任何一方均可提请_____仲裁委员会仲裁。

　　6. 本保函自我方法定代表人（或其授权代理人）签字并加盖公章之日起生效。

担　保　人:_____（盖单位章）
法定代表人或其委托代理人:_____（签字）
地　　　址:_____
邮政编码:_____
电　　　话:_____
传　　　真:_____

　　　　　　　　　　　　　　　____年____月____日

附件 10：

支付担保

_____（承包人）：

鉴于你方作为承包人已经与_____（发包人名称）（以下简称"发包人"）于___年___月___日签订了_____（工程名称）《建设工程施工合同》（以下简称"主合同"），应发包人的申请，我方愿就发包人履行主合同约定的工程款支付义务以保证的方式向你方提供如下担保：

一、保证的范围及保证金额

1. 我方的保证范围是主合同约定的工程款。

2. 本保函所称主合同约定的工程款是指主合同约定的除工程质量保证金以外的合同价款。

3. 我方保证的金额是主合同约定的工程款的_____%，数额最高不超过人民币_____元（大写：_____）。

二、保证的方式及保证期间

1. 我方保证的方式为：连带责任保证。

2. 我方保证的期间为：自本合同生效之日起至主合同约定的工程款支付完毕之日后___日内。

3. 你方与发包人协议变更工程款支付日期的，经我方书面同意后，保证期间按照变更后的支付日期做相应调整。

三、承担保证责任的形式

我方承担保证责任的形式是代为支付。发包人未按主合同约定向你方支付工程款的，由我方在保证金额内代为支付。

四、代偿的安排

1. 你方要求我方承担保证责任的，应向我方发出书面索赔通知及发包人未支付主合同约定工程款的证明材料。索赔通知应写明要求索赔的金额，支付款项应到达的账号。

2. 在出现你方与发包人因工程质量发生争议，发包人拒绝向你方支付工程款的情形时，你方要求我方履行保证责任代为支付的，需提供符合相应条件要求的工程质量检测机构出具的质量说明材料。

3. 我方收到你方的书面索赔通知及相应的证明材料后 7 天内无条件支付。

五、保证责任的解除

1. 在本保函承诺的保证期间内，你方未书面向我方主张保证责任的，自保证期间届满次日起，我方保证责任解除。

2. 发包人按主合同约定履行了工程款的全部支付义务的，自本保函承诺的保证期间届满次日起，我方保证责任解除。

3. 我方按照本保函向你方履行保证责任所支付金额达到本保函保证金额时，自我方向你方支付（支付款项从我方账户划出）之日起，保证责任即解除。

4. 按照法律法规的规定或出现应解除我方保证责任的其他情形的，我方在本保函项下的保证责任亦解除。

5. 我方解除保证责任后，你方应自我方保证责任解除之日起____个工作日内，将本保函原件返还我方。

六、免责条款

1. 因你方违约致使发包人不能履行义务的，我方不承担保证责任。

2. 依照法律法规的规定或你方与发包人的另行约定，免除发包人部分或全部义务的，我方亦免除其相应的保证责任。

3. 你方与发包人协议变更主合同的，如加重发包人责任致使我方保证责任加重的，需征得我方书面同意，否则我方不再承担因此而加重部分的保证责任，但主合同第10条〔变更〕约定的变更不受本款限制。

4. 因不可抗力造成发包人不能履行义务的，我方不承担保证责任。

七、争议解决

因本保函或本保函相关事项发生的纠纷，可由双方协商解决，协商不成的，按下列第____种方式解决：

（1）向____仲裁委员会申请仲裁；

（2）向____人民法院起诉。

八、保函的生效

本保函自我方法定代表人（或其授权代理人）签字并加盖公章之日起生效。

担保人：_____（盖章）

法定代表人或委托代理人：_____（签字）

地　　址：_____

邮政编码：_____

传　　真：_____

　　　　　　　　　　____年____月____日

附件11：

暂估价一览表

11-1：材料暂估价表

序号	名称	单位	数量	单价（元）	合价（元）	备注

11-2：工程设备暂估价表

序号	名称	单位	数量	单价（元）	合价（元）	备注

11-3：专业工程暂估价表

序号	专业工程名称	工程内容	金额
小计：			

第五章　工程量清单

1. 工程量清单说明

1.1　本工程量清单是根据招标文件中包括的、有合同约束力的图纸以及有关工程量清单的国家标准、行业标准、合同条款中约定的工程量计算规则编制。约定计量规则中没有的子目，其工程量按照有合同约束力的图纸所标示尺寸的理论净量计算。计量采用中华人民共和国法定计量单位。

1.2　本工程量清单应与招标文件中的投标人须知、通用合同条款、专用合同条款、技术标准和要求及图纸等一起阅读和理解。

1.3　本工程量清单仅是投标报价的共同基础，实际工程计量和工程价款的支付应遵循合同条款的约定和第七章"技术标准和要求"的有关规定。

在合同实施期间，投标人填写的单价和总价以投标人投标书为准，作为施工过程中支付工程款的依据，需调整的部分在工程竣工结算时根据招标文件、省市相关造价结算文件的规定由招标人或招标人认可的造价审计部门予以审定。

1.4　补充子目的子目特征、计量单位、工程量计算规则及工作内容说明如下：按照国家计价规范相同的列表进行表述。

1.5　本条第1.1款中约定的计量和计价规则适用于合同履约过程中工程量计量与价款支付、工程变更、索赔和工程结算。

1.6　本条与下述第2条和第3条的说明内容是构成合同文件的已标价工程量清单的组成部分。

1.7　其他未详尽内容签订合同时约定。

2. 投标报价说明

2.1　工程量清单中的每一子目须填入单价或价格，且只允许有一个报价。

2.2　工程量清单中标价的单价或金额，应包括所需人工费、施工机械使用费、材料费、其他（运杂费、质检费、安装费、缺陷修复费、保险费，以及合同明示或暗示的风险、责任和义务等），以及管理费、利润等。

2.3　工程量清单中投标人没有填入单价或价格的子目，其费用视为已分摊在工程量清单中其他相关子目的单价或价格之中。

2.4　暂列金额的数量及拟用子目的说明：

2.4.1　投标人应当将不可竞争项目的费用及招标人给定的所有暂估价、暂列金额（以本招标控制价明细表中金额及投标人下载的工程量清单中金额为准）以及总承包服务费等按规定标准计取相关费用，并全额计入投标总报价中。

2.4.2　"暂列金额明细表"中所列暂列金额（不包括计日工金额）中已经包含与其对

应的管理费、利润和规费，但不含税金。投标人应按本招标文件规定将此类暂列金额直接纳入其他项目清单的投标价格并计取相应的税金，不需要考虑除税金以外的其他任何费用。

2.4.3 "材料和工程设备暂估价表"中所列的材料和工程设备暂估价是此类材料、工程设备本身运至施工现场内的工地地面价，不包括其本身所对应的管理费、利润、规费、税金以及这些材料和工程设备的安装、安装所需要的辅助材料、安装损耗、驻厂监造以及发生在现场内的验收、存储、保管、开箱、二次倒运、从存放地点运至安装地点以及其他任何必要的辅助工作（以下简称"暂估价材料和工程设备的安装及辅助工作"）所发生的费用及其对应的管理费、利润、规费和税金。除应按本招标文件规定将此类暂估价本身纳入分部分项工程量清单相应子目的综合单价以外，投标人还应将上述材料和工程设备的安装及辅助工作所发生的费用以及与此类费用有关的管理费和利润包含在分部分项工程量清单相应子目的综合单价中，并计取相应的规费和税金。

2.4.4 专业工程暂估价表中所列的专业工程暂估价已经包含与其对应的管理费、利润和规费，但不含税金。投标人应按本招标文件规定将此类暂估价直接纳入其他项目清单的投标价格并计取相应的税金。除按本招标文件规定将此类暂估价纳入其他项目清单的投标价格并计取相应的税金以外，投标人还需要根据招标文件规定的内容考虑相应的总承包服务费以及与总承包服务费有关的规费和税金。

3. 其他说明

投标报价应根据中华人民共和国国家标准《建设工程工程量清单计价规范》GB 50500—2013（以下简称"2013计价规范"）、《×××省执行2013清单计价计量规范相关规定》等投标期间省、市现行有关工程计价规定，与建设项目相关的标准、规定等技术资料和招标文件及其补充文件、工程量清单、施工设计图纸及相关技术文件，自主报价。

4. 工程量清单

4.1 工程量清单，见招标文件附件。

4.2 商务标及技术标，需全面考虑答疑文件、招标文件、图纸、清单等相关资料及现场实际情况。

5. 其他要求

其他未详尽内容合同中约定。

第六章　图纸

（投标人自行在"×××公共资源交易网"进行下载）

第七章　技术标准和要求

1. 工程说明

1.1　工程概况：见本招标文件第二章

1.2　现场条件和周围环境

1.2.1　本工程施工场地（现场）已经具备施工条件。施工场地（现场）临时水源接口位置、临时电源接口位置、临时排污口位置、建筑红线位置、道路交通和出入口以及施工场地（现场）和周围环境等情况由投标人自行现场踏勘。

1.2.2　现场条件和周围环境的其他资料和信息数据：无。

1.2.3　承包人被认为已在本工程投标阶段踏勘现场时充分了解本工程现场条件和周围环境，并已在其投标时就此给予了充分的考虑。

1.3　资料和信息的使用

1.3.1　合同文件中载明的涉及本工程现场条件、周围环境等情况的资料和信息数据，是发包人现有的和客观的，发包人保证有关资料和信息数据的真实、准确。但承包人据此作出的推论、判断和决策，由承包人自行负责。

1.4　标段划分：本项目不划分标段。

1.5　施工现场门禁、监控等管理满足相关建设主管部门的全部要求，相关费用投标单位自理。

2. 工期要求

2.1　合同工期

本工程合同工期和计划开、竣工日期为承包人在投标函附录中承诺的工期和计划开、竣工日期，并在合同协议书中载明。

2.2　关于工期的一般规定

2.2.1　承包人在投标函中承诺的工期和计划开、竣工日期之间发生矛盾或者不一致时，以承包人承诺的工期为准。实际开工日期以合同约定的监理人发出的开工通知中载明的开工日期为准。

2.2.2 如果承包人在投标函附录中承诺的工期提前于发包人在本工程招标文件中所要求的工期，承包人在施工组织设计中应当制定相应的工期保证措施，由此而增加的费用应当被认为已经包括在投标总价中。除合同另有约定外，合同履约过程中发包人不会因此再向承包人支付任何性质的技术措施费用、赶工费用或其他任何性质的提前完工奖励等费用。

2.2.3 实际开工日期以开工令注明的开工日期为准，并按照招标人对工期要求所承诺和填报的施工工期日历天数计算中标人的竣工日期，双方将以此作为合同工期，上述变化将不会使中标人获得任何经济和工期等补偿和调整。

3. 质量要求

3.1 质量标准

3.1.1 本工程要求的质量标准：合格。

本项目实施有关的技术支持和技术服务工作，及出具的相应成果文件应满足招标人及相关建审单位要求。

3.2 特殊质量要求

3.2.1 有关本工程质量方面的特殊要求如下：

水磨石地面要求

（1）施工准备

1）材料准备

①石子（石米）：应采用洁净无杂物的大理石粒，其粒径除特殊要求外，一般用4～12mm，或将大、中、小石料按一定比例混合使用。同一单位工程宜采用同批产地石子。颜色规格不同的石子应分类堆放。

②分隔采用铜条，T形，翼缘为方形，厚度不小于5mm，宽度5mm。

③具体用料颜色及规格由建设单位根据工程情况最终选定。

2）施工作业条件

除参照水泥砂浆面层之作业条件外尚须补充如下：

①彩色水磨石如用白色水泥掺色粉拌制时，应事先按不同的配合比做样板，交设计人定板。一般彩色水磨石色粉掺量为水泥量的3%～6%，深色则不超过12%。

②石子（石米）必须干净方能使用。

（2）工艺流程

处理→养护→嵌镶分格条→铺水泥石子浆→养护试磨→磨第一遍并补浆→磨第二遍并补浆→磨第三遍并养护。

（3）操作工艺

1）分格条镶嵌

①风格布局根据室内尺寸四周镶300mm宽的墙边剩余均分，按甲方要求进行分格走

廊中线分块 1200mm×1200mm，边是 350mm×1200mm，房间分 1000mm×1000mm。

②用纯水泥浆在分格条下部抹成八字角通长座嵌牢固（与找平层约成 30°角），铜条 T 字形。纯水泥浆的涂抹高度比分格条低 3～5mm，分格条应镶嵌牢固，接头严密，顶面在同一平面上，并通线检查其平整度及顺直。

③分格条镶嵌好以后，隔 12 小时开始浇水养护，最少应养护 2 天。

2）抹石子浆面层

①水泥石子浆必须严格按照配合比计量。彩色水磨石应先按配合比将白水泥和颜料反复干拌均匀，拌完后密筛多次，使颜料均匀混合在白水泥中，并调足供补浆之用的备用量，最后按配合比与石米搅拌均匀，并加水搅拌。

②铺水泥石子浆前一天，洒水湿润基层。将分格条内的积水和浮砂清除干净，并涂素刷水泥浆一遍，水泥品种与石子浆的水泥品种一致，随即将水泥石子浆先铺在分格条旁边，将分格条边约 10cm 内的水泥石子浆（石子浆配合比一般为 1∶1.25 或 1∶1.50）轻轻抹平压实，以保护分格条，然后再整格铺抹，用木磨板子或铁抹子抹平压实，但不应用压尺平刮。面层应比分格条高 5mm 左右，如局部石子浆过厚，应用铁抹子挖去，再将周围的石子浆刮平压实，对局部水泥浆较厚处，应适当补撒一些石子，并压平压实，要达到表面平整，石子分布均匀。

③石子浆面至少要经两次用毛横扫粘拉开面浆，检查石粒均匀（若过于稀疏应及时补上石子）后，再用铁抹子抹平压实，至泛浆为止。要求将波纹压平，分格条顶面上的石子应清除掉。

④在同一平面上如有几种颜色图案时，应先做深色，后做浅色。待前一种色浆凝固后，再抹后一种色浆。两种颜色的色浆不应同时铺抹，避免串色。但间隔时间不宜过长，一般可隔日铺抹。

⑤养护：石子浆铺抹完成后，次日起应进行浇水养护。并应设警戒线严防人行践踏。

3）磨光

①大面积施工宜用机械磨石机研磨，小面积、边角处可使用小型手提式磨机研磨，对局部无法使用机械研磨时，可用手工研磨。开磨前应试磨，若试磨后石粒不松动，即可开磨。一般开磨时间同气温、水泥强度等级品种有关，可参考下表：

水磨石面层开磨参考时间表

平均温度（℃）	开磨时间（天）		备注
	机磨	人工磨	
20～30	3～4	2～3	
10～20	4～5	3～4	
5～10	5～6	4～5	

②磨光作业应采用"二浆三磨"方法进行，即整个磨光过程分为磨光三遍，补浆两次。

A.用60~80号粗石磨第一遍，随磨随用清水冲洗，并将磨出的浆液及时扫除。对整个水磨面，要磨匀、磨平、磨透，使石粒面及全部分格条顶面外露。

B.磨完后要及时将泥浆水冲洗干净，稍干后，涂刷一层同颜色水泥浆（即补浆），用以填补砂眼和凹痕，对个别脱石部位要填补好，不同颜色上浆时，要按先深后浅的顺序进行。

C.补浆后需养护3~4天，再用100~150号磨石进行第二遍研磨，方法同第一遍。要求磨至表面平滑、无模糊不清之感为止。

D.经磨完清洗干净后，再涂刷一层同色水泥浆。继续养护3~4天后，用180~240号细磨石进行第三遍研磨，要求磨至石子粒粒显露，表面平整光滑，无砂眼细孔为止，再用清水将其冲洗干净并养护。

4）结晶

①用500目磨片打磨一遍，将地面的材料及水清扫干净。

②撒少量水用1000目磨片抛光一遍，将地面的水清扫干净。

③撒少量水用2000目磨片抛光一遍，将地面的水清扫干净。

④待地表面没有水之后，最后用抛光垫及抛光钢丝球抛光一遍，即完成整个作业工序。

⑤材料使用方法：固化剂1:4加水搅匀根据地面实际情况增减用量，正常地面只需固化剂 $0.3kg/m^2$。

⑥经过固化剂工艺之后，就可以进行水结晶处理了。采用"K2结晶剂""S6大理石晶面剂"或"68秒抛光液"，按照其使用说明通过设备加压，低速打磨，使剂品产生热化反应，使地面形成防滑的坚硬镜面。

4.质量标准

（1）保证项目

1）面层的材料、强度（配合比）密实度必须符合设计要求和施工规范规定。

2）面层与基层结合必须牢固，无空鼓（空鼓面积不大于 $400cm^2$ 无裂纹，且在一个检查范围内不多于二处者，可不计）。

（2）基本项目

1）水磨石面层表面质量应符合下列规定：

表面光滑，无裂纹、砂眼和磨纹，石粒密实，显露均匀；颜色图案一致，不混色；分格条牢固、顺直和清晰。

2）地漏和泛水应符合以下规定：

坡度符合设计要求，不倒泛水，无渗漏、无积水、与地漏（管道）结合处严密平顺。

3）镶边应符合以下规定：

边角整齐光滑，不同颜色的邻接处不混色。

4）水磨石表面做结晶处理，表面严禁出现凹痕、麻面等缺陷。结晶面需坚固耐磨，并有瓷砖光泽（图1）。

图 1

（3）防水要求

所有防水房间及屋面均需做蓄水试验，蓄水时间48h，若渗漏，需在渗漏处重补防水，然后继续蓄水试验，直至不发生渗漏为止。由此产生的工期及成本影响均由施工单位自行承担。

（4）适用规范和标准

执行适用本项目现行的国家、行业以及地方规范、标准和规程。

5.部分工程施工选用材料说明

（1）土建部分建材要求：

1）本工程混凝土采用商品混凝土，砂浆采用干混砂浆。

2）防水材料：北新禹王、辽宁大禹、宏源。

3）墙砖、地砖：格莱美、马可波罗、蒙娜丽莎、诺贝尔、东鹏、冠珠。

4）内墙及天棚涂料、乳胶漆：多乐士、立邦、华润、立邦、嘉宝莉、三棵树。

（2）暖通部分

1）焊接钢管：华岐、友发、鸿海。

2）热镀锌钢管：华岐、正金元、友发。

3）铜阀门：金博流体、杰克龙、埃德信。

4）阀门：上海良工、上海高压阀门、远大阀门、大站。

5）散热器：北铸、圣春、帽儿山。

6）给水衬塑钢管：迈克、天津佳洁、友发。

7）排水铸铁管：河北联通铸铁管、顺发、河北兴华铸管有限公司。

8）洁具：惠达、箭牌、九牧、浪鲸、科勒。

（3）电气部分

1）灯具：欧普、西顿、雷士。

2）开关插座：公牛、西门子、德力西。

3）电线电缆：哈交联电缆、金桥电缆、津达。

4）配电箱、配电柜：国标 3C 认证，电器元器件符合设计要求。

5）消防主机：利达、海湾、泛海三江（需与学校原有消防系统兼容）。

6）弱电设备：浙江大华、华为、海康威视。

7）电缆桥架：龙轩电器、向欣、亿达。

8）镀锌钢管：君诚、华岐、鑫汇友。

施工时材料（包括但不限于以上材料）的质量与技术要求必须经过发包人和监理确认，不经发包人和监理确认不得使用。

6. 结算方式

总的原则：

5.1 工程结算依据《建设工程工程量清单计价规范》GB 50500—2013 及其相关计算规范和国家、省市现行有关工程计价规定，工程量以实际应计量且发承包双方最终确定工程量为准。确立的合同价款方式为固定单价合同。最终结算金额不得超过中标合同价。

5.1.1 人工费调整：结算时人工费按照合同履行期间 ×××市有关结算文件及相关计价规定发布的人工费价格调整，其中建筑与装饰工程、安装工程、市政工程人工费计费基期价格为普工 103 元 / 工日，技工 138 元 / 工日，绿化工程人工费计费基期价格为综合工日 110 元 / 工日，安装工程涉及使用 2010 年定额项的人工费计费基数为综合工日 110 / 工日，人工费调差以上述基期价格给予正负差调整，如果承包人对人工单价的报价低于上述基期价格的按基期价格进行调整正负差，如果承包人报价高于上述基期价格的以承包人所报价人工单价为基期价格进行调整正负差。

5.1.2 人工调差的量：①当承包人投标报价中人工工日含量超过相关工程的计价定额同类项目规定的人工工日消耗量，则找差时按照相关工程的计价定额同类项目规定的人工工日消耗量计算人工工日的用量。②当承包人投标报价中人工工日含量低于相关工程的计价定额同类项目规定的人工工日消耗量，则找差时按照承包人投标报价中人工工日含量计算人工工日用量。

5.2 主要材料因物价涨落或政策性变动引起的单价调整：

材料价格编制招标控制价时是参照 2023 年 5 月 ××× 市造价信息及市场行情价格编制的（为基准价格）。

5.2.1 暂估价材料按照实际施工进度计划，对暂估价材料进行招标，按中标价格进入结算；暂估价材料（包括工程暂估价）除外的其他主材（进行调整的主要材料为：商品混凝土、钢筋、砌体砖）涨落在 5% 范围内不调整，超过 5% 部分进行调整，具体材料价格调整方法如下：

①承包人在投标报价书中载明的材料单价低于基准价格的：施工当期《××× 市造价信息》材料单价涨幅以基准价格为基础超过 5% 时，其超过部分按如下规则调整：施工当期《××× 市造价信息》基准价格 ×（1+5%）。施工当期《××× 市造价信息》材料单价跌幅以投标报价书中载明材料单价为基础超过 5% 时，其超过部分按如下规则调整：施工当期《××× 市造价信息》– 投标报价书中载明材料单价 ×（1–5%）。

②承包人在投标报价书中载明的材料单价高于基准价格的：施工当期《××× 市造价信息》材料单价跌幅以基准价格为基础超过 5% 时，其超过部分按如下规则调整：施工当期《××× 市造价信息》基准价格 ×（1–5%）。施工当期《××× 市造价信息》材料单价涨幅以投标报价书中载明材料单价为基础超过 5% 时，其超过部分按如下规则调整：施工当期《××× 市造价信息》价格 – 投标报价书中载明材料单价 ×（1+5%）。

③承包人在投标报价书中载明的材料单价等于基准价格的：施工当期《××× 市造价信息》材料单价涨幅以基准单价为基础超过 5% 时，其超过部分按如下规则调整：施工当期《××× 市造价信息》基准价格 ×（1+5%）。施工当期《××× 市造价信息》材料单价跌幅以基准单价为基础超过 5% 时，其超过部分按如下规则调整：施工当期《××× 市造价信息》基准价格 ×（1–5%）。

5.2.2 材料调差的量：①当承包人投标报价中材料含量超过相关工程的计价定额同类项目规定的材料消耗量，则找差时按照相关工程的计价定额同类项目规定的材料消耗量计算材料用量。②当承包人投标报价中材料含量低于相关工程的计价定额同类项目规定的材料消耗量，则找差时按照投标报价中材料含量计算材料用量。

5.3 对于补充条款所列的施工选用品牌材料，执行投标价，结算不予调整。施工选用品牌材料进场前对材料的规格、型号、品牌等需经过现场监理及发包人代表同意方可进场，对不合格的材料所发生的材料费、运费、损耗等所有费用发包人（建设单位）不承担。

5.4 承包人应自行考察除材料暂估价以外市场的材料价格（承包人应充分考虑施工全周期可能的价格浮动并承担因此带来的风险），除上述约定外其他材料结算时均不予调整。

5.5 因辅助材料变动引起的单价浮动结算时均不予调整。

5.6 模板、模板方材及木支撑结算时价格不予调整。

5.7 机械费结算时价格不予调整。

5.8 图纸设计中钢筋要求采用预留工艺的，投标单位自主考虑施工工艺及投标报价，施工时无论采用何种施工工艺，均不再进行价格调整。

5.9 本工程门、窗、固定边台工程暂估材料价中包含施工费用及材料费用。

5.10 拟用于本工程的暂估材料（设备）进场必须经发包人、监理人批准后方可用于本工程，否则发包人对该暂估材料（设备）不予结算。

5.11 工程实施时，所有工程材料进场必须经发包人及本工程监理人检验同意后，方可用于本工程，发包人对未按上述规定检验的材料不予结算。

5.12 未招标的专业工程暂估价在施工前应执行发包人有关程序，质量标准、计价依据必须经发包人、监理人、造价咨询人批准后方可用于本工程，并作为结算依据，否则发包人对该专业工程暂估价不予结算。结算金额以发包人审计审定价格为准。

5.13 根据包括但不限于招标文件、补充文件、工程图纸、工程量清单、承包人的投标报价和施工组织设计应该发生的费用，已全部包含在投标报价中，发包人在工程结算时将扣回根据上述规定应该发生而未发生的相关费用。

5.14 工程量按照《建设工程工程量清单计价规范》GB 50500—2013 规则规定，按实际发生计算；综合单价执行中标价，不随工程量调整而调整。

5.15 工程量清单漏项、设计变更及现场签证结算。

5.15.1 工程量按实际发生计算，计算规则执行《建设工程工程量清单计价规范》GB 50500—2013。

5.15.2 综合单价按如下方式确定：

（1）投标报价中有相同项目的，按投标报价的综合单价执行。

（2）投标报价中有类似项目的，以投标时的综合单价为基础，由承包人提交变更报价，由发包人、监理人及造价咨询人审核确定。分部分项工程量清单中某项工作内容，发生诸如下列所述变化之一者视为类似项目，结算时仅对主材价格差额进行调整，其余不变：

①原有工艺不变，仅主材种类变化。

②原有工艺有局部变化，主材种类不发生变化。

③其他与之类似情况。

（3）投标报价中没有相同或类似项目的，按照有关规定，由承包人提出新的清单单价，经发包人确认后执行。新的清单单价组价依据：《建设工程工程量清单计价规范》GB 50500—2013、2019 年×××省建设工程计价依据（现行计价依据），企业管理费、利润按投标费率计取。人材机价格执行中标价格，投标文件中没有的材料价格，按照变更发生当月《×××市造价信息》执行。新组价项目的人工、材料、机械价格调整按本合同约定执行。

5.15.3 设计变更、工程洽商、技术联系单、施工现场签证发生15日内承包人需完善其签字、盖章手续上报监理人及发包人审批，审批确认后作为结算依据。

5.15.4 设计变更必须经发包人同意后，由设计单位项目负责人签字并加盖公章，办理联签手续后（监理人、发包人）方可作为有效的结算依据。

5.15.5 现场发生的合同和清单外的计日工按省市造价部门颁布的人工费政策执行，只计取税金。

5.16 清单中已给出、但实际未发生的项目，结算时扣除。

5.17 其他未尽事宜执行省、市有关工程造价结算文件。条款中涉及的省市，指×××省和×××市。

5.18 措施费结算：

因所报措施费用与施工组织设计方案不统一产生的措施费调整：承包人所报措施费内容及费用应与投标文件中施工组织设计方案相一致，凡施工组织设计中已列出的方案或措施，但费用报价中未含者，视为该费用已包含在所报的其他措施费中，结算时不再调整。承包人应对技术措施方案审慎研究，在施工期间，发包人、监理人等管理部门在检查中发现承包人采取的措施不当，不能满足工程质量、进度、安全、文明施工要求时，发包人有权要求承包人改正，以达到标准为止，但修正的措施费部分不予调整（如发生经发包人书面审批确认的方案调整除外）；因工程量清单漏项或变更引起措施项目发生变化，原措施项目中已有的措施项目，采用原措施项目费的组价方法变更；原措施项目中没有的措施项目，由承包人根据措施项目变更情况，提出适当的措施项目变更，由发包人、监理人、造价咨询人审核。

5.19 安全文明施工措施费结算：

执行2019年《×××省建设工程计价依据（建筑、装饰装修、水暖、电气、市政、园林绿化工程计价定额、施工机械台班费用定额、建设工程费用定额）》。建设过程中发生政策性调整，按现行省市有关文件执行。

5.20 规费及税金结算：

依据现行最新文件执行，建设过程中发生政策性调整，规费和税金按实际基数变化进行调整，并执行施工期间×××省、×××市有关规费税金管理的相关规定，分年度、分阶段执行。

5.21 其他。

5.21.1 暂估材料（设备）由承包人根据施工图纸和使用功能，向发包人上报暂估价材料（设备）的数量、规格、参数。由发包人牵头，与承包人、监理人、造价咨询人共同考察确定品牌和价格，最终由发包人确定暂估材料（设备）的招标控制价，由承包人作为招标主体到发包人招标入围的招标代理公司，依法组织对暂估项目进行公开招标。承包人作为招标主体与供应商、分包人签订合同，招标代理费用由承包人支付。

5.21.2 专业工程暂估价由承包人根据施工图纸和使用功能，向发包人上报专业工程暂估价中所涉及材料的数量、规格、参数。由发包人牵头，与承包人、监理人、造价咨询人共同考察确定品牌和价格，最终由发包人确定专业工程暂估价的招标控制价，由承包人作为招标主体到发包人招标入围的招标代理公司，依法组织对暂估项目进行公开招标。承包人作为招标主体与供应商、分包人签订合同，招标代理费用由承包人支付。

5.21.3 总承包单位对电梯工程负责管理和协调，最终按照电梯结算造价1.5%费率计取总承包服务费。

5.21.4 暂列金额按实际发生计算。

5.21.5 承包人应做好施工现场树木、房屋、道路等其他设施的保护工作，因承包人原因造成损坏的，由承包人负责修复或赔偿。

5.21.6 施工实施过程中根据×××省、×××市防疫相关文件的要求，该项目需发生防疫专项资金的，结算时执行×××省、×××市发布的防疫专项资金相关计价指导文件。

5.21.7 安全生产责任险按实际发生计取。

5.21.8 学校出入由第三方管理，施工方车辆出入校区费用按门禁单位审批的物价相关规定执行，投标方自理。

6. 其他未详尽内容，签订合同中约定。

第八章 投标文件格式

×××公共资源交易平台电子投标文件封面格式：

_____（项目名称）施工

投标文件

投标人：_____（电子印章）
_____年_____月_____日

目 录

一、投标函及投标函附录

二—1.法定代表人身份证明

二—2.法定代表人授权委托书

三、投标保证金

四、已标价工程量清单

五、施工组织设计

六、项目组织机构

七、资格审查资料

一、投标函及投标函附录

（一）投标函

致招标人：_____

　　为了确保本工程招标投标工作顺利进行，同时保证优质高效、文明施工，我方将严格执行建设工程管理的法律法规，并完全接受_____的招标文件所有内容，为此作出如下承诺：

1. 根据企业自身情况，理性报价，不会以低于成本的报价竞标。

　　我方兹以投标总价：_____（大写）

　　　　　　　　　　　_____（小写）

的投标报价和按招标文件要求承包本工程的施工、竣工并修补其任何缺陷。否则，我方愿意承担任何风险。

　　其中：

安全文明施工费 RMB ¥：_____元

规　费 RMB ¥：_____元

税　金 RMB ¥：_____元

暂列金额（不包括计日工部分）RMB ¥：_____元

专业工程暂估价 RMB ¥：_____元

　　如果我方中标，我方保证在____年____月____日或按照合同约定的开工日期开始本工程的施工，____天（日历日）内竣工，并确保工程质量达到____标准。（投标人填写）

2. 我方同意所递交的投标文件在投标须知规定的投标有效期内有效（投标有效期____历天），在此期间内我方的投标有可能中标，我方将受此约束。如果在投标有效期内撤回投标或放弃中标资格，我方的投标保证金将全部被没收，给贵方造成的损失超过我方投标保证金金额的，贵方还有权要求我方对超过部分进行赔偿。

3. 我方完全理解和接受招标文件的规定，并承诺一旦我方的投标出现招标文件规定的否决投标情形而被评标委员会否决投标的，将自觉接受贵方暂停或者取消今后我方参加贵方其他任何工程投标资格的处理。

4. 在签署协议书之前，贵方的中标通知书连同本投标文件对双方具有约束力。除非另外达成协议并生效，贵方的中标通知书和本投标文件将成为约束双方的合同文件的组成部分。

5. 一旦我方中标，将保证在收到中标通知书后 30 日内，与贵方按招标文件、中标通知书中的内容签订施工合同，否则，视为我方自愿放弃中标资格。

6. 拟派项目机构主要管理人员均为本企业在职人员，与本企业存在合法劳动关系，且未担任或兼任其他任何在施建设工程项目的主要管理工作。

7. 如中标，拟派项目经理及项目管理班子主要成员将完成从开工至竣工验收的全过程现场管理工作，在此期间不再兼投其他项目，除因招标人原因或不可抗力原因外不更换项目经理及项目管理班子主要成员。如擅自更换项目经理及项目管理班子主要成员，或项目经理及项目管理班子主要成员施工期间不能及时到施工现场组织施工，且经招标人责令到场后仍不能到场的，自愿承担罚款并改正错误，否则，将承担由此所造成的一切后果。

8. 严格按照《住房城乡建设部关于印发〈建筑施工项目经理质量安全责任十项规定（试行）〉的通知》（建质〔2014〕123号）文件规定落实项目经理质量安全责任，建立健全质量安全管理体系，按照工程设计图纸和工程建设技术标准组织施工，保证安全生产措施费足额用于安全防护和安全措施，不使用明令淘汰和禁止使用的工艺、设备和材料，定期组织排查、整改质量安全隐患，加强现场作业人员岗前质量安全教育和特种作业人员岗位资格检查等。保证用于本工程的主要材料、设备，均为符合国家相关工程施工及验收标准要求的合格产品，并在使用前经建设、监理和设计单位共同确认后使用；如需检测的，经招标人认可的检测站检测合格后使用。

9. 保证在收到中标通知书后，按照招标文件规定，递交经贵方认可的履约担保，否则，贵方可取消我方中标资格。

10. 对在工程实施过程中发生的工程变更，严格按照双方合同的有关规定计量和计价，并保证接受贵方要求完成变更的工程内容。

11. 按照施工合同约定的质量缺陷保修范围和相应的保修期，我方将在接到保修通知后＿＿＿＿＿日内派人维修，直到达到合格的质量标准。（投标人填写）

12. 如中标且我方不能按合同约定的工期、质量、造价等完成本工程建设任务，或工程实施过程中由于我方原因造成严重质量、安全事故或较坏社会影响的，同意招标人依法重新确定中标人。

13. 招标文件规定的其他主要承诺事项：

13.1 我方承诺：如中标，将及时建立企业工资支付信用制度，保证在任何情况下（包括建设单位资金拨付不能及时到位的情况）绝不拖欠农民工工资及分包人或供应商工程款，并将农民工工资具体发放到个人；保证将招标人拨付的工程款100%用于本工程施工。如发生拖欠农民工工资、农民工上访或分包单位发生拖欠农民工工资、农民工上访等情形的，我方承诺由此引发的所有经济责任和法律责任均由我方承担，招标人不承担任何连带责任。

13.2 我方承诺：如中标，将严格按照《关于印发〈×××省建设工程安全质量标准化工地（小区）评审办法〉的通知》（黑建安协〔2010〕5号）文件中对×××省建设工程安全质量标准化工地（小区）的具体要求，实施并创建×××省建设工程安全质量标准化工地，如达不到工地文明施工标准或发生不良行为被媒体曝光、引发上访、被有关部门处罚等情况，我方承诺由此引起的所有责任均由我方承担，招标人不承担任何连带责任。

13.3 我方承诺：如中标，参照《×××省住房和城乡建设厅关于贯彻实施×××省〈住宅工程质量通病防控规范〉的通知》（黑建质〔2011〕38号）文件规定以及《住宅工程质量通病防控规范》DB23/T 3061—2021相关要求，对工程质量通病进行防控。

13.4 我方承诺：如中标，保证自主完成主体结构工程，不发生肢解发包、转包、违法分包等违法违规行为，不允许他人挂靠我方或以我方名义参与施工，积极维护建筑市场秩序。

13.5 我方承诺，我方不存在以下情形：
（1）为招标人不具有独立法人资格的附属机构（单位）；
（2）为本标段前期准备提供设计或咨询服务的，但设计施工总承包的除外；
（3）为本标段的监理人；
（4）为本标段的代建人；
（5）为本标段提供招标代理服务的；
（6）与本标段的监理人或代建人或招标代理机构同为一个法定代表人的；
（7）与本标段的监理人或代建人或招标代理机构相互控股或参股的；
（8）与本标段的监理人或代建人或招标代理机构相互任职或工作的。

14. 我方在本次投标中无弄虚作假行为，且未与其他投标人、招标人及评标专家串通投标等违规行为。否则，将接受取消投标资格、取消中标资格、解除合同、已进场施工的无条件退场、清出预选承包商名录。

15. 投标单位自愿纳入×××新区江北一体发展区建设领域信用体系。

投标人：＿＿＿＿＿＿＿＿＿＿＿＿＿＿（公章或电子印章）
法定代表人或其委托代理人：＿＿＿＿＿＿＿＿＿＿（签字或盖章）
地址：＿＿＿＿＿＿＿＿＿＿＿＿＿＿
电话：＿＿＿＿＿＿＿＿＿＿＿＿＿＿
传真：＿＿＿＿＿＿＿＿＿＿＿＿＿＿
授权电子信箱：＿＿＿＿＿＿＿＿＿＿
邮政编码：＿＿＿＿＿＿＿＿＿＿＿＿

（二）投标函附录

序号	条款内容	合同条款号	约定内容	备注
1	项目经理	/	姓　名：＿＿＿＿＿ 身份证号：＿＿＿＿＿	
2	工期	/	＿＿＿＿日历天 计划开工日期：＿＿＿＿ 计划竣工日期：＿＿＿＿	实际开工日期以招标人指令为准
3	缺陷责任期	/	满足国家规定	
4	分包	/	不允许分包	
5	质量标准	/	合格	
6	投标有效期	/	自投标截止之日起 90 日历天	
7	是否响应招标文件中的技术标准和要求	/	是	
8	是否响应招标文件中的招标范围	/	是	

注：投标人在响应招标文件中规定的实质性要求和条件的基础上，可做出其他有利于招标人的承诺。此类承诺可在本表中予以补充填写。

投　标　人：＿＿＿＿＿＿＿＿＿＿＿＿＿＿＿＿＿＿＿＿＿＿（公章或电子印章）

法定代表人或其委托代理人：＿＿＿＿＿＿＿＿＿＿＿＿＿＿（签字或电子签章）

＿＿＿＿年＿＿＿月＿＿＿日

二—1. 法定代表人身份证明

投标人名称：＿＿＿＿＿＿＿＿＿＿

单位性质：＿＿＿＿＿＿＿＿＿＿

地址：＿＿＿＿＿＿＿＿＿＿

成立时间：＿＿＿＿年＿＿＿月＿＿＿日

经营期限：＿＿＿＿＿＿＿＿＿＿

姓名：＿＿＿＿　性别：＿＿＿＿　年龄：＿＿＿＿　职务：＿＿＿＿

系＿＿＿＿＿＿＿＿＿＿（投标人名称）的法定代表人

特此证明。

投标人：＿＿＿＿＿＿（公章或电子印章）

＿＿＿＿年＿＿＿月＿＿＿日

二—2. 法定代表人授权委托书

致：_____（招标人名称）

_____（投标人名称）是在中华人民共和国境内注册的具有独立法人资格的合法企业，法定地址：_____，本人_____（姓名）系上述单位的法定代表人，现授权_____（姓名）为拟投项目的投标项目负责人，以我方名义，代表我方全权办理针对_____（项目名称）（项目编号：_____）的投标、谈判、签约等具体工作，并签署全部有关的文件、协议及合同。

随本授权委托书提交的附件一：法定代表人身份证清晰可辨的原件扫描件；附件二：授权委托人身份证清晰可辨的原件扫描件为本授权委托书的有效组成部分，我方均予以认可。

授权委托人根据授权，以我方名义签署、澄清、说明、补正、递交、撤回、修改和处理与本项目投标有关的所有事宜，我方均予以承认，其法律后果由我方承担。我方对授权委托人的签名负全部责任。

本授权自我方发出之日起有效，在我方向贵单位递交撤销本授权的书面通知以前，本授权书一直有效，授权委托人在授权书有效期内签署的所有文件不因授权的撤销而失效。

授权委托人无转委托权。

投 标 人：_____（公章或电子印章）
法定代表人：_____（签字或电子签章）
身份证号码：_____
授权委托人：_____（签字或电子签章）
身份证号码：_____

　　　　　　　　　　　　　　　　　　　____年____月____日

附件一：法定代表人身份证清晰可辨的原件扫描件
附件二：授权委托人身份证清晰可辨的原件扫描件
注：必须按要求提交上述附件材料，否则此授权委托书无效。

三、投标保证金

注：在此附投标保证金提交凭证的扫描件或复印件及投标单位基本账户开户相关证明。

四、已标价工程量清单

说明：

1. 已标价工程量清单须按照第五章"工程量清单"规定的组价方式、报价格式以及"招标工程量清单"给出的子目编码、子目名称、子目特征、计量单位和工程量等内容填报。

2. 构成合同文件的已标价工程量清单包括第五章"工程量清单"有关工程量清单的描述、报价、结算以及其他说明的内容。

五、施工组织设计

说明：
施工组织设计除采用文字表述外可附下列图表，图表及格式要求附后。
附表一：拟投入本标段的主要施工设备表
附表二：拟配备本标段的试验和检测仪器设备表
附表三：劳动力计划表
附表四：计划开、竣工日期和施工进度网络图
附表五：施工总平面图
附表六：临时用地表

附表一：拟投入本标段的主要施工设备表

序号	设备名称	型号规格	数量	国别产地	制造年份	额定功率（kW）	生产能力	用于施工部位	备注

附表二：拟配备本标段的试验和检测仪器设备表

序号	仪器设备名称	型号规格	数量	国别产地	制造年份	已使用台时数	用途	备注

附表三：劳动力计划表

单位：人

工种	按工程施工阶段投入劳动力情况							

附表四：计划开、竣工日期和施工进度网络图

1. 投标人应递交施工进度网络图或施工进度表，说明按招标文件要求的计划工期进行施工的各个关键日期。

2. 施工进度表可采用网络图（或横道图）表示。

附表五：施工总平面图

投标人应递交一份施工总平面图，绘出现场临时设施布置图表并附文字说明，说明临时设施、加工车间、现场办公、设备及仓储、供电、供水、卫生、生活、道路、消防等设施的情况和布置。

附表六：临时用地表

用途	面积（m²）	位置	需用时间

六、项目组织机构

项目管理机构组成表

职务	姓名	职称	执业或职业资格证明					备注
			证书名称	级别	证号	专业	养老保险	

七、资格审查资料

（一）投标人基本情况表

投标人名称					
注册地址			邮政编码		
联系方式	联系人		电话		
	传真		网址		
组织结构					
法定代表人	姓名		技术职称		电话
技术负责人	姓名		技术职称		电话
成立时间			员工总人数：		
企业资质等级		其中	项目经理		
营业执照号			高级职称人员		
注册资金			中级职称人员		
开户银行			初级职称人员		
账号			技工		
经营范围					
备注					

注：后附营业执照、资质证书、安全生产许可证影印件或扫描件。

（二）法定代表人授权书及工程质量终身责任承诺书

兹授权我单位_____（姓名）担任_____（工程项目名称）的项目负责人，对该工程项目的工作实施组织管理，依据国家有关法律法规及标准规范履行职责，并依法对设计使用年限内的工程质量承担相应终身责任。

本授权书自授权之日起生效。

被授权人基本情况			
姓名		身份证号	
注册执业资格		注册执业证号	

授权单位（公章或电子印章）：_____
法定代表人（签字或盖章）：_____
授权日期：____年____月____日

注：后附下列附件
附件一：项目经理身份证清晰可辨的原件扫描件；
附件二：项目经理建造师注册证书清晰可辨的原件扫描件；
附件三：项目经理安全生产考核合格证清晰可辨的原件扫描件；
附件四：项目经理社保证明（内容应清晰可辨）；
附件五：项目经理无在建承诺。

项目负责人承诺书

_____（招标人名称）：

我方在此声明，我方拟派往_____（项目名称）（以下简称"本工程"）的项目负责人_____（项目负责人姓名）现阶段没有担任其他任何在施建设工程项目。

我方保证上述信息的真实和准确，并愿意承担因我方就此弄虚作假所引起的一切法律后果。

特此承诺

投标人：_____（公章或电子印章）
法定代表人或其委托代理人：_____（签字或电子签章）
____年____月____日

（三）主要项目管理人员配备

拟派往本工程主要项目管理人员配备

承诺书

我公司承诺本工程项目管理机构人员配置按照《×××省房屋建筑和市政基础设施工程项目管理机构人员配置管理暂行办法》（黑建规范〔2020〕8号）文件规定，以不低于上述文件规定的标准数量配备，满足招标文件要求，人员信息真实准确。

我方保证信息的真实和准确，并愿意承担因我方就此弄虚作假所引起的一切法律后果。

特此承诺。

其他项目机构人员按各专业填写见下表：

序号	姓名	岗位名称	专业	身份证号	证书编号（职业能力信息序列号）	备注
1						
2						
3						
…						
…						
…						
…						
…						
…						
…						

注：1. 按照《×××省房屋建筑和市政基础设施工程项目管理机构人员配置管理暂行办法》（黑建规范〔2020〕8号）文件规定，不低于文件规定的标准数量配备项目管理机构人员。应按要求填报项目管理机构人员配备表，项目管理机构人员中只需提供项目负责人相关材料。投标人也可以根据项目管理需要增加岗位或人员。

2. 本表所填报人员数量可根据招标文件及法律法规要求进行扩充或删减。

投标人：_____（公章或电子印章）
法定代表人或其委托代理人：_____（签字或电子签章）
　　　　　　　　　　　　　　　　　　　　____年____月____日

（四）信誉承诺书

信誉承诺书

_____（招标人名称）：

我方在此声明，保证不存在下述不允许投标或被否决投标的情况：

（1）至投标截止日，企业及其法定代表人、拟派项目负责人没有被列入失信被执行人名单。

（2）至投标截止日，企业及其法定代表人、拟派项目负责人没有行贿犯罪记录（本条"行贿犯罪记录"是指存在行贿行为并被判有行贿罪的记录，时间从投标截止日起算前三年）。

（3）至投标截止日，企业及其法定代表人、拟派项目负责人不存在因不良行为、没有被列入黑名单记录、没有被列为失信联合惩戒的记录。

（4）至投标截止日，企业不存在被×××省住房和城乡建设厅通报、禁止在×××省行政区域内参与投标或承揽新的建设项目且在有效期内的情形。

（5）至投标截止日，企业不存在按照《关于建立建设领域欠薪企业网上通报机制的通知》文件规定，被列入欠薪企业名单被通报的情形。

（6）至投标截止日，企业不存在按照×××市住房和城乡建设局《关于2021年度×××市建筑企业综合信用评价有关情况的通报》文件执行，"105家企业（含外埠企业64家）因连续两年被评价为不合格企业，按照相关规定被清出×××市建筑市场"的情形。

（7）至投标截止日，企业不存在按×××新区管理委员会住房和城乡建设局"关于对×××京阀管道配件有限公司等6家企业串通投标违法行为的通报"文件执行，被列入上述名录内的情形。

（8）至投标截止日，企业不存在按×××新区管理委员会住房和城乡建设局"关于对辽宁华龙防水工程有限公司等2家企业串通投标违法行为的通报（哈新管住建发〔2022〕4号）"文件执行，被列入上述名录内的情形。

（9）至投标截止日，企业不存在按××区住房和城乡建设局"关于××区在建项目责任单位违反《保障农民工工资支付条例》、建筑工人违反《信访条例》的警示公告"文件执行，且对拒不配合行业主管部门协调处理的首批×××远行建筑工程有限公司等9家施工（总包）单位和劳务单位作出两年内不得在××区参与招投标活动及直发包登记备案，被列入上述名录内的情形。

（10）至投标截止日，企业不存在按×××新区管理委员会住房和城乡建设局"关于责令×××冰逸建筑工程有限公司等143家企业限期整改的通知（哈新管住建发

〔2023〕3号)"文件执行,×××冰逸建筑工程有限公司等143家企业无注册建造师不满足资质标准要求,现责令×××冰逸建筑工程有限公司等143家企业2个月内整改到位,整改期间,企业不得申请建筑业企业资质的升级、增项,不得承揽新的工程,被列入上述名录内的情形。

我方已对本企业上述情况进行核查,保证符合招标文件要求,并愿意承担因我方就此弄虚作假所引起的一切法律后果。

特此承诺。

投标人:_____(公章或电子印章)
法定代表人或其委托代理人:_____(签字或电子签章)
_____年___月___日

（五）其他承诺书

其他承诺书

_____（招标人名称）：

我方郑重承诺：

1. 本企业合法合规经营，在人员、设备、资金等方面具备相应的履约能力。

2. 本企业不存在"与招标人存在利害关系可能影响招标公正性的法人、其他组织或者个人，不得参加投标；单位负责人为同一人或者存在控股、管理关系的不同单位，不得同时参加同一标段投标或者未划分标段的同一招标项目投标，否则相关投标均无效"的情形。

3. 本企业不存在"集团公司的母子公司不得相互借用项目人员证件进行投标"的情况。

4. 本企业不存在"通过挂靠其他企业方式，以多家企业的名义参加投标"的情形。

5. 本企业承诺本工程创建省级安全文明样板工地（×××省建设工程项目施工安全生产标准化工地）。

6. 本企业承诺根据有关规定对工程质量通病进行防控。

7. 本企业财务状况良好，企业财产没有处于被接管、全部资金被冻结以及破产状态，具有履行合同的能力。

8. 本企业用于生产的设备和其他物质设施状况良好，有足够满足本项目施工组织需求的流动资金。

9. 本企业承诺按照规定配备人员，进驻现场人员与承诺人员一致，否则放弃中标权利，责任自负。非不可抗力不可更换项目管理班子人员，如违反每次罚款10万元。

我方保证上述承诺内容的真实和准确，并愿意承担因我方就此弄虚作假所引起的一切法律后果。

特此承诺。

投标人：_____（公章或电子印章）
法定代表人或其委托代理人：_____（签字或电子签章）
____年____月____日

（注：投标人可在此增加其他承诺内容。）

（六）近年财务状况表

近年财务状况表

年份	2019 年度	2020 年度	2021 年度
资产总计			
负债合计			
净利润			

注：在此可附经会计师事务所或审计机构审计的财务会计报表，包括但不限于资产负债表、损益表、现金流量表、利润表和财务情况说明书等。没有的内容用"/"表示。

（七）近年完成的类似项目情况表

项目名称	
项目所在地	
发包人名称	
发包人地址	
发包人电话	
合同价格	
开工日期	
竣工日期	
承担的工作	
工程质量	
项目经理	
技术负责人	
总监理工程师	
项目描述	
备注	

（八）正在施工的和新承接的项目情况表

项目名称	
项目所在地	
发包人名称	
发包人地址	
发包人电话	
签约合同价	
开工日期	
计划竣工日期	
承担的工作	
工程质量	
项目经理	
技术负责人	
总监理工程师	
项目描述	
备注	

八、其他材料

（略）

参考文献

[1] 韩春威. 建设工程招投标与合同管理[M]. 天津：天津大学出版社，2019.
[2] 徐晓毅. 建设工程招投标与合同管理[M]. 哈尔滨：哈尔滨工业大学出版社，2023.
[3] 危道军. 工程项目管理[M]. 5版. 武汉：武汉理工大学出版社，2022.